市村弘正著作集　上巻

Ichimura Hiromasa Collected Works 1

集英社

［凡例］

一　上巻には『「名づけ」の精神史』『標識としての記録』『小さなものの諸形態　精神史覚え書』の三冊を収録した。

一　底本は『増補「名づけ」の精神史』（平凡社ライブラリー、一九九六年）、『標識としての記録』（日本エディタースクール出版部、一九九二年）、『増補　小さなものの諸形態　精神史覚え書』（平凡社ライブラリー、二〇〇四年）を用いたが、本集への収録に際して各単行本内に収められた作品を概ね発表順に配列し直した。

一　「失敗の意味――映画『水俣の甘夏』が指し示すもの」は、本集では『「名づけ」の精神史』章に収録し、『標識としての記録』章からは除外した。

一　文中に今日の観点から不適切とされる語句や表現が見られるが、時代背景と文章の主旨を考慮して底本のままとした。

一　本文は欧文のカタカナ表記も含めて底本に従ったが、明らかな誤字・誤植の類は訂正した。その他、選集としての形式上の統一は、最小限にとどめた。

一　「著者解題」は、下巻に掲載する。

「名づけ」の精神史

目次

市村弘正著作集　上巻

集英社

装幀　水戸部功

「名づけ」の精神史

都市の周縁

1　裏店

都会に出れば何とかなると、たくさんの人たちが故郷を離れて大都市に流れこんでいる。彼らは借家住いを強いられる。こうして人口が増える一方の都市の住民は、根なし草となって互いによそよそしい。多くの人が借金の返済に苦しんでいる。しかも流行には敏感でかなり浪費をし、混乱した風俗も生まれ、欲求不満が確実に蓄積されている。――これは現代の話ではない。江戸の文化十三年（一八一六年）にまとめられた『世事見聞録』の一節である。その筆者はそこで「都会の繁昌」に危機感をいだきながら、それが下層社会を膨れあがらせていく現象に注目した。「国々より或は困窮に余り、又は若もの丶身の放埒より出、又は繁花の福有にうかれて出来り、追々に寄集りて都会に溢れて困窮人と成りしもの也。」そうして都会に溢れた人たちは「裏店借り」、つまり長屋住いとして江戸の周縁に拡がっていく。下層民を中心部から遠ざけておくのが、徳川の都市の構成であった。それはいうまでもなく、身分秩序によって居住空間を仕切るとともに、敵に攻められたとき外郭から焼きはらわれることを想定して配置した、徳川都市の性格にもとづいている。したがって江戸に人口が流入し「困窮人」が増えるとすれば、それは都市の外延の拡大をもたらした。そこでは周縁部に不満が蓄積するとともに、「自分たちの町」という意識が根付きにくいであろう。「江戸っ子」という観念がこの『見聞録』の時期に成立しているのも、このことを裏側から明らかにしている。すなわち、外延の拡がりは江戸という都市の輪郭について人びとの意識を刺戟し、また流入者との接触が住民の自覚をうながすだろう。したがって、支配秩序の側からする『見聞録』の筆者の危機感は、地域的＝身分的な周縁部が膨れざるをえない都市の構成そのものにかかわり、またそれを問題化する「都会」の発展という時代の状況にかかわっていた。しかも裏店の住人たちは、ただ故郷の喪失を嘆いたり、困窮の呻きをあげるだけではなかったのだ。

　裏店には路地が出来る。路地によって結ばれる。「八百八街、背坊新道を連ねて、従衡曲折並に裏店を建つ。五家一軒、十舎一梁。劇なる裏店に至りては、五と十とを結びて一部と為す。牙房《ナガヤ》相対し、中間に道を通ず。之を路次と謂ふ。一井汲を同くし、数厠便を同くす。一区地を画して糞を収め、一条溝を開いて穢を流す。慶弔相通じ、出入門に共にす。一門百の不虞に備ふ」（寺門静軒『江戸繁昌記』天保三年）。この路地に溢れる裏店の活力を見事に描いたのは、儒者くずれの寺門静軒であった。それは、たとえば自己の著作活動に対する社会的圧迫に自らの死亡広告を作成して対抗するような、文字通りエクセントリックな（中心からはずれた）静軒居士によって捉えられることができた。——裏店の一隅で、官による賑給策を賞め、しきりに倹約を説く托鉢僧の話がきこえる。それに対して壁をへだてた隣りから、「入りては則ち粥を啜り、出ては則ち芝翫（歌右衛門）を賑はす。是れ江戸人の江戸人為る所以、孰か道ふ、倹約、倹約と」という反論の声がする。景気がいいのでこの調子でゆけば検校になれるのもそう遠いことではない、などと軽口をたたき合っている二人の按摩もいる。商売をおえて帰ってきた「山師」の一団が何やら話している。路地の奥では、店賃の催促に窮した浪人が、自分の志を認めた長文の書を読みあげては、大家に睡気を催させて撃退を策している。そうして女房たちは井戸端に集って酒をくみながら、おしゃべりの真最中である。大家や名主や質屋の噂をしてはこきおろしている。「要するに大屋は我輩の役する所、名主（閭長、俗に名主と曰ふ）も亦、我之を傭するなり。彼宜しく我を畏るべく、我曷ぞ彼を畏れん」という声がする。「寺社も亦然り（寺社儒者音近し、児輩多く謬る）。人を看ること犬の如く、常に言ふ、癲癇を治む、癲癇を治むと（癲癇音天下に近し）、然も彼の薬籠も亦有ること没し」という声もきこえる。これら非難の声は、しかし、けっして直接的な憤懣ではない。喧騒の中で聖水も入って「大笑々々」のうちに行われる。このとき路地は、いわば猥雑な哄笑空間をなしている。そこでは幕府の徳政も、検校や名主の地位も、儒者の権威主義も、すべて一様に笑いとばされるだろう。武士の志なども、店賃ひきのばしの手段程度にしか役だたない。路地には既成の価値秩序の転倒の気分がまごうかたなく漲っている。そういうものとして裏店を描くことによって、寺門静軒は徳川社会に対する自らの抵抗感覚を表現することができた。

しかし裏店の住人たちは「大笑」によって活力を回復しきることはできなかった。酩酊を日常化するわけにはいかないし、困窮の事実もまた紛れもないからである。それが窮まったとき、既存秩序の超越から一転して、それに対する打撃へと向かうだろう。路地は、たとえば打ちこわしのために街頭へ出てゆく通路となる。『見聞録』の筆者が直接に恐怖したのはこれであった。すでに天明年間に打ちこわしなどの都市暴動が起っている。しかも「その天明の頃よりも、今は都会の人数多く成り、困窮人も多くなり人の悪心も陪増せり。」すなわち「都会」の発展は、「悪逆無道盛んに起り、世の変を待、大変を起すべきものども増長する」ことを不可避にするものとしての恐怖であった。ここでは裏店は「悪心」の培養地とみなされる。この筆者の「悪」観念の「虚偽意識」を批判することはたやすい。しかしこの「悪逆」に、「世直し」と呼ばれる行動の変革性をよみとり、その政治的効果をみるだけでは不充分であろう。「困窮人」はけっして一揆主義の担い手にとどまるものではなく、そこにおいてのみ「変革的」なのでもなかった。それは静軒がみたような路地へと通じていなければならない。「儒釈工商、紛雑賃居」の裏店は、徳川の階層秩序にも困窮にも屈しない、人間の付き合いが可能な場としての側面をもちえた。そこにおいて、「粥を啜っても芝翫」というように、それはまた都市の周縁部に隔離された「悪所」空間へと通じていた。そこには幕藩秩序の要請する世界像とは異なる、虚実ないまぜの重層的な構成の空間をもつことが可能であった。そういう「悪逆」であった。

2　隠士

維新による、山口と鹿児島の出身者を中心として構成された明治新政府の成立は、東京に新しい権力者とそれにつながる人びと、すなわち故郷喪失者ならぬ脱出者の大量流入をもたらした。徳川体制の崩落にさいして「濹上隠士」を自称して向島にひきこもった、旧幕臣成島柳北は、それを横目でみながら、幕末に静軒居士を念頭において執筆した『柳橋新誌』の第二編を書きつぐことによって、その在りようを明らかにした。柳橋は、新官吏の金にまかせた粗暴なばか騒ぎや、洋学書生が宴席でまきちらす稚拙な英語などによって急速に色褪せている。虚構の世界に遊ぶことを知らない酒客の激増のうちに、柳北は江戸から東京への変容をみた。「当今の客多くは是れ狂暴、酒を使ひ無道理の論を吐き、或は碗碟《ワンサラ》を擲ち或は刀を抜いて柱を斫り、毎に人をして憤悶堪へざらしむ。」酒楼の一区における、権力にかかわる出京者たちの生態をつうじて、柳北は、何が時代の支配的な価値となり感覚となっているかを捉えた。「風月ノ権ハ花柳ニ若カズ。山水ノ美ハ脂粉ニ敵セズ」(「濹上ノ嘆」明治九年)。「遊び」の場も含めてすべてが散文的になる、だけでなく奥行きが浅くなってゆく状態にたいして、柳北の文章が形づくる世界、いな文体そのものが対立した。政府から酒色に耽ることを懲戒されるや激減するような遊客たちの「風流」趣味と質的にちがった柳北仙史の美意識は、それが輪郭づけた状況に対して、自らを盛りこんだ言葉をつきつける。こうしてこの隠士は、同時に新聞記者となった。

このようなかれの感覚は政治領域に価値と関心を集中する世の狂熱主義と衝突せざるをえない。明治十年(一八七七年)の西南戦争のさい、記者として情報収集を余儀なくされた柳北は、従軍を称しながら途中下車して花見見物に行ってしまう。全国のほとんどすべての目が九州の一角をみつめているとき柳北は花を見ていた。過熱する政治的行為から身を逸らし、降りるという積極的な「非行為」の選択(それは「非行」とみなされよう)が、隠遁しつつ発言する濹上隠士の精神態度であり、それを底で支える外界に対する落差の感覚であった。官途という名の中心部をめざす上昇運動一本の時代風潮と、その頂上に立つ権力者たちに対する抵抗感覚が、そこにアイロニカルに反射していた。「希ハクハ高山ノ上ニ在ル人宜シク意ヲ注シテ以テ深谷ノ底ヲ瞻《み》ル可シ。彼ノ瓜ヤ茄子ハ尽ク欣々トシテ雨露ノ沢ニ浴スル耶。将タ悄々トシテ風霜ノ威ニ凋マントスル耶」(「瓜茄ノ国」明治九年)。そうして、このような美意識に曝され輪郭づけられるとき、そこでは出京してきた権力者たちは、自らの存在形態について自覚せざるをえなかったであろう。

「開化」という看板をかかげた社会のこのような上昇運動のもとでは、たとえば「雇人請宿」つまり庶民相手の職業斡旋所へやってくる連中などは、「落ちこぼれ」とみなされよう。「維新以降、民に自由の権を与ふる所以は、其の力食を勧むる也。然るに双手両脚有つて未だ人の傭役を免るゝ能はざる者は、元と人間簿中の人に非ざる也。是れ懶惰生ならざれば、必ず放蕩者流」（服部撫松『東京新繁昌記』明治七年）。そこにはもちろん「僻陬の傖夫」もやってくる。静軒の著書を意識して書かれたこの書の著者自身、明治五年の上京者であった。雇人請宿にはときに書生がまぎれこむこともある。その書生が叫ぶ、「僕略々漢字を知り、少しく横文を読む。僕将に官途に就かんとす。親分為に之を謀れ。」またいわく、「僕大志を懐いて遥かに郷関を出づ。此の行や実に偶然の事に非ず。然るも東京中一知己無し。翁請ふ之を想へ」と。出京はたしかに「偶然の事」ではなかったろうが、面くらった「親分」（斡旋所主）は、官途には不案内であると鄭重におひきとりを願うことになる。このような社会的雰囲気の中では、裏店もまた変容せざるをえない。撫松の書には、「賃衣裳舗」つまり貸衣裳店の繁盛が描かれているが、その流行は路地を伝って入ってくるであろう。これによって、昨日までボロを着ていた者が今日は「錦繡を衣て市に横行」することになり、「裏店の処女忽ちにして阿姫の装」をなすことができる。「開化」への変身である。ここでは身分秩序の転倒は、想像力を媒介とするのでなく、直接に「借着」を通じて行われた。

3　壮士

明治新政府は紆余曲折をへながら、着々と新体制を整備していった。自由民権運動をおさえこむことにほぼ成功して一息ついた明治二十年（一八八七年）、しかし外相井上馨の条約改正交渉にたいする反対運動に端を発して、外交挽回、言論の自由、地租軽減の三大事件建白運動として、再び反政府運動が高まりはじめた。その中で、全国各地から自発的に上京してきた行動的な青年たちが、社会的な注目をあびた。壮士と呼ばれたこの上京青年たちは、この年だけでも千名をこえたといわれる。かれらは演説会の妨害や反対派への打撃など、その腕力において注目されるところが多かった。「壮士神気昂然として、風蕭々を歌ふて連日相率いて東上す」という『自由党史』の大時代の表現に見合う側面をかれらはもっていた。動揺しはじめた状況にたいして、この年十二月政府は保安条例をもってこれに対処した。この条例によって東京から追放された一人中江兆民は、世の壮士批判の風潮に対決する。かれによれば、壮士たちの行動、思想、感情は「一国の元気」「社会の智力」「公共の意見」の基礎をなすものである。そうして兆民は、維新史を「壮士の歴史」として総括する。「幕府を倒したるも壮士なり。王政を復古したるも壮士なり。上書建白、国会の開設を促したるも壮士なり。而して幕府の倒亡、王政の復古、国会の開設は、吾邦歴史上に於て空前絶後の偉蹟なり。此偉蹟を成就したる者は壮士なりとせば、日本帝国を構造するの功は之を壮士に帰せざる可からず。若し勲章を以て之を集合体に付与することを得るものとせば、日本帝国に於て勲一等の栄を受くべきものは、蓋し壮士なるべきなり」（「壮士論」明治二十一年）。同時代史を壮士の歴史として把えることによって兆民は、功成り名とげ「勲章」にありつこうとする権力者つまり「もと壮士」たちの、上昇志向一本の現状を暴露してみせた。すなわち「壮士」の運動のうちに、かれは新政府によっておし進められているような形の社会の固定性を破り、それに流動性をもたらし生き生きとしたものたらしめる「元気」の象徴を捉えたのであった。それは現実の壮士たちとぴったり重なり合うものではなかった。とすれば、その壮士像にはかれの「夢」の成分が多く調合されていたであろう。このような動的な空間に対する兆民の夢想は、しかしたんなる幻像ではなかった。

兆民は自らの存在形態をもって、明治社会のそれに対決した。それは「家益々貧に、衣服典し尽し、蔵書売り尽して、晏如たり。曾て笑つて曰く、大饑饉なる哉」（幸徳秋水『兆民先生』）という貧乏生活のうえに担われた。それは社会秩序の固定と停滞に反発し、たえず逸脱し揺り動かそうとする生活態度において担われた。そこにおいて不断に社会構造を括弧にいれ反古にしていく、そういう存在形態であった。柳北が自らの感覚における異和をもって状況に対したように、兆民は自らの生活様式における異質をもって対立したといってもよい。それは諷刺という表現形式をとり、そこでたえず価値秩序の転倒が行われるであろう。——整備されつつある明治社会は、権利といい義務といい法律といい条例といって、あたかも「一大法庭」のごとくである。ところでこの「文明」社会の負担を支えているのは誰か。「訴訟入費は誰れか之を弁ずる、哀々たる南畝の土百姓、憐々たる、裏店の大工、左官、紙屑屋……彼等の無き所の嚢箱を啓きて、彼等の所持せざる所の資金を出して、泣きながら諦めて、恚りながら服して、叢祠の荒神に擲つと一般の心意気もて、払ふ所の間接直接の租税、明々暗々の供給は、此一国、官民、上下、豪傑、不豪傑の大経綸たる治術的被治術的の大訴訟入費に糜し了れり、是れ何国の社会ぞ、高帽、燕尾服、フロックコート、マニール煙、洋管、洋挺、黄金時儀子、馬車、人力車、髭、護衛巡……護衛壮、……銀行、会社、……総て是れ啖人鬼、都て是れ相食動物」(「四千万人の砂漠」明治二十三年)。兆民の諷刺とそこに配合された夢は、このような路地裏の住人たちへの通路をもっていた。

　この点でかれの壮士論は世のそれと異なっていた。例えば尾崎行雄は、壮士が「国家の元気、動機、生力」であるとしながらも、ただちにつけ加える。「世の壮士と号する者、動もすれば時勢の変化を知らずして守株膠柱の見を守り、徒らに古昔腕力世界に於ける壮士の挙動の痛快なるに心酔して、其の移して以て今の文明世界に用ゆべからざることを知らず、動もすれば則ち旧世界の壮士の手段を丸呑みにして、其儘今の新世界に用ひんと欲す」（『少年論』明治二十年）。したがって福島事件以下の運動がすべて失敗に帰したのは当然であると。「時勢の変化」を前提とし、その中に壮士の動きを位置づける。「壮士」の側から現状を撃つ兆民と逆であった。尾崎とちがって兆民には「今の文明世界」の在りようが問題であった。そうして、尾崎の説教とは異なり、また従来の通説ともちがって、「激化諸事件」といわれる運動の中には、兆民の抵抗に内包された「夢」と底で通じるような動きがあった。たとえば明治十七年の名古屋事件について最近の研究は、これまで矮小に扱われてきたその事件の底に、それに参加した博徒や職人など「長屋住いの都市細民層」が、直接には全国規模の取締り（「賭博犯処分規則」）によっていかに追いつめられた状況におかれていたか、生き生きとした時代をもつ彼らがそうして囲いこまれることにどれほど反発していたか、また民権運動と交差しつつどのように反発したか、を明らかにしている。さらにそのような動きを、「無縁」という日本史を貫く「自由」を希求する原理の表現過程、というヨリ広い射程の中で捉えようとする仕事も現われている。

そうだとすれば、上京青年や都市細民層の暴力に対しても「罪人君即ち悪人君共は悪を成したるに相違なけれども、孰れも皆爆裂弾抔嗜むと共に人民を嗜む、否愛することにて特に可憐なる貧民を愛することにて、乃ち其悪念の底に一点の善念を持し居る」（「放言」明治二十二年）

ことを認めた兆民における夢想は、底深い拡がりをもっていた。

4　木賃宿

明治十九年（一八八六年）三月、もと成島柳北の創立にかかる『朝野新聞』「雑報」欄は、「東京府下貧民の真況」と題する記事を連載した。この探訪記事は、明治二十年代以降続出するこの種の報告のはしりであった。すなわち大都市の貧民街などにおける困窮した階層の存在が、目だって人びとの関心をひくようになった。そこで貧民窟や木賃宿の探訪を志す者がでてくる。ある新聞記者は「一個の弊帽、一着の弊衣に一枝の筆、一綴の巻」をもって、下谷万年町、四谷鮫ヶ橋、芝新網に潜入した。ほとんどの探訪者がこの例にもれない。六日間の視察をもとに記者は実態報告を連載する。かれは木賃宿の住人たちの生態を巧みに描いたが、しかしその観察と記述が、自らの社会像を組みかえ、社会批判力を形づくっていくものとはならなかった。貧民の中に入っていっても、深くは渉らず、「飴売更に政談に移る……遠慮会釈もなく現政を非難し毫も顧慮する所あらず、面白ければ尚ほも会話を続けんとせしが、余りに其言の過激に渉れば嫌疑を避けて已れは只だ、ハハー、成程、左様、抔にて応へるのみなれば彼らも終に其政治上の意見を披尽せずして止みしは遺憾なりき」（桜田文吾『貧天地饑寒窟探検記』

明治二十三年）で終ってしまう。記事の中でそれ以上の含意あるふくらみをもった存在として描かれることはなかった。それはどこまでも「探検記」であった。「社会問題」と呼ばれた、このような問題関心のありかたは、いわば「問題としての社会」にたいする想像力と索出力とを要請することが弱かった。たとえば『東京風俗志』（明治三十二年）といった類の本においても「極富極貧の懸絶」は注目されえたのである。

たしかに、「一ト度足を路次に入れば、見る限り襤褸を以て満ち」た貧民街の困窮は進行し「真個一幅の修羅場」をなしていた（横山源之助『日本之下層社会』明治三十二年）。都市はこのような「修羅場」を抱えつつ膨大化した。貧民にたいする同情と連帯をもった横山はそこに、近隣に不幸があったときなど、一日仕事を休めば窮迫するのは目にみえているのに、休んで手伝いをするなど、「同類相愛の情掬すべきものなきにあらず」と辛うじて生きのびる連帯性をみのがさなかった。しかしそれはかれにおいても、社会批判の核として拡がりをもつものとはならなかった。かれはまた木賃宿に目を向ける。そこには日稼人足や人力車夫をはじめ「縁日商人、遍歴商人、祭文語、辻三味線、若くは千ケ寺僧、六部、巡礼の類も投宿し、社会の下層に生活する有らゆる人物は一堂に集」っていた。伝統的な周縁存在者たちの多くが集まる木賃宿は、しかし横山の下層社会論の中で何ら変革性を見出される存在ではなかった。かれはその実情に圧倒され、もっぱら同情をもって木賃宿改造論をとなえる方向にむかうのである。「貧賤なる劣者は、之を相救はずして之を逐ふが如きは、人類相生養する博愛の義焉くに在るや」という桜田文吾の言葉は「社会問題」家に共通した感覚であった。そこには、「劣者」のもつ劣位性が、現実にはたえず敗れながらも切りひらいてゆく世界は、全く想像の外であった。それだけ彼らが伝統社会と切れていたということかもしれない。それは文明社会にふさわしい「博愛」の平板な色彩で塗りこめられてゆく。

「此の尨然たる大動物の内部の生活的機能が時々刻々に働らきをなす有様は如何ならん、……其生活機関は廓外に広く、且深くして、肺の局所、胃の局所、血液の停滞混乱する処、繊維の錯綜交綟せる処に至つては流石に大博士、大国手もいまだ充分の診察を遂げ得ずして空しく匙を握り詰めたるもあらん」（松原岩五郎『最暗黒之東京』明治二十六年）。横山とも親交があり、ともに二葉亭四迷の影響をうけた松原は、自らの調査をもとに「大動物」東京についてこのように書いた。たしかに膨張した大都市は内部に「錯綜交綟」した部分を抱えていた。しかし松原も探訪した木賃宿ひとつとってみても、隔離と統制がすすめられていた。すなわち明治二十年十月の宿屋営業取締規則の一環として設置区域が指定され、それまで市中に散在していた木賃宿が、本所浅草など数か所に一括して集められたのである。さらに同じ時期、止宿人届規則も発せられた。膨張しながらも「大動物」の中の曖昧な空間は次第に統制されていた。これに対抗するには、「社会問題」への生真面目な取りくみでは全く不充分であった。

5　処世術

「△昨日は何を為したりや？　（答）国家の為め社会の為め一日奔走したり。△今日は？（答）金を儲けて女を買はんとす」（内田魯庵『社会百面相』明治三十五年）。二葉亭のところで、横山や松原とも顔を合せていた魯庵は、日清戦後の情況を描いた著書の「時代精神!?」と題する一節にこのように書きつけた。そこには例えば、「裏店の貧之職工が病に飢えて死に掛つてるを平気に知らぬ顔をして在らツしやる」学者の態度を慷慨していた学生が、ビヤホールの前に来るや、「麦酒と来たら我輩社会主義を放擲する！」と打ち興じるような情景が描かれている。魯庵が示唆するとおり、小型の筒井順慶が大量に輩出されていた。たとえば田山花袋が「私は青年――明治三十四五年から七八年代の日本の青年を調べて書いて見ようと思つた」（『東京の三十年』）とき、そこには、以前とは明らかに変質した時代相のもとに新しい青年たちが登場しているという現実があった。

そこで目だった現象として何が起ったか。処世術の氾濫である。この時期の出版物を一瞥するだけで明白だろう。『処世小訓』『青年立身録』『学生錦嚢成功の秘訣』『実業立身策』『青年の志業と準備』『学生立身策』『成功論』『立身処世百話』等々。これはすべて花袋のいう明治

三十四、五年の二年間に刊行されたものである。そこには「出世する法」から「知的生活の方法」の類まで、こと細かに書かれている。ある本の広告にいう、「世間立身繁栄する者の少きは何ぞや、是れ其の目的を達するの方法を誤れるが為め也。本書は何人にても実行し得べき極めて嶄新奇抜なる立身繁昌策を平易なる文章を以て面白く書きたるものにて、読むに退屈せず、行ふに骨が折れずに最も正確安全に成功すべき最良方法を示したるものなり。」正確安全に成功することが眼目である。しかもその「最良方法」なるものは、全くたわいない事柄の行列である。ここに、たわいなさが意味あるものとなり、それに関する「技術革新」が昂進することになる。この処世術の世界においては、現実を変えるのではなく、与えられた現実の条件をいかにうまく利用し、便乗するかが課題となる。そこには統制され均質化された社会空間の像が、そこに生きようとする青年たちを蔽っていた。それに対する抵抗感は「高等遊民」長井代助の夢想の中に萎縮してしまうだろう。

このように便乗型現実感覚が支配的となるとき、しかしそれは決して安定した情況の存在を意味しなかった。例えば兆民の門にあった幸徳秋水が、「夫れ東西瓢蓬、壮心幾たびか蹉跎して転た人情の冷酷を覚るの時、人は少年青春の愉快を想起して旧知の故園を慕ふこと切也。……彼等は故郷の愛すべく尊ふべきが為めに思念するよりは、寧ろ唯だ其他郷の忌むべく嫌ふべきが為めなる也。故郷に対する醇乎たる同情惻隠に非ずして、他郷に対する憎悪也。失意逆境の人多く皆な然り」（『帝国主義』明治三十四年）と「望郷心」の在りようを問題としたとき、その背景には「村落共同体の崩壊」といわれる社会変化と、都市への激しい流入がもたらす動揺した状況があり、そうして「成功」が思うように叶わずに「蹉跎」の心情が不可避に積もってゆく都市の状況があった。この状況がさらに進行するとき、現実の改革に向かうのではなく、都市の周縁部における方向標識はその矢印を逆にするだろう。のちに、「都市に永く住みながら都市人にもなりきれず、村を少年の日の如く愛慕しつゝ」柳田國男はつぎのように書いた。

「この六十年間の日本の都市などは、たゞ四方から流れ込む者の滝壺の如く、絶えざる力闘は寧ろ前から在る者を押出さうとして居た。さうして僅に勝つた人は、其方法手段の何であるかを問はず、其故郷が先づ之を成功者として喝采したのである。……一つの中心に無数の利害を突合はせ、其中で自由に弱さうな相手を見付け、仲間でない限りはどこを征伐してもよいことにして置くとすれば、末にはその修羅場の苦しみが、差違へて銘々の田舎に戻るのも自然である。都市を作りに出た人も、郷里に留まつて其成功に期待して居る人も、今は先づこの浅ましい共同の経験に目覚むべき時である」（『都市と農村』昭和四年）。

そしていうまでもなく、この「共同の経験」は、「村への愛慕」によってはもちろん、たんなる処世術的世界像の批判によっても克服されなかった。周縁部は、そこから一路「成功」めざして中心部に向かう場としてではなく、またそこから「愛慕」の地へと脱落するのでもなく、中心からの距離に対する自覚にもとづく抵抗感覚と、それに支えられた認識とを可能にする「位置」として考えられねばならない。その位置を実りあるものとする方法は多様であろう。周縁性はそういう精神態度を可能にするものとしてある。

故郷脱出者あるいは喪失者を不断に受けいれてきた、都市の小さな伝記をここまで書いてきたが、それを現代の問題と結びつけて、さらに話をすすめる必要があるだろうか。もし直接に現代化しなければ理解できないとすれば、それは歴史の中に「経験」をよみとり、それを現実の細部において再生してゆく想像力の衰弱というべきであって、そこに生じる「経験」の喪失は、故郷の喪失を嘆くことよりはるかに重大な事柄に属する。否、「故郷」の喪失はこの文脈においてこそ切実な問題となるはずであろう。

断片の運動——一九二〇年代断章

現実の表層のもとに拡散している、細部における「意味」の結晶核を透視しなければ一歩も進めない時代というのは、けっして幸福な時代ではないだろう。一九二〇年代という時代がもったオリジナリティーは、絶えずそのことに対する危機意識と背中合せであった。そうして現在の私たちは、この点で申し分なく不幸な時代に生きているといえよう。

第一次大戦後、二〇年代の崩壊状況はただの混乱ではなかった。様々のところでの様々の企てがただの混乱にはしなかった。安定した価値基軸を失くし、諸領域間の仕切り壁が壊れた社会は、断片の集合体とならざるをえない。また既存の価値秩序という垂鉛の破砕状況のもとで、社会的な意味は移ろいゆく表層の中にちりばめられる。このような社会の根柢的な地殻変動は、何よりも微細なものと移ろいゆくものに対する注目を緊要とするだろう。

物事の「極微なる移行」に対する鋭敏な眼の持ち主は、既存の時代性を担いつつ消滅過程にある事物のうちに、表層における交替とともに、その消滅が垣間みせる「太古的」祖型との交錯を捉える。こうして、例えば「路地、室内、博覧会場、パノラマ、これらはすべて、そのためらいの時代の産物」(ベンヤミン)として注視される。つまり、この「夢の世界の残滓」のなかに、終末を内に秘める時代全体のためらいを透視するのである。たえず表層の交替を「新しさ」として産出しつづける近代性は、その集約的な断片を通して、その廃墟の形姿において先取りされることになる。このように移行の瞬間を救い出す眼は、また、たとえば「無意志的記憶」がもたらす知覚の地質学的な「断面」へと向けられるだろう。こうしてミクロロジカルな感覚の全体をもって、時代と社会の物事が受けとめられる。

二〇年代の混沌がたんなる混乱でなかったとすれば、それは一言でいって、社会の拡散状態と原初性への志向とが緊密に結ばれた複合体を成しえていたことによるだろう。そこにはたんなる騒擾と区別されたものとしての運動の範疇が社会的に形成される筈である。つまり拡散された断片は、バラバラの凝固物としてではなく、その動的な関係の中で新たな見慣れない世界を生成してゆく、そういう媒介の運動を担う断片でありうるだろう。

したがって、もはや「現実」は崩壊感覚にもとづく問題概念であるにとどまらない。そこでは「あるがまま」の現実は、少なくとも二重に対象化されている。まず既存秩序の崩壊状態をそのまま甘受するのではなく、物事ないし事態が、崩壊過程を背負うことによって実在感と質感を帯びて現われ出るのがしっかりと捉えられる。その上で、たんなるリアリズムによっては及びがたい「現実」に方法的に働きかけるべく、いいかえればその与えられた解体を解放の条件へと転化するために、そこに見出された裂け目は(その瞬間の救出を通して)いわば原初性へ向けて垂直化されるのである。こうして「鋭敏な耳が以前に平穏無事な秩序の状態の中で雷鳴を聞きとったように、敏感な眼はカオスの中にもう一つの秩序を洞察することができる」(カンディンスキー)とき、混沌は生産的でありうる。

すでにダダイストたちは、「力の限りを尽してカオスの状態を獲得」することを決意していたが、ここでは「敏感な眼」のもとで混沌は秩序に豊饒な素材を提供すべく、その潜在的な形式創出力をフルに発揮するだろう。それは現実の物事を多層化する力を湛えている。断片的な物事は、この原初的秩序の中で真に対立性を担うことによって、綜合への絶えざる促しを帯びることになり、従ってそこに要請される媒介者の運動はユートピアの性格すら帯びることになるのである。例えば、「建築というすべてを包含する芸術」をめざしたバウハウス運動にユートピア思想を見出すとすれば、この側面においてのことであろう。しかも、二〇年代の「断片」の精神は、どこまでも体系的総体性ではなく、物事に相対して「感覚」が担いうる全体性へひらかれたものであるべく、いわば綜合を放棄した弁証法的思考として、自己の断片性を保持し貫こうとするのである。

二〇年代が「多産な混沌」に支えられて、今日の私たちを魅きつける動的な世界を出現させたとしても、そうしてその掘り起しはなお一層続けられる必要があるけれども、それが「もう一つの秩序」をめざす限りのものであったことは明白である。すなわち、自覚的に抱えこまれた混沌が終息したとき、実は二〇年代的な秩序も終ったのである。そうしていまや恐らく一つのサイクルが完結したのである。二〇年代がそれとして「再発見」されたこと自体が、逆にその証にほかならない。現代日本に二〇年代を重ね合わせたい誘惑にかられるとき、これは肝に銘じておく必要があるように思う。いいかえれば、「解体期に遭遇した個人が自分自身と自分の身に生ずることについて重ねる経験は、ある種の認識に資するところがある」（アドルノ）という意味において、二〇年代は認識のチャンスとしての解体期でありえたのである。

実際、二〇年代の精神的秩序がどのような構造体としてあったか、私たちに次第に見えるようになっている。（補註1）あたかもバリウムによって造影された胃のごとくに透視可能である。そこには、人間が出会う物事や事態を取り落とすまいとして行われた、種々の方法的な迂路の設定や構成の企てがあった。媒介形式の運動があった。それが、激しい直接性への傾斜に対する危機感にもとづくものであったことを、私たちは知っている。二〇年代という時代のオリジナリティーとは、秩序が混沌の力を殺いで凝固し虚偽と化する、という絶えざる危険によく拮抗しえたところにこそあったのであろう。

二〇年代の「直接性の現実」は、いわば巨大な光の洪水によって蔽われていた。光が真理のメタファーであることをやめて久しいけれども、いまや目くらましの方へ作用するのである。従って、「近ごろ大都市の上に注がれる光の洪水は、ほかならぬ暗闇をますのに役立っているのかもしれない」(クラカウアー)と言われたとき、それはたんなる比喩以上のものであった。その破壊力が集中した「暗闇」がどれほど惨澹たるものであったかも、私たちは知っている。(補註2)しかし二〇年代の「敏感な眼」は、それが見出した断片たちの運動において、瀕死の事物と人間たちを救い出し、動的にして多層な「物語」の主人公たらしめようとしたのである。「抽象」や「引用」や「異化」や「モンタージュ」は、それぞれの仕方でのその救出作業であった。それは、「昨日の世界」から放り出され、終りなき始まりとしての苦難にみちみちた、現代の「起源」としての物語性であった。二〇年代が私たちを魅きつける、危うさと背中合せの魅力はそこにある。現在の私たちに、その「物語」を語りつぐことは可能だろうか。

補註1

ロシアにおける二〇年代的精神というべきロシア・フォルマリズムの運動とミハイル・バフチンの仕事についても、周知の体制による文化的遮蔽ののち、重大な意味を帯びて明らかになりつつある。

「詩的言語」の精緻な分析から出発したフォルマリストたちのまさに「新しい形式探究」の

実践は、因襲的な型となってしまった在来の形式を崩壊させ乗り越えるために、意味をフォルムとして把えなおす「形態学」であった。この厳密な方法意識にもとづく「歴史的な仕事」（エイヘンバウム）を継承しながら、それを内在的に克服しようとしたバフチンは、詩的言語分析にみられる閉じた「単一言語」の範疇をつきくずして、一挙に「言葉の社会生活」へと解き放ち、生成の現場において言葉を捉えようとする。その仕事は、他者の言葉との内的対話性の理論、脱中心的で多音階的な散文体の強調、見世物小屋や定期市や広場の言葉への注目、等々として展開され、それは、「二十世紀の知的活動の一つの特色となった「笑い」の本格的研究」（林達夫）における劃期をなす、グロテスクで価値転倒的なラブレー的哄笑の研究へと結実したのであった。

かれらの仕事はいずれも、因襲と権威の言葉に対して発せられつづけた、いわば二〇年代的精神とその時代的カテゴリーによる異議申し立てであった。

補註2

二〇年代社会の「暗闇」を捉えるために、例えばクラカウアー（『サラリーマン』一九三〇年）は方法的な工夫をこらす。大都市のサラリーマンという見慣れた存在のなかに「日常のもつエキゾチシズム」を発見するためには、たんなるルポルタージュによっては充分でない、と彼は考える。現実とは一つの構成体であるかぎり、どれほど念入りの観察であっても、それだけでは「現実」に到達しえないからである。ここから「内容の認識にもとづいた個々の観察結果から合成されたモザイク」という手法がとられる。このような方法的自覚にもとづいて選びとられた人物たちとその光景は、私たちに見慣れたものであって、同時にそうではない。その「サラリーマン宇宙」のモザイクの一片一片は馴染みのものであっても、その合成は、私たちの画一的なサラリーマン像とぴったり重ならない、はみだした部分を明瞭にする。その存在の多面性を明らかにする。それは経済の要求によっては合理化しきれない部分でもあろう。

モザイク的再構成は、現実のもつ多層性を明らかにする。それが端的に現われるのは失業状態の描写であろう。大企業が不合理に放りだしたものを合理化しようとする「大企業のネガ」としての職業紹介所と、そこに集まる者たちのモザイクは、サラリーマンとは不断に失業状態を内包する存在であることに改めて気づかせる。失業者とはそのような存在の社会的意味を剝奪された者のことであろう。そうであるとすれば、失業者の側から社会構造を見てみることが必要ではないか。そういうものとして失業者は、現代社会の「注釈」的存在である。クラカウアーは、こういう理屈をいうかわりに、ワイマール末期ベルリンの失業者のアンケートに対する回答を引いていく。「三十九歳。既婚。こども三人。三年間無収入。将来だって？　仕事か精神病院か、ガス栓だ。」「貯金のすべては大規模な国家的サギ（インフレ）で奪われた。現在五十一歳。いたるところで「そんな年寄は雇わない」という文句を聞かされる。私の最後の手段は自殺。ドイツ国家は人殺しだ。」

日常を単一平面でうけとる安定感覚がその基盤を「貯金」にもつとすれば、わが「中流意識」の小銭貯蓄者は、二〇年代ファッションだけでなく、この五十一歳の男にも思いをいたすべきであろう。この男たちが数年後ドイツ国家をどういうものに仕上げたか、ということとともに。

日常のモザイク的描写が暗くやりきれないものになるとすれば、それは私たちの生活が根本において病んでいることを意味する。破壊力をひめた光に眩まされながら、それは崩壊の度を深めていく。そうであるかぎり、私たちにとって、問題の根本はこういう暗さとともにあるほかない。

都市の崩壊——江戸における経験

1

鶴屋南北の『東海道四谷怪談』に接する者は、そこに、一つの時代と社会の崩壊するさまが見事に描き出されているのを見るだろう。そこには、江戸の人間たちがどのような事態に立ち会っているか、そしてそれにどのように応答したのかが、その個々の生態学的な過程と全体的な構図との緊密な関連において、すなわちほとんど余すところなく描かれているように思われる。

この崩壊は、とりわけ都市という生活の場に集中的に現われている。『四谷怪談』は、浅草寺境内の場つまり江戸という大都市の盛り場から始まるが、その雑踏の中に次のようなやりとりだ配置されている。土地の遊び人二人と茶屋の女房との会話である。

石　そんなら地獄をするか。
まさ　どふしてそんなことはしめへはね。
石　風がわるひとおもつて、おらつちには、かくすの〳〵。
まさ　ヲヤ、何かくすものかな。ほんとうにかたいとさ。
石　しら〴〵しくおめへのよふに、うそをつくものはねいぜ。
桃助　年中、大づゝの額の下でせうばいをして居るから、鉄砲はあたりめへだろふ。
石　ほんにてつぽうといへば、奥州のかりうどが、すてきなみゝづくをいけどつて来て、奥山で見せるそふだ。
桃助　そふさ、この絵図がそれよ。

このテンポの早い会話の中に、都市の庶民の関心が向かう遊びの世界が鮮やかに描き出されている。しかも、それだけではない。かれらの遊びの世界を巧みに浮び上がらせる南北の方法は、同時にその語法それ自体において、かれらが置かれている日常世界の構成がどのようなものであるかを切りとってみせるのである。すなわち、登場人物たちの言語遊びは、ここでは、まさしく一義的な世界が解体し社会が質的な変化を遂げつつあることの集約的な表現でありうる。会話のなかの「地獄」は、この文化文政の時期に江戸に流行した私娼の一形態である。この地獄に、下等の夜鷹を指す「鉄砲」（何故そう呼ぶのかは諸説あるらしい）がイメージの連鎖をなす。また空鉄砲で「嘘をつく」の意にも掛けられる。そしてこの鉄砲はまた、浅草寺絵馬堂に掲げられていた「大筒の額」とも関連づけられる。さらにそれは、浅草奥山の見世物に出ている木兎を捕える鉄砲ともなる。すなわち、盛り場の雑踏の中に、「悪所性」という名で括ることができる種々の図柄が切りとられ、集められ、重ね合わされている。それによって、「地獄をする」という言葉によって喚び起こされた表象は、「大筒」という無粋な語によって中断され、さらに「鉄砲」という音が帯びる多義的な含意をつうじて、拡散し転位するのである。地獄宿への関心はいつのまにか見世物の絵図へと飛躍している。この中断と飛躍が笑いを引き起こすだろう。

陰惨なる南北の崩壊劇は笑いとともにあった。そこに暴かれる事態や物事の多義性が笑いを誘い、その笑いが一転して物事をめぐる意想外の現実世界をひらいて見せるのである。『四谷怪談』がときに滑稽劇になりかねない地獄劇の性格を示し、ときに惨劇と見紛う笑劇の様相を呈して反転しかねないのは、この解体状況を構造化しているからにほかなるまい。同時代の『世事見聞録』は、「今の芝居は世の中の物真似をするにあらず、芝居が本となりて世の中が芝居の真似をするやうになれり」と証言しているけれども、このような日常性をつかまえることにおいて、南北の作品世界はいわば劇中劇ならぬ「劇外劇」的構造をもつことになるのである。

社会状況を輪郭づけ方向づけるべく導入される統一的な儀礼的世界が動揺するとき、それは演劇的世界に掠略されざるをえないだろう。

南北のこの手法は主要プロットの提示においても用いられ、それは同時に、崩壊期が、事態をあるがままの姿形で受けいれるのでなく、いわば経験の端緒として媒介的に物事をとらえる感覚を生き生きと再生することを示している。同じ浅草寺境内の混雑の中に次のようなやりとりが設定されている。地獄宿の女房お色と与茂七との対話（その全体が言葉遊びを駆使した場面転換の連続から成るのだが）の一節である。

与茂　こふしてさわげばさわぐものゝ、おなじかたちをやつしても、奥田の子息は。
いろ　ナニ、奥田より大三つがいゝわな。
与茂　忠義ゆへとて、こもかぶりとは。
いろ　そんなに飲るものかナ、五合で。
与茂　ア、、さぞやくげんを。
いろ　そこが地ごくさ。

『四谷怪談』はその裏の世界として『忠臣蔵』を踏まえ持っていた。与茂七はひたすら、同志奥田が敵の目を欺くためにこもかぶりに身をやつして苦労している「忠義」の世界にこだわっている。これに対してお色は、奥田を浅草観音前の大三つと同じ酒屋と取り違えて、酒樽の「こもかぶり」ほどは飲めないと応じ、その苦労を「地獄の苦患」と洒落れるのである。この茶化しによって忠臣の苦労は地獄宿と結びつけられて、その様相を一変せざるをえない。しかも、既存の体制が生みだしその枠組が壊れて浮遊している「忠義」をただ否定し去るのではなく、その世界とそこから疎外された人間たちの生きる下層社会とが、一方が他を排斥することなく同時的に描き出されるのである。いいかえれば、表裏をなす二重性において一つの視野のもとに収められる。このような状態においてこそ『四谷怪談』の人間たちは、たんに事実としてあるがままの下層社会ではなく、その新たな構成における日常性を体現し表現しうるのである。

従ってまた、かれらの「現実」がたえず地獄宿的世界と一体のものとして提示されるのは怪しむにたらない。既成の社会規範をいわば風俗化し、そこからはみ出す諸要素を生成しつづける場こそ「悪」所であったからである。しかも『四谷怪談』の住人たちが付き合う悪場所は、公認の遊廓のような、現実の陰画としての整備された体系と規範を備えた世界ではなく、按摩宅悦が経営する浅草裏田圃の地獄宿や直助とお袖が住む深川三角屋敷のような岡場所、それも最下層に属する私娼窟であった。それは場所としての認知にもかかわらず、大都市の内部を自在に出没しうる場であった。そこでは、悪場所のもつ「非日常的」な要素は、その区域を越えて日常世俗の生活の真只中で文字通り野合している。悪所の虚構性なるものが初めからもつ商品的性格は、この岡場所においてその危機の様相を最大限に露わにするだろう。そして、この危機の動態に、時代と社会の崩壊が濃い影を落としていることはいうまでもない。このような悪所性の日常的拡散ともいうべき状況を生きる者たちをつかまえ、表現の場に持ち来たらそうとすれば、方法として「虚実綯い交ぜ」が必然的に要請されざるをえない。

社会の崩壊は、都市の内部から生じている。つまり生活様式の内側から壊れているのである。『四谷怪談』の中幕は、伊右衛門の長屋においていよいよ崩壊の劇がくりひろげられる場であるが、その出端はこの世界の人間たちが置かれている「関係」がどのようなものかをきわめて直截に指し示している。そこでは、「浪人のなりにて、仕入てうちんをはつて居る」伊右衛門が、家宝の秘薬を「取にげ欠落」した奉公人の小平をめぐって、かれを斡旋紹介した「受人」宅悦と、さらにその身元保証に立つ「人主」孫兵衛とやり合うところから始まっている。そこには、「銭かねは取にげのあたりまへ。薬種をもつてのかけおちは」という疑念はあっても、「欠落」が驚くべき例外的な出来事であるという感覚は、おそらく誰にもない。それは疑いの余地なく、この「関係」のなかに内包されているのである。「取逃・欠落」がけっして例外的な事態ではないというこの状況設定は、劇の主題を導きだす上でまことに適切であった。何故なら一奉公人の失踪が指し示す問題は、一見するほど小さくなかったからである。

しかし奉公人のこのような在り方が含みもつ問題群は、『四谷怪談』のほぼ一世紀も前に、すでに根本的な点において解き明かされていた。荻生徂徠は『政談』において、「出替り奉公人」つまり年季奉公人のあいだに多発する「欠落・取逃」という現象に注目した。この事例を、大都市の住民が抱える日常の生活形態と心性とを明るみに出してみせるものとして、かれは注目した。奉公人の欠落や取逃に対して幕府は、その保証人の財産没収という手段によって規制しようとしたが全く効果がない。保証人が奉公人と共謀し、あらかじめ自分の家の中のものを運び出して、同時に欠落するといった事態が出現していた。しかも残された家財の競売にその仲間が入札してきわめて低い値段で買い取る、という念の入れようである。それは「受人」にさらに「人主」を加えるなど、身元保証を形式的にどれほど増やそうと同じことであった。このように共謀がとめどなく転化し拡大していく過程に目を凝らした徂徠は、「欠落」現象に現われた離合集散の束の間の網目が、なによりも大都市住民のあいだの一時的な人間関係によって支えられていることを見出した。互いに永続的な付き合いをしようと考えもせず、見知らぬ者のあいだで差し当りの接触がなされるにすぎないところ、「一年限ナル故、其心互ニ路人ヲ見ルガ如」き状況においてこそ、奉公人と保証人とその仲間による「寸劇」が頻発するのである。そして、このような状況においてこそその上演能力が開発されるのである。従ってまた、それは雇主と奉公人との間にのみ限られるものではない。それは、生活様式におけるかつてない大変動を示唆していた。

大都市におけるこの劇的な状況は、出替り奉公人の多くがそうであったように、「他所者」の大量流入と沈澱によってもたらされた。徂徠は、この在所からの「離レ者」が都会の「紛レ者」へと転形していく軌跡を追う。そこには「紛レル」ことを容易にする大都市の「隠レ家」的状況が横たわっている（この辺の徂徠によってさりげなく提出されている範疇はそれぞれ極めて的確である）。かれらの社会との関わりかたは旅人を想い起こさせるだろう。他所者という社会学的な存在形式について、「旅をつづけはしないにしても、来訪と退去という離別を完全には克服していない者」という規定を与えたのはG・ジンメルであったが、「紛レ者」に大都市の生活様式に対する外在的な関係をみた徂徠は、それを「旅宿ノ境界」と呼んだ。このように、都市住民の社会的関係を一時性と外在性とが支配するとすれば、つまり徂徠のいう「常住ノ旅宿」感覚が生活の場を貫くとすれば、そこには、生活形式を共有しえない各自の勝手気儘な在り様が散乱するほかないであろう。かくして大都市には「日本国中ノ人入乱レ、混雑シ、何方モ皆仮ノ住居ト言者ニ成リ、人々永久ノ心ナク、隣ニ構ハズ、隣ヨリモ此方ニ構ハズ、其人ノ本ヲ知ラネバ知ラヌト云ニテ何モ済也。先ヲモ知ラネバ、始終ハ名主ヲ始メ我苦ニセヌ故、人々面々構ニテ心儘ニ成ル也」という解体状況が出現することになる。こうして、紛れもなくわが国最初のこの都市の理論家において、都市の問題は、その生活秩序の内部から崩壊しつつあるという根本的な事態においてつかまえられていた。奉公人の失踪という一個の事実には、そしてそれを自明とする感覚が指し示す事態には、このような生活様式の質的転換が内蔵されていたのである。

崩壊に瀕した大都市の生活者が、束の間の関係の感覚と寸断された生活とによって貫かれるとき、忠誠感情は交錯し、人びとのパーソナリティは分裂せざるをえない。『四谷怪談』の人間たちは、いわば状況の函数としてそれぞれの局面に反応する。首尾一貫性に意を用いることに虚偽を感じるかのように、かれらは局面によって動かされる。信条体系が粉々に砕けた状況に対応する、局面の束としての「人格」を抱えこんでかれらは生きるのである。それは、とりわけ伊右衛門の態度において鮮やかに形象化されている。それぞれの幕はおろか同じ場においても、かれの対応は甚しく一貫性を欠いているようにみえる。例えば中幕で、「主人のためと忠義のぬすみ」をはたらいた小平に対して「忠義でいたすどろぼふは、命をたすけるといふ、天下のおきてがあるか。たわけづらめ」と一蹴した伊右衛門は、しかし隣家の伊藤の招きに際しては、「この伊右衛門は塩谷の浪人、それゆへどうもかた身がすぼつて」と躊躇せざるをえない。しかしそれも、次の場面では一変して喜兵衛の申し出に応じ、さらに「高野のお家へすいきよのほどを」と転じていく。さらに例えば大詰において、お岩の亡霊に苦しみながらもなお夢の中に「出世して大禄取」に成り上がった自らの姿を映し出さずにいられない伊右衛門が、しかも他方で「喜兵衛の娘を嫁に取つたも、高野の家へ入こむ心。義士の面〳〵手引しよふと、不義士と見せても心は忠義」などと言いたてて止まないのである。

一義的に自足しうる信念の世界が解体して不確定な状況のもとに生きる人間たち、さらにいえばそれを解放へともたらすべくしたたかに生きる者たちを描き出す劇の全体構図を、『忠臣蔵』の世界から排斥されているという位置において一身に担ってみせるのが伊右衛門であった。「忠義」によって統一された世界に住むことを許されないこの不忠の臣は、状況とのこの付き合いかたにおいて、いわば解体状況の忠臣として行動しているのである。伊右衛門の「人格」の不連続な在り様は、かれにおいて時代と社会の崩壊が内面化されていることを示している。そうして、その内面の分裂を統合し態度決定へと動員する能力こそ、伊右衛門の「悪」にほかならない。したがって、既存秩序の崩壊がかれのような浮浪の徒に活躍の場と「出世」の機会とをもたらすことがあるとしても、そしてそれに熱意をもつとしても、徹底的に状況的存在としての伊右衛門には、制度的な悪に便乗することはできず、どこまでも不整合なぎくしゃくした行動をせざるをえないのである。「げんざい女房を今更に、宿なしにしてその身の出世」へとしがらみをあっさり片付ける伊右衛門は、その分だけ自らの全身で負荷を背負う。かれは敢然として此の世の地獄へと落ちていくのである。したがって、伊右衛門のいわば率直なる悪は、体制に順応する制度的な悪においては表われることのない時代状況の核心的な諸要素を、その不連続なしかし全力を挙げての対応を通じて露わにしていく。「はてさておそろしひ。まだ死なぬさき、この世からの火の車」という伊右衛門の呻きは、この限りで、かれが生きる状況の真摯な体現であった。解体社会において地獄は、おそらくこの地上以外にありえないだろうからである。

2

都市の内部から生じた崩壊状況は、なかでも流入民たちが紛れこみ混在する下層社会に破壊的に収斂する。社会の解体がもたらす混乱と苦痛は、誰よりも制度的保護のないこの階層によって負担されるのである。そして、流入した他所者たちの多くがその航跡を江戸の場末に没したように、下層社会が周辺地域に拡延していくに伴って、社会関係が流動的で生活様式が不安定なこの地域に、解体の諸要因は累積していく。社会の「状況化」は周辺地域において加速するのである。かくて都市の崩壊は、社会階層においても地形的な意味においても、周縁部に集約的に現われることになる。

そしてここでも、徂徠とその同時代人は既にこの事態に気づいていた。たとえば、「日傭の類多く成候事」に注目したのは、当時幕府の儒者を勤める室鳩巣であった。かれは、「辺土の町々には此等の輩猶々多く、爰かしこの辻番所にも五人七人宛寄宿仕候はぬ所も無之候と承候」と書きとめている。そしてこのような観察と提言に見合うように、この時期幕府は、増大する「端々借屋」の停止を繰り返し命じている。「辺土の町々」つまり場末町に、その日暮らしの貧民が溢れるほどに集住し借家が増えつづけるという状況が、社会秩序にとって無視できない事態として出現していた。しかし場末の借家の禁止令が示すように、その対策は事態の後を追いかける対症療法であった。そこでの基本的な関心の方向は、支配秩序を揺るがしかねない事態をとりあえず「なきもの」と見做すということであった。つまり、一時的な排除である。例えば一七三四年の町奉行の覚書にいわく、「近キ頃所々野非人多ク出候付、弾左ヱ門江申付追払ハセ候得共、無宿ニ而可参方無之直ニ立戻リ際限無御座候」と。

これに対して徂徠がどうであったかは、もはやくだくだしく書くまでもないだろう。大都市生活の基底に解体状況を看破した徂徠にとって、その社会的負担がどこに加重されるかは明白であった。したがって、その文脈においてみるとき、かれの具体的な提案において、たとえば「江戸辺《は》ヅレ田舎へ取附ク境目ニ」木戸を設置すべしとするその「境目」や「木戸」は、たんに取締りのためのフィジカルなものではない。徂徠にとって、「此境立タザル故、何方迄ガ江戸ノ内ニテ是ヨリ田舎ト云疆限ナク」「都鄙ノ疆《さか》ヒ無キ」状態こそが問題であった。「境」によって都鄙が切り換えられず一繋りであるとき、徂徠が浮き彫りにした「都」の不確定な生活様式は、独立した形式を獲得しえないまま流動するほかない。しかも、「江戸ノ内」に解体要因が堆積しているとすれば、その連動状態はきわめて不安定な状況を醸成せずにはおかないだろう。従って、崩壊状況を宿すことによって生活様式の輪郭を曖昧にさせている場としてこそ、「境目」は問題であった。

都市の崩壊は周縁的な場に収斂する。この点においても『四谷怪談』は、劇的主題に相応しい場の設定をなし遂げている。南北はかれ自身その後半生を、亀戸や深川黒江町という周辺地域で過している。かつて徂徠が注目した都鄙が接触する「境目」に居を据えた南北は、まさにその連動状況に身を置くことによって、その場がはらむ相互浸透の緊張を自己の中に取りこんだかのごとくである。すでに浅草寺境内の人びとの行動や関心や心性が、その背後にひかえる裏田甫の世界としっかりと結びつけられ方向づけられていたが、その設定は劇的主題の展開につれて揺るぎがない。零落した伊右衛門の浪宅は、喜兵衛の住居のような武士の別荘と隣り合いまた農村を後背地とする雑司ケ谷に配置されている。お岩と小平の死骸が流れつくのは砂村の隠亡堀である。直助とお袖が住むのは深川の三角屋敷、小平の住居は同じく深川の寺町である。深川が裏長屋や岡場所と武士の別荘地とを併せもつ新開地であることはいうまでもないだろう。そしてお岩の亡霊に苦しむ伊右衛門が籠る庵室は、本所の蛇山に設定されている。

江戸の周辺地域が選ばれているとして、それはどのような場なのか。たとえば次のような直助の台詞がある。「今は深川三角やしき、寺門前の借家ずみ、見世であきなふしろものは、三文花にせんかふの、けぶりもほそき小商人。後生のたねは売ながら、かた手仕事にせつしやうの、やなをふせたり砂村の、隠亡堀でうなぎかき、ぬらりくらりと世をわたる、金箔のつひたびんぼふ人さ。」直助がお袖と暮らすのは最下級の売女長屋を抱える町である。すでに二人の出会いが浅草裏田甫で宅悦が営む地獄宿においてであった。お袖の姉お岩もまた辻君の装いで登場している。直助が生業として携わる鰻は、岡場所の名物にほかならない。かれらが身を置き身を沈めるのは、たんなる場末ではなく、このような悪場所の只中でのいわばひんまがった日常世界であった。そして、その住居はまた、寺門前の墓地に接する場所にあった。寺町の家や蛇山の庵室も同様の設定である。そこでお袖は線香や三文花を売るだけでなく、時には死人の着衣の洗濯を引き受けて暮らしを立てている。また直助が鰻を掻くのは、ほかならぬ茶毘所近くの「隠亡堀」である。すなわち、その場所は死と近しく接し、死の穢れがたえず日常性に影を落とす、そういう場であった。

『四谷怪談』の住人たちが、悪場所と墓地の空気を吸いこむことによって不安定な日常に身をさらすとしても、それだけでは、「制度化」された周辺部に配置されているにすぎないともいえる。その限りで世話物の世界と誤解されかねない。それがかれらによって真に「生きられる空間」となるためには、やはりお岩の死骸が流れつく必要があった。雑司ケ谷の江戸川上流に棄てられたお岩と小平の死骸は、神田川から隅田川を下り、さらに小名木川を逆上って砂村の隠亡堀に辿りつく、という現実にはありえない設定がなされている。これは、実際の二つの事件を同時に素材として取り入れたために生じた矛盾といわれる。おそらくその通りであろう。しかし、隠亡堀の死骸がさらに小名木川を下って隅田川と交わる万年橋に流れついた、という南北の念の入った場面設定に接するとき、そこに、作劇上の趣向といった指摘を文字通り押し流して、都市の周辺部を貫通する川の影像が一挙に浮び上がらざるをえない。ここに浮び上がる川は、商品の輸送路や舟遊びの場や上水道の供給路としてのそれではなく、死骸が流れ漂う川である。江戸の社会における世俗化は、浮死骸ぐらい呑みこんでしまいかねないものがあった。商品の恒常的な搬送はまた商品感覚の流布でもあったのである。「川流れの髪の落取る」ことが最下層の生業としてあったことは、すでに西鶴が書きとめている。浮死骸といえども、ここでは身過ぎの対象に変じてしまう。邪霊を祓い穢れを清め流すという、水流の浄化力に対する伝統的な信仰が失われつくしたわけではない。元禄期の幕府の触書が、血不浄や産穢に対して登城や供奉を「行水次第不苦候」として以後の範例としたように、その霊力は社会秩序の内に穢れを定位するものとして限定的に「使用」されたのである。そこでは、澄みきった川の流れは水神や霊異が住みにくい場とならざるをえない。南北における「川」はこれに対決する。

隠亡堀は次のような場として描き出される。伊右衛門の一件でいまや零落した伊藤の娘と乳母とが物貰いとなって登場し、「小桶を出し、川水をすくひ、米をあらふ。」そこへ浮死骸の噂をきいた小平の父孫兵衛が「川のかたを心づけ」て出てくる。ここで川は先ず零落者が暮らす場である。実際、川端には浮浪無宿が住みついていることが多く、ことに深川ではそういう場所に「非人小屋」が多く設置されていた。孫兵衛が息子の死骸はないかと一心に目を凝らすその川が、浮浪者にとっては米を洗う日常生活の場であった。そこには日常性が死の穢れと濃密に結合しつつ吸収されるのである。それだけではない。突然大きなねずみが現われて乳母のお守りをくわえて逃げ出し、それを追いかけた乳母は「ずる〳〵川へ落」ちていく。そこへ鰻掻きの直助がやって来て川の中へ入り、「鰻かきに何やら懸りしゆへ、取上げみる」のである。ここに「川」の吸収と下落の作用はまぎれもない。「ずる〳〵川へ落んとする」のはもと乳母だけではない。既成の社会の枠組がそこに崩れ落ちていくのである。お岩の化身であるねずみの出入りが不気味にみえるとすれば、それが社会の間仕切りが壊れて界域が混じり合う境界状態を表出するからにほかなるまい。そうして、そこから秩序に規定された存在としての人間ではなく、生成としての人間の観念が噴出することによって、きわめて異形の現実が出現することになる。鰻かき棒の先に引っ懸っている世界である。この川は、敗残者の怨みや死の穢れやその他もろもろの負性なるものを吸収することによって、「新たな世界」を生みだすのである。このような「川」の解体と産出の作用に貫通されるとき、既存秩序の内に位置づけられていた悪場所的日常性や周辺地の穢れは、その枠から流出して危険なものとならざるをえない。破壊力を帯びてくるのである。雑司ケ谷から砂村へ流れついたお岩は、周縁的諸要素を一挙に合流し結集させたかのごとくである。その様相は、お岩の生態学的な過程のうちに表現されているだろう。

　場末町の裏長屋に暮らすお岩は、出産直後という設定を与えられている。出産という営みが、おそらく血忌みを核として強く穢れの観念と結びついていたことはいうまでもない。元禄の幕府触書に供奉や役勤めの者は「産穢之婦人と前夜暮六時より同座同火仕間敷候」とあったように、そこには強い穢れが作用していると考えられた。毒を盛られたお岩が喜兵衛に恨みをいおうと身仕度を整えようとするとき、傍の宅悦が「産婦のおまへが鉄漿《かね》つけても」と止めるのは、そこに産褥中の四十九日は鉄漿（お歯黒）もつけず髪も結わないという、産の穢れと結びついた禁忌意識が生きているからである。それ故にその直後の髪梳きでの「おち毛からしたゝるなま血」は一層効果的だった筈である。この出産直後という時期は、社会的性別の曖昧な赤子を抱え、未だ社会秩序への復帰をなしとげていない、いわば境界の時間帯であった。この境界性の故に穢れを帯びるともいえる。社会秩序にとっても精神秩序にとっても、「境目」の曖昧さは不快で不気味なものと感じられるからである。毒殺されたお岩が棄てられた場が境界としての川であったことも、また当然であった。従って、このお岩の設定を「産女《うぶめ》」の趣向という作劇術としてだけみるのは狭すぎる。これに、辻君としてのお岩のもつ悪所性や場末の浪人の女房という零落者の辺境的性格を付け加えれば、南北がお岩に与えた規定がどういうものであるかは明瞭であろう。

そして、お岩が全身に帯びるこのような場の磁力が圧倒的な凝集点に達するのは、ほかならぬその顔貌の崩壊という事態においてであった。悪所性や産褥の穢れを帯びてはいても、それまでのお岩はほとんど受け身の影の薄い存在であった。伊右衛門の罵詈雑言を甘受していたそのお岩が、「世にも見にくひ悪女のおもて」への変貌をへて亡霊となって現われるとき、その態度を一変してきわめて能動的に動きだすのである。「お岩の死霊、逆さまに下り来り、長兵衛のゑりにかけた手のごひにて、長兵衛をくびりころす。」それは、まさしく顔という「秩序の崩落」が出現させた「逆転」であった。そこでは「産女のこしらへにて、こしより下は血になりしてい」で現われるお岩のもつ穢れも、もはや社会の観念構造が自己防禦として外縁部に定着させていたそれではなく、境界を突き破って社会の内部へ侵入してくる力を帯びている。

毛髪や血はいうまでもなく、お岩の使う櫛などもその本来の呪力を発揮して、社会内部にとっての脅威とならざるをえない。暮六つ時以後は火をともにしないという形で限局し忌避しえていた穢れが、「もう暮れ六ツ」「おまへもわたしも熱気の時刻」という伊右衛門母子の会話にあるように、熱病を通じて逃がれがたく浸透してくるのである。それは不可逆的に通り過ぎる時間としてやりすごせるものではなく、繰り返し呪力を帯びて立ち現われてくる「時」であった。こうして、敗残者や零落者によって生きられる時空間は、時代と社会の崩落の中でその異形化において自らを押し出し、その敗北と零落の深さの故にこそ生き生きと動きだすという劇的な「逆さま」の世界が出現する。お岩の「変貌」は、それを鮮やかに表現している。

お岩が『四谷怪談』を包む時代状況、すなわち崩壊期の現実の象徴的表現たりうる意味も、ここで明らかであろう。その「現実」は、既存の秩序形式が崩れ落ちるときはじめて実在感を獲得するのであった。所与が脱落しあるいは剝離されて、物事の潜在的な諸側面が見慣れない姿形で表われ出るとき（お岩においてそれは文字通り「表面化」する）、そこに刻印された崩落性は、その対象形式の抱えもつ諸要素を露わにしつつ、それによって構成される実在性を浮き彫りにするのである。お岩の面相の「崩壊」は、そこに内在していた周縁的諸属性を一挙に凝集し「現実化」するものであった。

ところで、お岩をしてこのような地平を切りひらかせたのは、他でもない伊右衛門の「悪逆」であった。お岩の経験は、時代の解体性と社会の状況性とを全面的に宿す存在を、否定的な媒介とすることによって獲得されたのであった。

そぎ落とす精神——ブレッソン『抵抗』をめぐって

最近、一九五六年に制作されたロベール・ブレッソンの監督作品『抵抗』を観る機会があった。驚くほど新鮮であった。この映画の筋書きは簡単であって、原題の「一人の死刑囚が脱獄した、あるいは風は望むところに吹く」がすべてを語っている。ドイツ軍占領下のリヨンの監獄から、レジスタンス運動で逮捕された主人公フォンテーヌが脱獄するという話である。この物語が何故これほど新鮮であったのか。

確かに脱獄にいたるフォンテーヌは画面に表情豊かに現われる。身振りやしぐさが極度に抑制されることによって、その微細な表情がそこに浮き彫りされてくる、ということも無論あるだろう。しかし、ここでの表情はそのような、なまなかなものではない。何といっても、冒頭のシーンから映し出される、かれの両の手がもつ表情の豊かさが圧倒的である。手錠に抗う手、壁を叩き懸命に隣房に合図する手、その隣の男からの通信を壁に書きとめる手（文字とはこのような人間的経験のためにこそ必要であったのだ）、そして脱獄するために準備するさまざまの手、つまり食事用のスプーンを掠めとり、それをナイフとすべく床でとぎつづける手があり、そのナイフによって扉の羽目板を削りつづける手があり、さらに自らの脱獄の方法を仲間たちに伝えようと小さな紙切れに書きとめる手がある。

脱出用の鈎の作り方や綱の必要は、先行の脱走失敗者がかれに教示した事柄であった。独房状態を生き抜くとは、他者の失敗を含む経験を学びあい生かしあうことであった。そのことを、かれの両手はしっかりと受けとめ、伝達する。こうしてフォンテーヌがいとなむ行為、いや、かれがつくりあげる世界のすべてに手が介入しているのである。小窓の鉄格子、窓枠、四囲の壁、扉、把手、床のすべてに、かれの手の痕跡がついている。手の表情の豊かさとは、「事物の状態」を通して、この痕跡が帯びる多彩な表情によるものなのであった。

したがって、フォンテーヌの抑制された動きがどれほど多様な表情をもって現われようと、そのこと自体に入れあげてはならないだろう。社会の管理体制なるものが、諸個人の在り方をほとんど全面的に規定し、ついにはその表情をも画一化するにいたるのではないかという危機意識は、しぐさや身振りが本来的にもつ多様さや多義性につよい期待を抱かせる。正当な期待というべきである。しかしそれは、チャップリンを尊敬はしても、その身振りで表現した映画には批判的であるという、ブレッソンの「映画言語」とは対立する。大仰に演じられる身振りはおろか、思わせぶりな表情や意味ありげなしぐさの全くない画面。私たちは、人間的なしぐさがもつ微妙な多彩さなどというものを、本気で信頼してよいのだろうか。ブレッソンの画面は、そのような内省を誘う。肝要なのは、フォンテーヌの手の痕跡なのである。

ここには、両手だけでなく、それを見据える眼を含めた全身体的な働きかけによって、手のあとをつけられた壁や扉がある。それらはフォンテーヌの前に、まさしく材質と抵抗力を備えた物として立ちはだかっている。あるいは正確にいえば、かれの脱出への意志がそれらの物を本来の事物として立ち現われさせたのである。扉の材質がどういうものであるかは、生死を分かつ事柄であった。手に負えない樫の木でできていると思われた羽目板の隙間に柔らかい埋め木を発見させたのは、またスプーンを武器に変じさせたのは、両手に込められたその意志である。それは、事物が帯びる人間を突き放す物質的抵抗性と、とことん付き合った者が到達しうる発見である。この扉やスプーンは、自由への意志は制約のなかの創意としてあることを教えるだけではない。事物との本来的な相互交渉は、物と人間のそれぞれの相貌を変えるとともに、物の社会的に割りつけられた機能を「使用価値」にそくして変えることができるのである。

ここには、現在の私たちをとりまくモノの世界とは文字通り質的に異なる世界が提示されている。物とは、物質性という自然的属性から、人間との精神的な交流において見慣れない「新しさ」として現われる経験的属性の獲得にいたる、それぞれの「事物の伝記」をもつものであった。そのことをブレッソンは、ざらざらした扉や汚れた壁という材質感（すなわち抵抗感）

豊かな物の画像と、それに傷をつけ文字を刻むフォンテーヌの手や眼（つまり物性に「抵抗」する人間）の画像との相互関係において表現するのである。多用されるクローズ・アップとフェイド・アウトの手法が、疎外された連続体としての現実から断片を抽出し、その日常的連続性を消去するのに効果的にはたらいている。

フォンテーヌの独房と対蹠的に私たちは、「特性のない空間」に興奮剤を撒布されたように、種々さまざまの恣意的なコントラストやアクセントをつけられた世界に生きている。この煽情的な色彩世界を脱色し、自明性を装って侵食してくる対象たちを無化しあるいは異化する方法を考えなければならないだろう。方法の一つは、当該の対象をいわば描きつくすことによって、恣意的な解釈なぞ入る余地のない形姿で対象を提示することである。つまり、人と事物と状況とについて、それぞれの個別性において核心に到達するまで描写した挙句、それを包んでいる事件なるものの、その「事件」たりえている属性を分解してしまうのである。

『抵抗』においてブレッソンが用いた描写の方法は、フォンテーヌの独白というかたちで行われる、ナレーションの手法に現われている。例えば、独房のベッドに深く腰をおろしたフォンテーヌが壁に目を向ける場面がある。その眼、ほかならぬかれの手、汚れたベッドと壁（注意深い観客ならもっと細部にまで目を注ぐかもしれない）。その静寂とかれの表情に、観客はさまざまに思いをめぐらしかかる。そこにナレーションが入る。「視線が部屋をさすらった後、僕は扉に目を注いだ。」恣意や曖昧さがつけ入るすきはない。

ナレーションが与えるこの場景描写以外のいっさいの「解釈」は拒絶されてしまう。しぐさに何かを語らせる思わせぶりは、この描写によって削り落とされ、対象は輪郭鮮明に提示される。ここには恐らく、映像がそれ自体の多義性において帯びざるをえない解放と操作という両面価値性を、放置しておくのでなく、画像選択の方向を指示することによって、観客に内的葛藤を生じさせようとする意図がある。つまりこの映画作家は「多義性への戯れ」など、まるで信じていないのである。

多面的な画像と観客との間に割って入るブレッソンのナレーションの手法は、観客の解釈の欲求を断ち切り、日常的定型的な反応の回路をしばし寸断する。それは情動的な強調点を排除するゆえに、あるいは観る者を不快にし退屈させるかもしれない。しかしこのような状態こそ、いわばニュートン力学の第一法則によって動いているような私たちの心身の運動と、それと裏腹の萎えた想像力にとって必要なのではなかろうか。たえざる印象群の殺到と交代という世界の中で、私たちは経験を孵化する余裕どころか、退屈する能力すら失いつつあるのである。

そして、もはやいうまでもなく、ブレッソンの「描写」は、煽情的世界を稀薄化する方法としての「徹底的省略」と緊密に結びつき、それによって貫かれていた。この省略の方法によってこそ、「抵抗」する手とその痕跡、すなわち特性にみちた独房が浮き彫りされたのである。かれが画面からさまざまな要素をそぎ落とすことによって、主題の骨格を簡潔に提示するとき、この映画は、一種「昔話」的な身軽さを帯びてくる。主人公が動く空間のみを追跡する描きかたや、心理描写の削除などもそれに見合っている。つまり「監獄を脱け出した男の物語」として、語る者聞く者の内面的映像を自在に膨らませつづけるような性格をもっているのである。

そぎ落とされているのは、意味ありげなしぐさや心理描写だけではない。その画像には音楽が省略されている。そこに置かれているのは、靴音であり、ベッドの軋む音であり、手が扉や壁と擦れ合う音であり、さらには息づかいである。私たちが騒音として一括梱包している塊から、ぎりぎり必要な音が抽出され強調される。不要な音の贅肉を振り落とされた静謐な世界の中に、生そのものである音が浮び上がり、反響するのである。かつてC＝E・マニーが映画の手法にふれて指摘したように、「省略は虚無に適した唯一の修辞学的方法」である。生の証跡としての音に伴われたブレッソンの断片たちは、深々とした虚無のなかから切り出され、フォンテーヌの独房という「試煉」の宇宙を形づくるのである。そこにかれのつよい「意志」と「祈り」とを感じとらざるをえないだろう。

その宇宙が、対象と人間をめぐるどれほどの相互交渉と更新の経験とを含みうる状態であるかを、眼前に浮き彫りにされた後に、私たちは模像化した現実のなかで、ブレッソンがそぎ落とした諸要素の中に首まで漬っている自分を見出すのである。

物への弔辞

私たちは物に対する哀悼からはじめなければならないのではないか。尊敬すべき或いは身近な死者に対しては、私たちは強いられるまでもなく深い追悼を捧げることができるし、現にしている。それすらなくなった時には、いよいよ本当に「人間の消滅」ということになるだろう。その死せる者への哀悼を、物に対して、あるいは同じことだが、その物と人間との関係に対して、向けるべきではないか。そして一言でいってしまえば、現在において批評が可能であるとすれば、それは追悼行為としてではないか。

かつて人間は、山林原野河海から路傍の石にいたるまで、物的世界との相互交渉の中で生きてきた。生きるとはその交渉のことであり、物的資源の摂取獲得が同時に、精神的糧としての対応物を含むところに、その相互性が表われていた。たとえば生存に不可欠の水との付き合いが、蛇神を登場させる時そこには、洪水その他の災厄と背中合せで現われる河水を、灌漑その他の用水として活かしたいとする人々の思いが表現されていたであろうし、雷神としての表象には、日神と結婚して「稲妻」として田に降り立つという豊饒が祈願されていただろう。ミクマリ(水分り)はいつでも神的配分の問題でもあった。

それでは、現在の水についてはどうか。工業用水はいわずもがな、日常の生活用水についても、「水道」とはいうもののその道程は私たちの生活過程に組みいれられてはいない。光熱費という家計の費目においてのみ抽象的な姿態を現わすにすぎない。水が流れ出る「蛇口」は、もっぱらその製品としての形を表現するのみであって、むろん蛇神の痕跡はあるはずもない。水道の凍結断水は、そのまま私たちの想像力の中絶を示すだけである。生きた相互交渉は終ったというほかない。生存に不可欠の水において既にしかり。他の諸々の物は、あるいは消滅し変形し加工され、あるいは殺害されつつある。哀悼の感覚をもって対すれば、その無惨な現場を身近に見ることができるはずである。

『資本論』におけるマルクスのように物たちに自らを語らせることができれば、いまやそれは交換価値としての倒錯した関係を語るにとどまらず、瀕死の呻き声をあげるかもしれない。あるいは、人間たちに対する蔑みにみちた一瞥をくれるだけで黙するかもしれない。そして、その呻きと沈黙とは正確に、私たちの生の有様を映し出しているはずである。物がその故郷を失い商品や製品へと姿形を変えられるとき、その「変態」は、例えばいも虫から蝶になる生物の変態とは異なって、購買者ないし消費者としての人間の眼を驚かすものではない。その商品や製品の形態に私たちはたちまち馴染んでしまう。すなわち、物の変形が人間自身の変形を促すのである。物を生産するとは、まさしく「対象のために主体を生産する」ことなのでもあった。

しかしその突破口もまた、その変形と殺害の現場を離れてはありえないだろう。たとえば、「廃物」つまり商品世界の敗残物や脱落物を用いて作られたバラックが、建売住宅にない材質感と存在感を逆説的に獲得することがあるように、私たちの社会において、滑らかな快適さと生きた経験とは反比例する。この事実は、現在の可能な経験が失敗や逸脱を一つの核として含みもつことを示唆するとともに、商品世界からの疎外物との接触交渉が、私たちの生の疎外態を認識させる、だけでなく、束の間にせよそれを切開しうることをも示している。転倒した交換世界が「疎外の疎外」を通して垣間見せる物の二重性が、人間自身の二重性として現われることによって、その分裂のうちに「脱出口」を指し示すのである。それを抜きにして救済や復権を語るのはハッピーに過ぎるだろう。

世界の「再生」を求めて、すりへった魂に賦活するための「魂振り」を様々に企図するのは、むろん間違っていないとしても、肝心の「魂」が行方不明になりつつある状態では、死に瀕した物たちの末路に眼を凝らすことを通じて、かれらとの相互関係において生きられてきた私たちの生の現状を顕らかにする以外にないだろう。つまり、物化した世界（これは物たちに対して非礼な形容だが）を自己切開するには、瀕死の眼が必要なのだ。そうしてそれは、かつてヴアレリーが示唆したように、もっとも根柢的な意味において「考える」ということにほかならない。「この世界の外部で、眼を、存在と非存在との境にすえている人間のまなざし――これが、考える人間のまなざしだ。」蘇生を思えばこそ、むしろ死の契機と局面と経過とを注視しなければならないのである。私たちのありうべき批評行為が哀悼に至らざるをえない、という所以である。

「失敗」の意味
——映画『水俣の甘夏』が指し示すもの

私たちの周囲に水俣に関する情報が少なくなった、と感じるようになってから久しい。むろんそれはたんに情報の量の問題ではない。それを伝えようとする様々の努力がなされていることや、問題はまったく解決していないことは知っていながら、私たちの大部分の生活の中にそれは入り込んでこない。このすさまじい消費社会は「水俣」の意味をも消費し呑みこんでしまうのだろうか、という危惧が頭をもたげる。と同時にこれは、水俣の人たち自身にとっても容易ならない事態ではないか。

ここに一本の映画が提出された。監督小池征人、撮影一之瀬正史たちによる青林舎作品『水俣の甘夏』である。この映画は、水俣特産の甘夏を無農薬の有機農業で栽培することをめざす、水俣病患者家庭果樹同志会の活動を広く伝えようとする意図のもとにつくられた。ところが、その制作過程でこの意図を挫くような事件が起きた。同志会のなかの六戸の農家が、無農薬をめざす活動に逆行するような除草剤を使用してしまったのである。映画はこの事件を見事に

「記録」する。それによって、この映画は傑作となった。

除草剤の使用は、まさしく失敗であった。それは言葉の本来の意味において失敗であった。その事件をめぐる過程全体を通して、さまざまの屈折と渋滞と逆流とを伴いながらも終始、それが失敗として曝けだされ、抱えこまれつづけたことが私たちの胸をうつ。事件への対応に苦慮し、内面の葛藤を経たのちに或る農民がもらす「落ちこぼれじゃなかですもんね。失敗したから失敗の会ちゅうわけです。人間だから失敗もあるじゃろう」というそれ自体は変哲のない言葉が、観る者に突きささってくるのは、私たちの生きる世界に「失敗」がいかに成り立ちにくくなっているかを、それが鮮明に浮き彫りにするからである。

安楽と効率を指向し、そのための計画とプログラムによって覆いつくされた社会生活においては、そのプランの実現を阻み害すると考えられる事態は極力、遠ざけられ回避されなければならない。そういう事態を招いてしまった者やその渦中で苦しむ者は、プログラムに対する見通しの甘さと計算能力の不足を示すにすぎないのであって、まさに社会の「落ちこぼれ」として片づけられざるをえない。ここでは、人間の生きる世界が本来、「思いがけない」出来事や「思いもよらない」物事を含み、「思いどおりにならない」存在を組みこむものであることが根柢的に否定されてしまう。したがってまた、自分の予測や目論見や統制の能力を超えた、未知の物事によって挫かれ、驚きとともにその事態を受けいれること、すなわち失敗が社会的に成立しえないのである。

　こういう社会では失敗は、機械化された世界に相応しく、いわば事故や故障としてしか現われない。つまり修理や部品交換や解体処理を要請する、もっぱら有害な事態としてである。そこでは、機械の故障と違って人間の失敗は負《マイナス》の一方向ではありえないことや、また機械には消耗をひきおこすだけの時間の経過が人間には成熟をもたらしうることなど、考慮の外へと放逐される。こうして失敗は何よりも、社会の規格化された方式では処理できない現実、そのかぎり苦痛で不快な現実に面と向かわせる故に、怖れをもって排除されるのである。

　除草剤事件をめぐる同志会の人達の苦悩や葛藤は、この社会の圧倒的な趨勢とは対蹠的な関係を形づくっていく。除草剤使用者すなわち失敗した者を、追放したり排除したりしない関係をいかにしてつくるかというかれらの苦慮と、ついにそれを人間本来の生産的失敗として包摂するに至る経過と、さらにそれを自他に対して公開する勇気とは、失敗などは有害なだけのものとして排斥することによって一身を保守しようとする、現在の実利的世界となんと違っていることか。勿論その苦渋にみちた過程は、単線的ではありえない。炎天下に自分達が汗水流して草を刈っているときに、安易に除草剤を使った者たちへの反撥。生産者個人として自らの生産物への責任をとるべきだという主張。再考を促す水俣病センター相思社のメンバー（そして映画制作者たち）に対して、生活者の名のもとに表明される感情的なズレ、等々。「会の四十八人を同じ気持にさせきらん」という焦慮とともに、ともすれば失敗者に対する裁きと分裂へと傾斜しかねない心的条件に動かされながら、しかも同志会に、最終的にそれを乗り越えることを可能にしたのは、ほかでもない、自分達は水俣病患者であるという認識の一点であった。映画は、この認識がかれらにとっても決して自明のものではありえないことを示している。いいかえれば、ナレーション抜きではあるいは水俣とは判らないかもしれないほど、水俣病の日常のなかの不可視の部分を映しだそうとしたこの映画が、まさしく水俣の映画たりえているのは、実はここにおいてである。

生産者であり生活者であると同時に、かれらは患者なのであった。少数の失敗者を裁きかけ排除しかけている自分たち自身が、実は少数者として社会の辺境に放置され排除されようとしている。ここで患者であるとは、そのことに気づかせる、いわば認識衝動を生みだす母胎であった。無農薬をめざす作業自体が、被害者である自己が農薬を撒布する加害者へと転化することを、何とか克服しようとすることから出発した筈であった。ここには、不断に相互転移や逆流を含む社会関係の連鎖の中に自分たちは身を置いている、という認識が形成されようとする。社会の多数派が持ちがちな、地位と役割の固定性という虚偽の意識が打破されようとする。したがって、相互の転移や反転に伴って露わになる人間の弱さを、率直に承認していく精神態度が生みだされようとする。

こうして、失敗を否定し放逐するという社会的趨勢の再生産から、かれらを最後のところで踏みとどまらせ、ついにはそれを人間に本来的のものとして包みこむ関係を組みなおしていく、という感動的な逆転をもたらしたのは、水俣病患者としての経験であった。すなわち、被害者だからこそ加害者性を克服しようとし、少数者だからこそ排除者となることを拒絶しようとする。そして理不尽に負性を背負わされた者だからこそ、失敗者を切り捨てず包容しようとするのである。人間の生活とはこのように相互的なものであり、それぞれの錯誤や失敗が孤立したものとして切り離されず、生かし合う関係によって支えられているとすれば、社会の多数派は本当に「生活者」たりえているのだろうか、という反省をそれは促す。

除草剤の使用という一つの失敗が、同志会の農民達の立脚地点を明るみに出し、社会的価値の逆転のドラマを生んだ。それは、除草剤事件が、真に一箇の事件として成立し展開したということでもあった。「事件」は当事者それぞれのかかえる事情と、かれらが関与する場の断面を鮮やかに切り開いてみせる。水俣の日常を捉えたこの映画の各ショットが、除草剤問題という事件を通して集約され再組織されて、かれらの立っている「現実」の諸局面を顕らかにするのである。そこには何よりも、水俣病によって海から陸へ追われた人達の、たえず海へ引き寄せられる激しい思いがある。さりげなく挿入された漁の光景がかれらの郷愁を照し出す。漁につよい愛着を抱く人達にとって、長期の心配りと手入れを不可欠とする農業は辛い仕事であり、「草取りなどは女の仕事」にすぎなくなってしまう。つまり農業の経験不足がもう一つの足枷となる。そして無農薬をめざす有機農業が、樹木の生命力を蘇らせることによって作業量を増やす結果、かれらは病気の苦痛に加乗されながら、ささやかな「安楽と効率」の誘惑に直面することになる。そこには同志会の組織としての不充分や不徹底の部分も、明るみに出されることになるだろう。

事件はこうして、当事者がかかえこんでいる前提条件と諸関係の網目模様を、いわば目に見えるものにした。そして、それに応答することを通して、かれらは自らの立脚基盤の組成構造を変えることができたのであった。日常の中の試煉と可逆的な相互関係と内面的葛藤とそして他者性の包摂とを含む、この緊張した過程はまさしく劇的であって、今日なお可能な劇的なるものの表出とはこのようなものであるのか、と思わせるほどである。そしてまた、私たちの生活の周囲にも実は「事件」は起きている筈なのであって、社会全体の機構とそれにもたれかかる私たちの生活様式とが、挙げて事件を不可視にし隠蔽し消去していることに思い至らせるのである。「不意打ち」を追放せず応答できる、このような関係こそが社会関係の名に価するとすれば、現在の私たちの社会はそれに真向うから敵対するだろう。

除草剤事件が当事者それぞれの場を切開してみせたというとき、その当事者とは実は映画制作者を含むものであった。映画は偶々その事件に遭遇したことによって、自らの性格を変容せざるをえなくなった。そうして、その遭遇による変質を見事になしとげることによって、偶発性を社会的に生かすことが出来た、といってよい。事件に際会したカメラ或いは事件をつきつけられたカメラは、それをどう撮るかが試されざるをえない。水俣の人達にとってと同じように、事件は映画制作者たちにとっても試煉であった。カメラの介入は、当事者に逃れがたく事件をつきつけるだけでなく、それによって顕らかになっていく諸断面を映しとることを通して、事件そのものの性質を変えざるをえない。同志会が「公開」を原則としていこうとすれば、一層そうであった。それは同時に、自らの介在によって変容をとげた現実を撮ることになる、映画自体の変形でもあった。映すべき現実の動きとともに、この映画は身をよじる。カメラが、多方向で不確定の諸要素を含む事件の展開に内在的に関わりながら、現実の新たな次元を顕らかにしていくとき、それはたんなる「参与観察者」にとどまるわけにはいかないだろう。ここでは事件を「記録」することと、それを変形することと或いは「創る」こととは別のものではない。

誤解をおそれずにいえば、ここでは、映画が記録することを通して「現実」を創っていったのである。その限りでこの映画は、カメラを開き放しにして映るものを捉えると称する類いの

「記録」映画とは、正反対の行き方を示している。映される現実と当事者関係に立つことによって、この映画は現実を記録するということのいわば初発の地点を明らかにしているように思われる。それは自らを内在させることで、表層を構成する幾重もの現実を映し出すのである。たとえば、「誰にも打つ手がなかった」というナレーションとともに現われる、事件発生後三か月間の空白が、画面に映らない人間関係のきしみを観る者にスリリングなまでに想像させるのも、そして、カメラワークはむしろ静態的であるにもかかわらず、画面自身がきしむ印象をもたらすのも、おそらくそこに起因する。したがって、この映画は映像が担うメッセージにもとづく直截的な告発によってではなく、むしろ表現形態それ自体において、観る者をたんなる観客にとどまらせない力を帯びるに至っている。

こうして、除草剤事件を通じて、同志会と相思社とそして映画制作者たちとがコンテキストを作り合うところに、失敗をめぐる一連の過程、その新たな現実に対する発見の驚きと対面の苦痛とを伴う過程は普遍的な経験として結晶することになった。これまで蓄積されてきた水俣病患者としての経験を、事件に対する最終的な判断の拠り所として集約させたとき、そこに、かれら自身を超えて、照らし出し動かす普遍的経験が成立したのである。その故に、それは映画を観る者につよく働きかけ、揺さぶり、そして励ます。この映画は水俣の人達とともに、それ以上に観る者を励ます力を担っている。「失敗の会」のシールを貼って甘夏を出荷する場面に端的に見られるように、ユーモアの余裕をもそれは含みこんでいるのである。と同時に、それが事柄の総体に関わる経験として提出されているかぎり、自分に都合のよい部分だけを切りとって処理するわけにはいかない。つまり日常私たちが営んでいる方式が通用しない、質的に異なる「現実」がここに開き示されている。

甘夏という具体的なものの成熟過程を描き出そうとすることを通して、この映画は、それに拮抗しうる人間的成熟の可能性を映し出すことになった。すなわち、水俣病をめぐる受難と受苦の直接形においてではなく、生きた経験の結晶を用意し可能にした基盤としての受苦に思い至らせるという形で、私たちに、そして水俣の人達自身に、「水俣」を提示するのである。ここに水俣病は「人体」の問題にとどまらず、まさに「人間」の問題として立ち現われることになる。だからこそ、除草剤の毒性の程度ではなく、それを使用した失敗への対応こそが、問題の事柄の核心をなしたのである。そして、この転換をなしとげることによって「水俣」は、「人体」に関することのみが辛うじて問題として成り立つかにみえる、私たちの社会生活の有様を照射せずにはいないのである。水俣から届けられた一箇の甘夏が、私たちの生活に変容をもたらし反省を強いるものとなるには、それを可能とする私たちの想像力があまりに鈍磨しているために、その道のりは遥か遠いけれども、この映画に立ち会う者は、これを傑作ならしめた「水俣」の存在に思いをめぐらさざるをえまい。

「名づけ」の精神史

私たちの眼前に、「新しい」名前が次々に現われては消えていく。名前の連続的かつ加速度的な貼りかえとして「現在」が立ち現われ、立ちはだかる。この名前の洪水の中で、自分をとりまく世界との関係についての、根本的な疑念が私たちの内に膨れあがる。

かつて哲学者ホッブズは、人間が世界を構成するすべてのものに名前をつけさえすれば、あとはそれを一旦ばらばらにしてまた組み合わせればよい、つまり名前の足し算と引き算によって世界は認識できる、と考えた。「方法の規則」にもとづいて、このように「名前の帰結に関する計算」を信頼することができた彼は、その限りで幸せであったといってよい。世界が名前に対してひらかれ、名前は世界を背負うものと想定しえてこそ、その「計算」は成り立つことができたからである。そのとき、名前の普遍性についての確信は、世界認識のための徹底的な方法的態度をもたらすものであった。しかし、その確信もその態度もいまの私たちにはあまりにも遠い。

十七世紀の哲学者の世界ばかりではない。あのヘレン・ケラーの発見、すなわちwaterという名前を突破口とする、「すべての物は名前をもっている」こと、あるいは世界とは名前であることの発見も、感動的ではあっても疎遠なエピソードにすぎなくなりつつある。すなわち、いまや私たちの「名づけ」に対して、世界あるいは物事の秩序は応答しなくなっているのではないか。ここでは、ばらばらの名前をどのように寄せ集め組み合わせてみても、それは「物に行く道」にはならないのではないか。名前の次元への私たちのこだわりや、貼りかえられる名前に対する敏感さは、おそらくこのような疑念を裏書きしている。

そうであるとすれば、この「危機の瞬間」に際して、名前をもって物事に相対してきた人間の基本的な経験の有様と、ほかならぬその「名づける」という行為の基底がいわば胎盤剝離しつつあることとを見定めなければならないだろう。

1

名づけるとは、物事を創造または生成させる行為であり、そのようにして誕生した物事の認識そのものであった。「大汝《おほなむち》　少彦名の　神こそば　名づけ始めけめ」といった神話的な表現は、世界に対する関与の在りかたを端的に語っている。名づけられることによって「世界」は、人間にとっての世界となった。人間は名前によって、連続体としてある世界に切れ目を入れ対象を区切り、相互に分離することを通じて事物を生成させ、それぞれの名前を組織化することによって事象を了解する。このように「名づける」ことによって物事が生みだされるとすれば、世界はいわば名前の網目組織として現われることになるだろう。したがって、ある事物についての名前を獲ることは、その存在についての認識の獲得それ自体を意味するのであった。こうして諸々の物が名前を与えられることによって、たとえばそれが食物か毒物か薬物かを区分けされたとき、そこに成立する名前の体系は、人間とその物とのあいだに数限りなく繰り返されたであろう試験（試煉）を含む交渉を背負っているのであり、それは「生きられる」空間が創造されたということであった。

名づけがもつこのような経験の原初的形態は、子供において、その本来の遊びの能力のうちに見出すことができるだろう。社会的存在の「第一日目」ともいうべき子供が、世界を自らのものとするべく働きかけるとき、その所与性への正当な無視において、名前にもとづく創造の「奇蹟」的能力が発揮される。断片や破片を組み合わせ、自在に「変形」を加えて、一つの世界をつくり上げるのは子供の特技であるが、その小さな天地創造には名づけの能力が存分に駆使されるのである。

民俗学では、物についての新しい名前の出現が、子供によることが多いことに注目して、この名づけ（造語）の問題を「口承文芸」の一種として考えるようだが、さしあたりジャンル形態にこだわる必要はない。「口承」における定型と即興の相関的な働きが、子供の遊びの構造において中核部分を形づくるということをおさえておけば足りるだろう。子供たちは、既存の社会が与える名前の体系から離脱して、その物との不断の付き合いの中から、たとえば一匹の虫（水すまし）に別の名前（字書き虫）を与えたり、別の草花（スミレとオオバコ）を同一の名前（スモウトリ草）で呼んだりするのである。そこには少なくとも、一匹の虫の動きを水面に文字を刻んでいくものとして見ている子供の観察する目があり、草の茎で相撲をとらせることができれば二つの草花を同じ仲間と考える感覚がある。つまり、その名前には、子供とその物との出来事を含んだ生きた関係が示されているのである。そうして本来、すべての物の名前はそのようにして付けられたのであった。名づけの経験について「精神史」的な考察に思いをめぐらすとき、子供における精神のこの働きかたを、繰り返しその「原型」として想い起こす必要があるだろう。

このような子供の命名＝変形の行為が示唆しているのは、物とは本来多様にして変化にみちた相貌をもつものであり、名前の付けかえが可能なのは、その交渉の中で物がその事態に特有の相貌を現わすからであった。すなわち、名前の変更とは物それ自体の変貌を意味する。たとえば子供が水すましを字書き虫ではなく、今度は「椀洗い」と名づけるとき、その虫はもはや水面に文字を書く虫ではなくなって、別の存在に変貌しているのである。遊戯的交渉における子供の働きかけとは、その子供に対して世界が生き生きとした固有の姿を現わすということであった。したがって、もし子供が、観察や遊びの対象とする動植物からガラクタにいたる物との相互交渉を断ち切られ、変形能力を封じられてしまうとすれば、その命名経験の不発は、彼らにとって世界の死滅に等しい筈である。

2

「山言葉」と呼ばれる名前の一群がある。沖言葉などとともに忌み言葉として、里言葉に対するものである。すなわち、山中では里での日常の言葉を使うことは禁忌とされ、特別の名前がつくられていた。そこでは、たとえば「米を草の実、味噌をつぶら、塩をかへなめ、焼飯をざわう、雑水をぞろ、天気の好きをたかがいい、風をそよ、雨も雪もそよがもふ」といわなければならなかった（『北越雪譜』）。名前が人間と或る事態（物事）との相互交渉のこもったものであり、固有の経験を刻みこまれているとすれば、それは発せられ用いられる固有の場をもつことになる。いいかえれば、特定の時空間の存在性格が特定の名前に込められているかぎり、その名前は他の場における存在とは衝突せざるをえない。こうして、時空間の移行と越境に伴って、特定の事物は別の名前で呼ばれることになるのである。場に伴う複数の名前とその変更とは、人間が生きる世界が本来のっぺらぼうではなく、質的に多様なものであることを示している。そういうものとして名前は、事物の秩序と緊密に応答しあっていたのであった。

そのことは、民俗学が教える象徴的な事例、すなわち特定の聖地を「ナシラズ」といい、また特定の神木を「ナナシノキ」と呼ぶ習俗の存在によっても裏書きされるだろう。これはむしろん神聖な場や物に対する人々の畏怖が、日常的な名前の世界からの敬遠と遮断を強いたのであるが、同時にそこには、空間や事物の存在のありかたを決定づけ、それを経験世界へと占有せずにおかない名前の威力が表明されている。名づけることは、「所有する」ことであったからである。

名前が内蔵するこのような固有性を、もっとも顕らかに示すのが神話的世界である。そこでは固有名詞が最大限の威力を発揮している。神話的思考は世界を、固有名詞を貼りつけた事物の総和として捉えるのであって、したがって、名前を付けられた物と物との間はいわば切れていると考えられる。つまり、それぞれが固有性に深々と貫かれることによって、神話的空間は「つぎはぎの空間」(ウスペンスキー)とならざるをえないのである。そこでたとえば、都とすべき地を求める王の遍歴が試煉の空間を通過しなければならないとすれば、その場所は隈《クマ》(奥地)、つまり熊が出て来ても不思議ではないような不毛の地でなければならない。すなわち「熊野」という名をもつ地でなければならない。そうして、そのクマクマシき土地での受難と復活をへて到り着くべき場所は、当然めでたき地であり、すなわち「よき人の よしとよく見て よしと言ひし」と謳歌される「吉野」でなければならないのである。したがって「熊野」と「吉野」との「つぎはぎ」の関係は、もっぱら名前が担う意味連関において支えられている。現実の地理的関係ではなく、願望の地政学とでもいうべきものが、それを統合しているのである。ある空間や場がもつ意味や性格と、そこに込められた人々の願望とは、名前のうちにすべてが要約されていた。

この固有性の強さの故にまた、名前は人々の想像力を刺戟し動かして、物語の発生を促さずにおかない。そこから周知のヤマトタケルの物語のような名前説話の傑作が生みだされることになる。「ヤマト」という政治象徴的な意味と「タケル」という荒々しい叛逆性とを同時に担うその名前の内に、この英雄物語の悲劇的展開を決定づける動因がひそんでいた。まさしく名前が背負う「物」が語りだすのである。そして、このような物語の産出は、すでに指摘されているように、特定の場所や事物の名前の意味が曖昧になったとき、それを不透明の状態から救出しようとするときに、最大の動機づけを得るのであった。こうして、夥しい地名起源説話や民間語源説話という形での物語的な意味産出が企てられる。所与の環境を、改めて生きた固有

名詞によって埋めつくすことによって、自分たちの生活空間として創造しなおすのである。(補註)

3

名前が固有の場や経験と緊密に結びつくものであるとすれば、名前の変更は、事態や事物それ自体の変貌をもたらすものとなる。たとえば物語の中でオオナムチがオオクニヌシへと名をかえ、オウスノミコトがヤマトタケルに変わるとき、その新しい名前の獲得はただの「改名」ではなく、その人物の役割や性格の変化あるいは地位や身分の変更、すなわち「変身」を示すものであった。「変身物語《メタモルフォーセス》」は古代の人間の得意とするところであったが、それは対象を変貌せしめる名前の力に対する強い信念によって支えられていた。子供の変形能力と神話的思考の持主たちの変身感覚とは、固有名詞の決定的な機能と威力とに対する信念において共通していた。

古代人や子供だけではない。その信念は、たとえば江戸天明期の狂歌師たちの「俳諧」精神の中にも生き延びていた。彼らが、世俗化され一枚岩として表われつつある現実世界を、虚構をもって多層化するために採った方法は、「狂名」のもとに身をやつすということであった。かつての物忌みの姿態としての「やつし」による変相を、世俗生活の只中に実現するために、そこでもなお名前の変身させる力が用いられたのである。しかしそれは、いまや辛うじて瞬時的に成立しうるものであった。そこで変身しきれずに、「狂名の中におのれの貧弱な全存在を露出するや、たちまち放曠自在の世界は消えうせて、あとにはただやすっぽい人間と劣等な品物だけが居残ることになった」（石川淳）のであった。こうして名前を通じての象徴的な変身は消失していくだろう。そして、とりのこされた者（物）たちの「変身願望」は、やすっぽい人間と劣等な品物であればあるほどに昂進しつつ、「包装」や「仮装」や「整形」という物理的な変貌においてなしとげられるほかないのである。

名前のもたらす変身感覚は、他者の存在に対する侵犯を含む。名前による生成と変形の力が信じられ、名は同時に実体を表わすものであるとすれば、他者の名前の改悪や毀損さらに剝奪は、存在それ自体に対する賤しめや処罰そのものと考えられることになる。ここでは、たとえば神武東征において征服される者に対して、「ナガスネビコ」というような異様な姿を示す名前を与えていることや、道鏡に敵対したために流罪にされた和気清麻呂が、姓を別部と「部」をつけられて降格され名前も「穢麻呂」へと変えられたこと、あるいは囚人から名前を剝奪して番号で呼ぶという事態などを想起すれば足りるだろう。

「綽名」は、このような侮辱とさらには愛着と賞讃とを含む、他者への変形作用を担う名前であった。綽名は、名づけが本来あだやおろそかに行われるわけにはいかないことを端的に示している。それは対象への周到な観察と的確な表現、つまりは批評力を要請するのである。いうまでもなく綽名には、見立てや喩えやもじりや読みかえなど種々様々の手法が動員されるが、いずれにしても対象の性質や姿形や仕種や癖などについての鋭利な批評によって、その決定的な特徴が抽き出され強調されなければならない。たとえば、初期の武人たちが「悪源太」や「悪禅師」と呼ばれ、また「矢前払の首頭九郎」「三丁つぶての紀平二太夫」「金拳の八平二」などと書き列ねられるとき、それによって、この「一人当千の兵」の一人一人の特性がいかに鮮やかに浮き彫りされていることか。そこには、後世の仰々しく格式ばった名前をもつ「鉢植の武士」たちとの存在の質的な違いが、一箇の綽名のうちに圧縮表現されている。

綽名におけるこの批評力は、賞讃ばかりでなく、よりいっそう悪態や非難に際して充分に発揮されなければならない。相手の存在の核心に的中しなければ、嘲笑や揶揄の効果は挙がらないのであって、したがって悪口の最大限の効果のためには、相手への最大限の関心の注入と微細にわたる注目の集中とを必要とするのである。したがってまた、綽名をつける能力の衰弱は、間違いなく社会における相互的関心の稀薄化と批評感覚を含む文化水準の低落とを意味しているだろう。

4

名前は物事の誕生（創造）および変身（再創造）をもたらすだけではない。すでに地名起源説話への執拗ともいえる情熱のうちにもその一端が窺えたように、命名のはたらきの一つは確実に、不安感ないし恐怖心の消去にある。そうだとすれば、自然ないし生活環境との交渉の中で人間が負わざるをえない種々の苦痛、たとえば病気に対して名前は深く関与していく筈であろう。

中央アフリカ社会における病気なおしの儀礼を調査した人類学者（V・ターナー）は、名前がきわめて重大な意義を担っていることを見出した。そこでは、病気で苦しんでいる患者の苦痛を、何らかの象徴的形式で把えることができれば、それによって宗教的職能者を通して社会的に対処し得るものになる、と考えられている。したがって、「危険であり有害なのは、隠されたものである。だから不吉な状態に名をつけることは、なかばその状態を消去することになる」のであった。中央アフリカの呪医たちが病者の苦痛を集団的に対処可能なものとするべく施すこのような行為は、かつて統治者にとって本来の重要な仕事であった。人々の苦痛を取り除き、社会を平常の状態に回復すること（「治療」）は、首長の統治責任であったからである。

そこで、日本古代の王権においても「不吉な状態に名をつける」ことが行われた。すなわち疫病の蔓延に対して、それを「大物主」の仕業として名指しするのである。大物主の「物」とは、いうまでもなく霊《モノ》であり鬼《モノ》であり「物の怪」の物《モノ》でもあって、大物主とは諸々の悪霊のいわば総元締めを意味する。まさに「不吉な状態」をひきおこす元兇に相応しい名前であった。この大物主を祭ることによって疫病は終息した、とされたわけだが、疫病の大流行という理解を絶する恐怖に投げこまれた人々にとって、このような「名づけ」の信頼感をもたらす効果は絶大であっただろう。見えないもの、それゆえに神秘化されるとともに恐怖や不安をよびおこすものを、「見える」ものとすることによって恐怖心を鎮静し消去すること、それが名前の重要なはたらきの一つであった。「隠されたもの」に対する共同体的な対処は、このようにして行われた。そのとき「名づけ」は、事態との応答関係を存分に担うものであった。したがって、医療が専門機関のもとに独占され、学術的と称する病名の体系が制圧するとき、それが何を喪失せしめたのか、に思いを致すべきであろう。

5

人間は一個の名前のもとにのみ生きるのではない。「一生の間に何回も名を取替へ、又時によつて色々の名を以て呼ばれること、これが日本人の古来の習慣であつた」(柳田國男)と概括される。この「習慣」は日本に限られるものではなく、この「日本人」の範囲も問題であるけれども、いずれにしても綽名や屋号を含めて、人々は複数の名前をもって生きてきた。そうして、一人の人間が「何回も名を取替へ」るとは、その年齢的な成熟がたんなる自然的成長ではなく、社会的経験のそれぞれの段階ないし局面をへてゆくことを意味していた。名前の変更とは、すなわち「社会的な変身」にほかならない。かつて生誕と死亡に際してのみでなく、成年(社会的誕生)と隠居(社会的死)とに対して「名替え」が行われたのは、それが社会の構成を問題化する質的に決定的な変身であったからである。

一家の枠内でいえば、息子が若名を棄てて代々の家名を継ぎ、それを譲った親父に隠居名が与えられたとき、名前の次元における一家の「社会構成」の更新は完了したことになる。以後息子はその通り名で呼ばれるのであるが、この社会的過程の中で覆い隠されているのが、かれの固有名としての実名であった。成人への(試煉をへての)変身として獲得される実名は、社会すなわち名前の体系にとって不可欠であり、それだけに(その固有性の威力の故に)「厄介な」存在であった。社会の成員たるためには、もはや体系の「定数外」たる童名や若名の状態に放置されていてはならず、成人としての固有の名前を文字通り身につけなければならない。しかし同時に、要件をみたす者として社会へ統合されるとき、その固有性は体系内の一般的集団的な名前へと変換がはかられざるをえない。つまり、社会の命名体系にとって固有名はそのままでは異物であり、通り名や職名やさらには綽名や偽名が名前の社会的な流通形態となることによって、体系は維持され、同時に固有性も保護されたと考えられるのである。この限りで固有名は、命名体系の更新におけるその範疇間の移行の辺境に位置することになる。そして辺境にはしばしば禁忌が宿る。「古来の習慣」として実名が「忌み名」として秘匿され、またそこに魂（言霊）が付着すると考えられたことは、このカテゴリカルな位置においても理解することができよう。

したがって、社会の基本的関係が新たに始められ、あるいは作られようとするとき、この固有の名を表わし合うことが決定的な契機となるだろう。よく知られた『万葉集』巻頭の歌に、娘に向かって「家聞かな　名告らさね」と呼びかけ、「吾こそは告らめ　家をも名をも」とあるように、「名のり」は求婚の基本的形式であった。この働きかけに対して実名を明らかにすることは承諾、すなわち関係の成立にほかならない。拒絶しようとすれば、（能面のベシミのように）口をつぐんで頑張らなければならない。ここでは、名前（実名）にその人間の魂がこもり、名前の口外がそのまま相手への魂の伝達ないし譲渡となると考えられている。折口信夫流にいえば、威力ある言葉をもってするこの名のりによって、相手の心中の霊魂が揺り動かされたとき、実名を明かすという形で両者の関係が成立するのである。したがって、名のりは魂の闘争の開始を告げるものであった。恋愛とともに社会の基本的な関係の形式である戦闘において、その行動の開始に先立って「名のり」が行われたのも、本来同じ根拠にもとづくものだろう。相互の固有性に働きかけ、呼びかける（「呼ばひ」）ことによって、「社会」は形成されたのである。

こうして、かつて人間が複数の名をもち、実名の忌避と表明とを含みながら、名前の体系を更新してきたことは、人間の生と死がいかに社会の共同的な経験であったか、また共同体への加入と隠退とがどれほど重大な出来事であったかを、名前の次元において指し示している。いいかえれば、個人と共同体との生成と変化と消滅、その生老病死に、名前は深々と関与していたのである。

6

名前は本当に人間と物事との相互交渉の堆積を担うものであるのか。名前を通じて本当に世界を了解することが可能であるのか。二十世紀的現代は、この根本的な懐疑から開始されるだろう。多くの人々が、名前について（否定的に）語りはじめる。たとえば、世界の「再生」を希求したプルーストにとって、「どの絵の魅力も描かれた事物の一種の変貌《メタモルフォーズ》にあるということを見分けることができた。その変貌は詩で隠喩《メタフォール》といわれるそれに似通っている。父なる神がものに命名することによってものを創造したのだとすれば、エルスチールはものから名前を奪い取るか、あるいはものに別の名前を与えることでそれを再創造する」というように、所与の名前は、物との生きた関係を阻むものとして立ち現われていた。そこで、物がただの物となり果てている状態に対して、それが「変貌」しうる世界へと再創造するべく、「隠喩」の力が切実なものとして求められるのである。物に対する子供の態度、自在に名前を付けかえるその基本的な能力が要請されている、といってもよい。

生成変化し思いがけない相貌を帯びる、動的な過程を内包するのが物の本性であるとすれば、したがって人間にとって本来、思い通りにはならない活きた他者であるとすれば、隠喩の不可視な「実体化」された世界において、物はいわば扼殺されてしまう。このように変貌の可能性を奪われた物や事、つまり経験の層や質や深さをもたない「物事」へ等質の名前が貼り付けられるとき、実証主義的な感覚が制覇するだろう。そういう名前の連鎖ないし組み合わせは「事実」と呼ばれる。「驚き」が消失した世界を「事実」が埋めるのである。そこでは既成の名前の対応物として明示されないもの、その意味で名づけえぬものは「ないこと」にされてしまう。想像力が働く余地はおそらくここで極小化されるだろう。かつて人間たちが、その交渉を通じて不可視の、しかし確かな存在として、畏怖をもって「モノ」と呼んだ精神的実在は否定されてしまう。したがって現代の実証主義的人間は、本来のモノ性を含んでいない対象のみを「物」と呼ぶわけである。

一本の木の前に立つ人間にとって、木がそれ以外のものでありえないとき、つまり「木」という名前がその事物（物事）の生成現場へ立ち会うことを阻むとき、名前に対するこの懐疑は敵意に転じるだろう。たとえばダダイズムという運動は、その運動の名称自体がすでに「名前」に対する態度を表明していた。創始者の一人フーゴ・バルによるマニフェストは訴えている。「なぜ木のことをプルプルシュと言えないのでしょうか。また、雨が降っていたとき、なぜプルプルバシュと言えないのでしょうか。そもそも、なぜ木は何らかの名前で呼ばれねばならないのでしょうか。一体我々は、どこでも必ず我々の口をその何らかの名前に固定しなければならないのでしょうか。」名前は、事物を自明性の分厚い膜で包み込んでしまっているではないか。すべてに疑問符をつきつけ、名前のそういう存在形態を打破するとき（「ダダ　ムダダ、ダダ　ムフム、ダダ」）、そこには瑞々しい混沌が現出する、と考えられたのであった。「像の生じない言葉」の包囲に敵対するこの運動には、「世界は創造の第一日目と同様にいまなお若々しいという証しを立てること」という思いが込められていた。それはいうまでもなく、無謀な解体作業を通してでもその「証し」を立てられなければ、私たちは精神的な死を迎えるほかないという危機意識の表明であった。あるいは、より正確にいえば、現在の「終末」状態をそれとして見据えるには「第一日目」を証し立てなければならないのであって、それがなければ、私たちはいわば自覚のないまま「死につづける」ほかないのだということであった。そして「死」の自覚のないところに「蘇生」もまたありえない。したがって、物についての所与の「口に固定された名前」の破棄と「世界創造の第一日目」を要請する、このマニフェストは、名づけをめぐる精神史のいわば「前史」が終ったということの宣言でもあった。名前はいまや、物事を生成させ変貌させる相互関係を担うことができず、共同体とその中で生き死にする人間に関与しえず、個人の特徴に注目させる力ももたず、物語を生みだすものでもなくなった。

7

現在の私たちにとって、「忘却」は一つの根本的な主題でなければならないだろう。実証的な名前の体系によって形づくられた世界の中で、しかも新しい名前の連続的な交替として「現在」が現われるとすれば、歴史は脱落してしまうほかない。経験の痕跡をほとんど含まない名前の網目を通して、私たちは「事実」に相対さなければならなくなる。このような歴史の瀕死状態の中では、事物の「本当の名前」は忘れ去られかねないだろう。

たとえばカフカは、そのような人間の有様を鮮やかに描き出していた。

「あんたがどんな状態なのか、分って来たぞ、いや、あんたをはじめて見たときから、分っていたのだ。ぼくには経験がある、だから冗談に言うのじゃない、それは陸の船酔いなのだ。あんたは物の真の名を忘れて、いま大急ぎで仮の名を物の上にばら撒いている、それがこの船酔いの実体なのだ。早く、早く！　とあんたは苛立つ。しかし物から離れるやいなや、あんたはまたその名を忘れてしまう。野原のポプラをあんたは「バベルの塔」と名づけた、それがポプラだということをあんたは知らなかった、あるいは知ろうとしなかったからだ。」

ここには、物の本来の名前を忘却しつつある人間の愚かさと、自らの都合に合わせて勝手な名前を付与するその傲慢さと、しかし名前を貼りつけずにはいられない哀れさとが、すなわち、世界との応答関係が失われてゆくなかで、物への接近と離反のほとんど絶望的な反復運動をつづけざるをえない、現代の人間の条件が書きとめられている。

これに対して、「すべての物象化は忘れるということだ。対象は、その一部が忘れられて、そのすみずみまでがはっきりと記憶に残らずに、記憶にとどめられる瞬間に、物象化する」（アドルノ）と言われる。このとき、物に仮の名前をばら撒きつづけている人間たちにとって、忘れられた真の名前を「思い出す」こと、すなわち忘却による「陸の船酔い」に対抗する意志が要請されるだろう。野原に揺れている一本の木が、本来ポプラと名づけられたものであったことを、私たちは「知ろうとする」のである。その場合、この想起への意志は、対象の「真の名」すなわち物事の生成現場への参入の可能性を、ほかならぬ物象化それ自体によって支えられるだろう。部分において記憶にとどめられた瞬間には明瞭でなかった対象の根本的な意味が、「思い出す」作業において、その含蓄の総体を顕らかにし得るのである。時間の経過蓄積と記憶の断片性との再結合が、いわば経験への助走路をもたらすことになる。この限りで、部分的忘却としての物象化が、その痕跡への想像力による働きかけを通じて、物事の「全体像」の実証的復元ではない「回想」を、つまり経験を再結晶させるものとなり得るのである。

しかし、仮の名前の包囲状態が、私たちの歴史的想像力を窒息させつつあることもまた紛れもない。断片的痕跡を手掛りとするこの忘却の活用が行なわれうるためには、その意志のみでなく、物象化の徹底を含む方法的抵抗が併行しなければならないだろう。すなわち、(死せる再現でなく)想起するためには、いったん「忘れ去る」ことが必要なのである。世界と自分とを繋ぐ名前の問題に敏感であったカフカは、いかにすれば自己の属する言語秩序に対して「遊牧民」でありうるかに心を砕きつづけた(無論そこにはユダヤ名前に対する屈曲した意識が横たわっていただろう)。そういう彼の自己訓練の一つは、固有名詞を音声や響きに還元しつつ「分析」し反復することであったという。そこには、この発語訓練をつうじて、たえず言葉を通して侵蝕してくる既成の意味やイメージを振り落とすことが念じられていただろう。このような「方法化された錯誤」さえもが動員されなければならないのである。

私たちをとりまく「新品」の世界が、新しい名前との戯れを誘発しながら「物忘れ」を押しすすめるとすれば、それに対して、見棄てられ忘れ去られた物つまり「屑」を対置することができるだろう。「かつて名前を持ったことのあるものの名前、名前を取り去られたものの名前」(ロラン・バルト)である屑は、たんに新しい名前の成れの果てを示すだけではない。この軽蔑と忘却の凝固物のうちには、現在の人間と物との交渉の有様が放射され、その遍路と末路とが刻みつけられているのである。したがって新品に対して、それ自身の影として屑をつきつけることには充分な意味がある。

しかし、私たちは、(屑とは異なる)もうひとつの名もない状態、まさしく「無名性」なるものに向かわなくてはなるまい。すなわち、名前の増殖に対して「沈黙」の名前を、それに相応しく密やかにしかし決然と提示すべきであろう。こうして、名づけえぬものに思いをひそめながら、私たちは最後の名前に到達することになる。それはほかならぬ「墓碑銘」であり、この名前は、他の誰にもまして私たちにとって、「終りの始まり」の名前となるだろう。沈黙の名前へ向けられるこの存在のヴェクトルこそが必要なのである。

補註

ある空間や場所への命名が、ただの標識ではなく、人々のそれに対する感覚や願望を要約し、生活経験の痕跡をとどめるものであるとすれば、たとえば近代日本の首都の名前は一体何を含意するのであろうか。維新時の「詔書」によって名づけられた「東京」は、そもそも地名と呼ぶにたるものだろうか。ほかでもない「江戸」と比較してみればよい。江戸という地名がどこまで遡ることができ、何に由来するかは必ずしも明確ではないとしても、少なくともその名が、「水門（水戸）」などと類を同じくすること、つまり入江の河口を示唆する、そういう生活的基盤に根をおろしていることは間違いない。いかに世俗化され洗練され、あるいは忘れられようと、その名前はかつて河口で営まれたであろう集落生活の痕跡を背負っている。

これに対して「東京」とは何か。すでに明治初年に、「東京ハ東ノ都ト謂フコトニシテ地名ニハ非ルナリ。東京ノ地名ハ猶江戸ナルベシ」と主張されていたように、東京とは「東ノ都」という以外の何の意味ももたない名前であった。つまりは方向指示記号であった。ここでは地名は固有性を放棄し、物語性を失いつくしている。そうして、首都はその時代と社会の表現力を担うものとすれば、それは、物事についての伝統的な経験を背負ってきた諸々の名前を、概ね漢語を駆使した官製の用語によって塗りかえてしまおうという、明治国家の一大事業を象徴的に示すものであった。ここに、経験を含まない名前を自己の中心とする、社会と精神の体制が成立することになる。これは名前の精神史における紛れもなく一つの決定的な変質であった。

ここでただちに想起されるべきは、日本という国名であろう。かつて「日本」が「ヤマト」にとって代ったとき、それは何を意味していたのか。「ヤマト」はヤマのフモトというその社会がよって立つ生活条件にもとづく、「くに」に相応しい名前としてあった。これに対して、「日本」という名前は質的に異なる次元において成立した。「東の方」というそれが内包する意味の抽象性が、すでにそれを示している。その名前は、一方で中華帝国の世界地図の辺境に位置づけられながら、他方で朝鮮半島に対して政治支配的な意思を露わにしつつ、自己の存在を強調する「小帝国」意識を表現するものとしての名前であった。すなわち、それまでの社会的な生活条件を制圧し、それと隔絶する統一的意思をもつ「国家」に貼りつけられるべき名前であった。そうして、明治国家がその「復古」の範としたのは、この律令国家の方であった。

この国名がなお、内面に対する越権的な呪縛力をもちつづけているとすれば、ここでこそ、たえずホッブズ的引き算を復習する必要があるだろう。すなわち、日本とは名前にすぎない、と。そして同時にそれが、名のみで姓を持たないという名前における特例的存在によって、「象徴」されていることに思い到らなければならない。

或る思想史家の死

良知力氏が亡くなられたとき、氏に近い人から「かれは従容として死に赴いた」と聞いた。そのとき、ああやはり良知氏はそのように死をうけとめたのか、という思いが私の内によぎった。そして、ごく自然に『イワン・イリイチの死』を思い浮かべた。トルストイはそこで、社会的栄達の只中で死の病いに冒されたイワン・イリイチの、その死の苦しみを冷徹な筆致で描いていた。死に対する恐怖に脅え、苦痛に叫び声をあげ、必死にあらがった果てに、イワン・イリイチは、「自分の人生の歩みは間違っていたのではないか」という、生を肯定する観念の放棄に辿りつくことによって、苦痛としての「死」を消失させることができたのであった。そのすさまじいまでのあがきの有様が、死の瞬間についての静かな凄みともいうべき描写とともに、私の記憶に深く刻みこまれていたが、おそらく良知氏は、そのイワン・イリイチとはおよそ正反対の死の受けいれかたをしたにちがいない、と思った。

このように私が思ったのは、良知氏の人柄を知るからではない。一面識もないこの思想史家の死をそう受けとったのは、良知氏がなしとげた（なしとげつつあった）事柄、すなわち氏の著書『向う岸からの世界史』（一九七八年）とそれにつづく仕事にもとづいている。端的にいえば、そこには、学問的主題をいかに自己に切実なものとして発見しうるか、あるいは問題の根本的な地平をどのようにして見据えることができるのかが、現在のこの「モティーフなき時代」に稀有なかたちで証しだてられていた。私は同書を、ほとんど一人の思想史家の精神的ドキュメントとして読んだ。問題のその地平は、ゲルツェンに倣って「向う岸」と呼ばれるものであった。一八四八年革命の動態記述を通じて良知氏が明らかにしたのは、「文明の進歩」つまりは産業化の道筋から外れた人間たち、その一本道を歩まない者たちを、「世界史の発展」に貢献しない民族として「歴史なき民」とみなしてしまう歴史の見方であり、したがってまた、「ブルジョア的諸関係」のカテゴリーをはみだす民衆の実態を捉えきれない社会認識の在り方であった。すなわち、「マルクスの価値観」をも深く貫いていた「向う岸」＝西欧的な思考の歪みないし偏見であった。

こうして、「世界史が西欧そのものである」ような、あるいは哲学者の自己意識であるほかないような「歴史」の構成とは何であるのか。ブルジョア革命的進展と自分たちの運動方向とが一致しなかった場合、少数民族は「普遍史的理念のために自分たちの特殊的・民族的要求を殺さねばならないのか。」そして、農村の最下層の生活圏からも閉め出されて都市に流れつき、ここでも手工業からも工場からも閉め出されるような「棄てられた農村労働者」や「賤民労働者」たちが、革命に関与し担っていくとすれば、「一八四八年にとってプロレタリアートとは何か。」――既成の命題や概念に対して、次々と疑問符が付けられていく。

そこから良知氏は、「民族ならぬ民族についての史的「救済論」」を主題とすることになるのであり、ブルジョア的発展が生みだすプロレタリアートならぬ「貧民」や「流民」や「賤民」の動態把握へと向かわざるをえない。この問題設定は、おそらくヘーゲルからルカーチにいたる思想の展開蓄積を自らの思想的背骨としておられた氏にとって、けっして容易なものではなかった筈である。それは、良知氏が択びとった「社会思想史」という枠組を激しく軋ませる(氏においてそれは、「社会史」への傾斜となって現われた、というべきであろうか)だけでなく、自身の理論的な骨格をも揺るがしかねない事柄であった。そのような主題を敢て引き受けたとき、それを促す根強いモティーフがはたらいていたであろう。あるいは、強烈な認識への衝動が存在していたにちがいない。「裏切りの歴史」としての四八年革命の分析記述を通して、そのことを感得しうるとき、それが読む者を動かす。

『向う岸からの世界史』の「あとがき」に良知氏は、「心のひだに積み重なってきた一つのわだかまり」と書いた。さらに、自分の両親は「東京に流れてきた貧民の部類に属する」から、本書のモティーフは「自分の育った古巣」にたち戻ろうとしているのかもしれない、とさりげなく書きとめている。私は氏の個人的閲歴については全く知らない。しかし、問題を発見させ、見据えつづけさせたモティーフの根が、割り切ることのできない塊りであり、分節化しえない不透明なものとしてあっただろうこと、それは「わだかまり」と表現するほかないものであったろうことは、想像することができる。そして、それを認識衝動として保ちつづけたことに感動する。その主題の成立は、心身ともに「制度化」された世界で産み出される「問題」なるものとは、およそ構造的に異なるだろう。それは、深い動機によって支えられるだけでなく、究極のところで「救済」の観念と結びつかざるをえないものとしてあった。

このような精神態度が、現在の私たちの社会においていかに稀少であるかは、ほかならぬ良知氏がこだわりつづけた「貧民」や「賤民」の在り様にそくして考えてみればよい。

かつて、いつの時代にも、「共同体」から離れて生きてゆかざるをえない人間たちがおり、また放浪（旅でも遍歴でも巡礼でもよい）を生活の形式とする人々がいた。かれらの生活は物乞いに近づかざるをえなかったであろうし、それはしばしば賤視を生みだしたが、同時にかれらを受けいれる社会的「余地」というものがあった（互酬関係の存続といってもよいし、社会的相互関係を支える「隠れた構造」を考えてもよい）。そのかぎりで、雑業によって生きてゆく人間集団に、貧農（季節ごとの「乞食《ほいと》」や「出稼ぎ者《ガスト・アルバイター》」を含む）をつけ加えれば、たえざる流民化への傾きをもつ「貧民」とは、ほとんど民衆の普遍的な存在形態であった。それとは姿形を異にする「民衆」が登場するのは、ごく最近のことに属する。

これに対して、現在の私たちの社会、「ブルジョア的諸関係の発展」がほぼ全面的に貫徹したこの社会の中では、「貧民」の存在は、ありうべからざるもののごとく視界からきれいさっぱりと消えはてている。その存在が認知されるとしても、それは実際の接触や交渉を封鎖した、きわめて抽象的なものとしてにすぎない。つまり、日常的世界を構成する存在ではなくなっているのである。いつのまにか我が身が「向う岸」へ移ってしまった。あるいは別種の「向う岸」が生みだされ増幅されているのである。かつての「浮浪人《うかれびと》」や「遍歴民」に思いを致す知的想像力を期待するどころではない。ほんの四十年前の国民的な「浮浪者」体験さえもきれいに忘れられたようである。認識衝動の根を保つとは、時間の軸でいえば、忌まわしい過去や思い出したくもない記憶をも含まざるをえないような「わだかまり」を持ちつづけることであるのに。

「貧民」の視界からの脱落、あるいは異物に対するようなその感覚態度は、おそらく自己が属する集団の「豊かさ」における一体感にもとづいている。豊かさなるものの中味ではなく、それとの同一性の感覚こそが最大の関心事なのであり、それを形づくる上で「同一ならざる」存在としての貧民は排除されざるをえないのである。かくて「飢民」や「難民」も、自己の一体感を補強する適度な距離に配置された、非日常的な点景を構成するものとなる。社会の相互作用を支えてきた「隠れた構造」は崩壊して、いまや同一性感覚の破廉恥なほどに「露わな構図」が精神状態を覆っている。

したがって、この一体感が破綻して亀裂が生じるとき、たとえば倒産や失業などに立ち到ったとき、そのときはじめて、その豊かさが砂上の構築物であり、自らの視野がそれによっていかに欺瞞的に狭められたものであったかを、思い知らされるのである。とすれば、現代における認識の少なくとも一つの始動条件は、不幸を伴う事態ということになる。いいかえれば、私たちの視界を狭め、認識の根を枯れさせつつあるものは、この社会がもつ「幸福」という強制力にあることになろう。幸福をその決定的な存在理由としている社会においては、不幸を背負った人間たち、すなわち「貧民」や「賤民」は、その存在理由への疑いを体現する不穏な「欠陥」部分として、遠ざけられ隠蔽されなければならないのである。

そして、こういう「幸福な社会」では、死は恐るべく苦痛にみちたものとして現われるほかない。それは、とめどない肯定の延長線としての生を突如断ち切るものだからである。こうして、想いはふたたび死にたち戻る。

『イワン・イリイチの死』にゲラーシムという農夫が登場する。かれは、何のてらいもなく

「人間はみんな死ぬものですよ」と言ってのけて、イワン・イリイチを驚かせ、かつ慰める。その死と生の受けとめかたは、イワン・イリイチとばかりでなく、おそらく幸福の強制力のもとに生きる大多数の者とも対蹠的であるだろう。そして、このような「下男」たちこそは、良知力氏の視界の中で生き生きとした像を与えられた人間たちにほかならない。もはや氏自身によるゲラーシム的死生観の「証拠文書」を提示する必要はないだろう。主題に対する取り組みかたに思いを致せばよい。この思想史家の最期が指し示すモティーフを、どのようなかたちで、いかに受けつぎうるかは、後に続く者たちに遺された。

精神の現在形

私たちを取りまく世界を、不可解な謎にみちたものとして受けとること。そして、支配的現実がその謎を、「解決」の名のもとに隠蔽し、あるいは解消しようとするならば、もう一つの「新しい謎」の創造をもってそれに相対することが、二十世紀的な精神的対応の一形態であった。それは、たとえばシェーンベルクとカンディンスキーとの間で確認されていたように、「私たちの魂が――謎を解決するのではなく、――謎の暗号を判読する試み」としてであった。無調音楽と抽象絵画が、かれらが創り出した「新しい謎」にほかならない。それは文字通り既存のコードを拒否し、既成のパースペクティヴと対象性とを破棄する。二十世紀的「現実」に対する精神的努力は、このような暗号書法的態度を持ちつづけることであるだろう。

そこには、あらかじめ望ましい視角が用意されてもいなければ、手順を踏むことによって接近可能となる構成も備わっていない。そういう視角や手順それ自体が否定されて、「謎」は私たちの眼前に投げ出される。物事を、既製の体系的な理解や解釈を崩壊させる「媒介項なしの伝達の試み」（S・ヤロチニスキ）として、いわば非伝達的な伝達性をもって提出されるものとして受けとめることが、私たちの方法的態度となるだろう。そして、社会そのものが病んでいるなら、ほかならぬその社会によって「病い」とされている事態にこそ、私たちの眼を据えなければなるまい。すなわち、暗号判読の一つの方法は、間違いなく病理学的な考察にもとづくものであるだろう。

このように考えているときに、偶々、渡辺哲夫氏の精神分裂病に関する研究記録、『知覚の呪縛』を読む機会を得た。一人の重篤の分裂病者との十年におよぶ「禁止と交流」の経験にもとづいて、記録され考察されたその世界について、直接に何事かを語ることは私にはとても出来そうにない。それほどに分裂病者の世界は、その背理性と逆説性そして拒絶性において圧倒的なものであった。しかし同時に、そこに記録された世界は、あるいは私たちの種々の精神活動の極限を透かしてみせるものであり、あるいは私たちの精神形態が隠蔽している事態を一挙に明るみに出すものであって、つまり私をつかまえて考えこませずにおかないものであった。いいかえれば、その世界は私の前に一箇の「謎」として、圧倒的な非伝達性をもったそれとして提示されたのであった。そして渡辺氏によれば、分裂病とはけっして隠された秘密などではなく、むしろ問題のすべてが「露出」してしまっているにもかかわらず把握の困難な病態であるという。まさしく「謎」そのものであろう。

この謎に眼を据えながら、私たちの精神の現在的様相を考えてみようと思う。したがって以下の文章は、この研究記録に対する遠くからの「応答」として書かれた。各節冒頭の引用文は、すべて同書からのものである。

1　他者の言葉

「S〔分裂病者〕は世界没落という言葉が言わんと欲することの根柢的な意味をじかに指し示していると思われる。没落したのは知覚あるいは現在である。没落したのは他人である。没落したのは時間あるいは歴史である。没落したのは空間あるいは生存現場である。没落したのは言葉あるいは文法である。Sは彼女が告げたこと、そして告げかたの中に、少くともこれだけの没落の意味を籠めている。」

私たちの言葉は、辞書的な語彙の倉庫から取り出されるのでもなければ、私的に発明されるのでもない。生きた現実において、「誰の」ものでもなく、「何か」に向けられたのでもない言葉というものは存在しないからである。具体的な言葉には、種々様々の強度と質をもった志向と経験が棲みついている。その限りで、言葉はまず「他者」の言葉として、より正確には、他者との境界を生きるものとして在る。一箇の分節的言語体系と、そのもとでの発話行為という安定した様態は、一つの抽象にすぎない。それを「自分の」言葉とするには、他者性の真只中に自らを定位しなければならないのである。したがって、話し手にとっての言葉の成立は、そのような他者性との衝突を通じて開かれる、「現実」の存在形態の表現にほかならない。言葉によって「世界の状態を私の決断の函数として要約する」(G・ギュスドルフ)といってもよい。

ある言葉が発せられるとき、それは一箇の閉じた言語体系などという虚構を崩壊させるかたちで、一挙に未知なる他者の世界へと開かれ、それと向かい合わせる。この動的な過程は本来、緊迫したものとならざるをえないはずである。そこにおける他者性との遭遇は、ほとんど「戦闘」といってもよい様相を帯びるだろう。このような他者との内的な相互定位を通じて「自分の」言葉が獲得されるとき、つまり、そこに棲みついている他者の志向を自己のそれへと服従させるとき、それはバフチンとともに「収奪の瞬間」と呼ぶことができるだろう。

このように事改めて確認しなければならないのは、いっさいを「没落」させて独我的世界を生きようとする分裂病者の「現実」が、その言葉の在りかたに示されるからである。それは、未知なる他者と競合しえず「収奪」に失敗した言葉、というよりむしろ、その「決断」を放棄した言葉という様相を示すように思われる。しかも、「自分の」言葉の獲得に向けて関係の動的過程の中へ投じられるべき「志向」は、他者を「没落」させることによって自己を実現しようとするのである。言葉の意味が、他者性への付加的拡がりの中から個別的なそれへと減算されていく過程、つまり「意味というプラスと限定というマイナスの総計」によって特定されるとすれば、ここでは、まさしく「限定というマイナス」の負荷が一方的に、その言葉自体の上に折り重なっていく。それは言葉としての構造を閉塞させ、あるいは引き裂くだろう。言葉は定位されない志向の破片として飛び散り、世界状態は要約されないまま放り出されるほかない。

そして、「自己性」を極限化させたこの言語状態は、まさにその故に、そのまま「他者」に占有されてしまうだろう。他者性との相互交渉と拮抗関係から逃亡して「自閉」化した言葉は、言葉としての「独立」基盤を失って、他者の言葉に自らを武装解除し、収奪されざるをえないからである。いいかえれば、他者の言葉に耳を傾けることができない言葉は、自分自身の声をもつことができず、そこに自己が制御しえない「他者」の声を響かせてしまう。分裂病者の言葉は、こうして、他者の全面的な排除が全面的な「他者化」を引き起こすという逆説の中で解体していくだろう。[*1] 分裂病者から発せられる言葉は、したがって「自分の」言葉ではない。この極限的な「独我」者はかれ自身の言葉をもつことができない、という背理は私たちを深く考えこませる。

他者性を潜在させた言葉との出会いといい、そこでの収奪というとき、その言語行為の基底をなすのは、コンテクストの構築にほかならない。言葉はたえず複数の文脈へと開かれているのであって（そうでなければ比喩など成立しない）、そこから一つの文脈が構成され獲得されるとき、方向をもち輪郭づけられた言説の場が形成されるのであり、言葉はそこで現実的な「意味」を特定されることになる。そうして、このような言説の場を決定する根柢的な条件は、何よりも述語の働きにある。さらにいえば、動詞の力である。私たちは言葉の成立をめぐって、「自分の」言葉として獲得するとか、「自分の」志向に服従させる、といった語り方をしてきた。その「自分」なるものが、いわゆる「主体」として考えられていたとすれば、一旦それを括弧に入れなければならない。そして何よりも、「動詞」について言語学者が説くところに耳を傾けなければならないだろう。

「動詞は、その意味核が、まったく独特の方法でそれを限定している一群の多くの形態素《モルフエーム》によっていつも囲まれている点で、他の品詞と大きく違っている。つまり、それらが意味核を話の場に向って限定しているのである。」（ヴァインリヒ）

この形態素とは人称・時称・主張（肯定・否定）のそれであって、それはいずれも動詞の意味を限定し、それを話の場へと関係づける「限定因子」である。この意見において注目すべきは第一に、ある単語またはそれの組み合わせによる言語表現は、それがどのような意味論的な情報を含んでいようと、それ自体では、そこから構文論的な働き、つまり文ないし命題を構成する力は生じないということである。それは、自己の周囲に種々の限定因子を引き寄せ、組織化する動詞独特の働きによらなければならない。言説の場を形成し、その性格を決定するのは、動詞の意味核にもとづく述語作用である。

したがって第二に、通常「主語」として受けとられ、言説の柱とされているものは、実は人称という「限定因子」の一つにすぎないのである。すなわち、主語はけっして「主体」ではない。言説ないし陳述の性質を規定する中核としての主語、という観念の呪縛から解放されなければならない。主体性なるものを語ろうとするなら、それは述語作用においてこそ認めなければならないだろう。この述語の働きの基盤には、ブランケンブルクの言葉を借りれば、「非人称的で不定詞的な性格をもった理解」という営みを想定することができるだろう。そして、人間の意識とはその営みが演じられる「無名の舞台」にすぎないのであり、私たち自身などは、そのような理解への「偶然の関与者」以上のものではない。つまり、述語作用こそが、その基盤の上に言説の場を定位し、無名の舞台を開いて、そこに偶然の関与者たる「主語」を登場させる。すなわち特定の人称代名詞を析出するのである。

分裂病者の言葉は、私たちの言語行為が孕む危うさを開示している。その言葉は、「主語」の絶対化へ激しく傾斜し、それによって言説の場を、つまり述語作用を「限定」しようとする。

それは限定の転倒であり、述語の働きを一方向に、すなわち「自己」生成へと実体化しようとする「方向の病い」となる。そこでは主語的自己が、いつでもあらかじめ登場していて、その主語へ向けて、述語の成果をすべて回収しようとするのである。しかし、言語行為が開くべき「無名」の舞台をもたないとすれば、述語はそれ本来の限定力と構成力を失わざるをえないだろう。分裂病者において「述語は行為遂行的には働かず、限られた造語としての主語の再提示へと転化する」[*2]と指摘される事態を、私はこのように「判読」する。この変形された「言葉」は、まさしく独我者の言葉である。

　このように、述語がひたすら主語を反復し、その提示を繰り返すことのみを機能とするとすれば、そこでの述語作用は他者性から切断されて、意味の産出量はほとんど零度に接近する。すでに踏破されている道をまさに未知のものとして歩むところに、「自分」の言葉が成り立つのであったとすれば、ここでの言葉の在り様は正反対である。未知の他者（つまり複数の文脈）を追放した独我者の言葉とは、述語的主体性を自壊させた言葉にほかならない。それは、虚構の「主語」への反復地獄としての「単一のコンテクストの牢獄」に閉じこめられざるをえないだろう。

　他者を「没落」させることが、根柢からの自壊状態を導き出してしまうことを、分裂病者の言葉の変形化が示している。このような分裂病的世界は、私たちから隔絶したものであろうか。この世界を重ね焼きしてみるとき、そこにはむしろ相似した相貌が浮び上ってくるのではなかろうか。そのとき、分裂病者について確かめられた事態は、私たち自身に反転してくるだろう。

私たちの思考と感情は、何よりも、物事をすべて自己の統制のもとに置こうとする志向によって支配されているようにみえる。この社会における努力の方角は挙げて、「予定外」の出来事の回避、つまり驚きや疑いをもたらす「混乱」を消滅させることへと向けられているように思われる。このような志向と、そのための社会的および心的作業とを貫いているのは、ほかならぬ未知なるものとしての「他者性への怖れ」（R・セネット）ではないか。そうであるなら、私たちにとっての「自己」の存立基盤はきわめて脆弱であり、しかもその故にこそ、それは無限定な肥大化へと地滑りしていくだろう。自己なるものの確認は、「没落」させえない他者と否応なく遭遇することによってなされるほかないものであった。それは他者との交渉における限定化を通じてなしとげられるのであり、したがって自己はいつでも遅れて到来する。それを到来させるために引き受けざるをえない他者の存在とは、独我的自己にとっては自己喪失そのものとなるだろう。しかし、この喪失を引き受けることによってこそ、喪失それ自体を克服しうるのである。

私たちを刺し貫く「他者性への怖れ」は、これとは反対の方向へ傾斜する。それは遭遇と限定と喪失への怖れであり、すなわち「関係」への恐怖にほかならない。この関係恐怖症は、複数の文脈の間の葛藤から逃走し、その選択の任務をやりすごそうとする。そこでの言葉の群れは、意味獲得のための重圧から解き放たれるかぎりで「浮力」を帯びるけれども、限定性を携行していないことによって行先不明とならざるをえない。その言葉がいかにイロニカルな色合いをもとうとも、それは、たえざる自己覚醒と自己定義をもたらすソクラテス的対話的イロニーではなく、反対に、自己肥大と自己解体を促す「イロニー的自我の専制」（ジャンケレヴィチ）にほかならないだろう。あるいは、その浮遊状態に堪えられずに、信号化された「言葉」を反復するほかなくなる。様々の志向と経験の棲み家としての言葉は、誰かが住んだ痕跡のない空き家のごときものとなる。他者の言葉はどんどん遠ざかっていくだろう。

こうして私たちの関係恐怖症は、「単一のコンテクスト」の世界への入口となる。しかも、分裂病者が生存原理の基軸そのものの自己破壊という代償の上に、単一のコンテクストに宙吊りされているのだとすれば、私たちの方は「排他的な安楽」のための自己防衛機制として、単一の世界に歩み入ろうとするのである。ここには、生存原理を賭けた自己崩壊の苦痛もなければ、意味を失った世界における「無益な受苦」の意識もなく、宙吊り状態を重力からの解放ととり違えるような、転倒した「安楽」感覚が貫いているのではないか。

2　変貌の凍結

「私は実人間なんだそうです。実人間は、オタチギエ（お立ち消え）できません。現われっぱなしです。実人間は、オタチギエは死ぬことなんです。……私だけ折りたためないで、ナクナレないんです。……鉄のような人間、鋼鉄棒人間、硬度人間、異常人間、だそうです。……今の私が有り過ぎるんです。」（分裂病者の言葉）

単一のコンテクストという牢獄に繋がれるとは、他なるものへの変換を停止されることであり、そのために自己が隠れることを禁止されることである。分裂病者自身によってあまりにも的確に「現われっぱなし」と訴えられた事態は、私たちにとって「隠れる」ことが、生のいかに不可欠な構成要件であるかを逆説的に指し示している。隠れるとは、自分を消去することといいかえてもよい。必要なのは、分裂病者がなしとげようとする「他人の消去」ではなく、自己自身なるもののそれなのである。

ある事柄に驚き、眼を見張り、それに全注意を集中するとき、私たちはしばしば「我を忘れる」状態にあることを想起しなければならない。あるいはまた、何事かに「心底」から魅きつけられるとき、私たちはそれに深く「心を奪われる」経験をする。この「忘我」状態、あるいは一時的な自己消去の事態は、いうまでもなく「主体性」の放棄ではない。正確にいえば、「主語」的主体性の放棄ではあっても自己喪失ではない。むしろ逆であろう。物事に対する最大限の注視の集中を促すことによって、この「呆然自失」は、自己確認ないし覚醒と結びつく。つまり、「自失」を通じて存在を支える非人称的な基盤に立ち戻り、その回路を経てもっとも深いレベルで自己を獲得するのである。そこでは、物事と出会うことと自己と出会うこととは別の事ではない。

「隠れる」ことの不可欠性とは、私たちにとって変身ないし変貌が、それこそ精神的な死活に係わる条件であることにほかならない。たとえば、人間は何故に「仮面」をつけるのか。仮面とはいうまでもなく、隠れることによって変貌する道具にほかならない。しかし仮面の最大の特性は、自分を隠蔽すること自体にではなく、特定の風貌を持たない故にすべての風貌を持ちうる者へと、変貌する自己をさらけ出すことにある。すなわち、「仮面の弁証法」（ベドゥアン）とは、隠れること、つまり存在の次元における切断によって、あらゆる形相を帯びることができ、したがって、あらゆる力を取り込みうるものとしての「自己」を表出することである。仮面に限らず何らかの媒介にもとづく、自己ならざるものとの交感、転移、共生としての変身可能性こそが、人間の生の根柢的なダイナミクスを支えている。

そうであるとすれば、分裂病者におけるような「ナクナレない」自己とは、他なる者（物）への変身を禁じられたる者である。仮面の比喩を使えば、それに貼りつけられた独我的自己という仮面は、さらけ出されるべき「自己」の不在をこそ露呈するのであり、したがって他者なる仮面に侵蝕されて、その変貌を凍結されてしまうのである。そうして、実は私たちすべてが、いまやそれと相似の平面に釘づけされつつあるのではないか。自らを「折りたためないで、ナクナレない」のは分裂病者だけではない。カフカ的変身を引き合いに出すまでもない。現代の人間にとって、可能性としての変身は中絶されて、ありうべき自己への復帰と獲得を含む、他なるものへの転換ないし変貌を不能化され、現に「あるがまま」のものに凍結されている。したがって、ここでも「今の私が有り過ぎる」状態、つまり肥大していく自我の露出に翻弄されることになるだろう。ナルシシスムのための土俵はすでに充分に整えられているのである。

自己の内に変身を禁止する構造を内蔵させてしまった分裂病的世界を前にして、精神医学者は何をなそうとするのか。かれは何よりも、かれ自身の変身可能性に賭けようとする。そのために、かれが次のように考えるに至るとき、その決意にみちた方法態度は、現代の生の問題に対する根本的な態度として、私にはきわめて示唆深く思える。

「私が我とわが身をSの世界の中に投げ入れ、Sによる呪縛に身をまかせ、私自身を禁止された当人と化してしまうこと、私自身を、言わば、Sの言葉が刻み込まれる石板の如くすること、私を変質してしまった素材としてその変質の実感を言葉にもたらすこと、これが私の責務にほかならない。」

他人を抹消してしまおうとする分裂病者の世界にわが身を投ずるとは、自分を極限的な疎外態として、いわば無機物化された相貌を刻まれることであり、あるいは死者の眼差しに曝されつづけることにほかならない。その中でかれは、病者にとって消去しえない「他人」へとメタモルフォーゼすべく全精力を傾ける。つまり、自分が嵌めこまれた「鋳型の変形としての私の変形」を示そうと試みるのである。このことは私たちに何を教示しているだろうか。

端的に言って、それは、私たちにとって「蘇生」(すなわち変貌の「解凍」)の方途は、もはや直接的な疎外からの解放や物象化の否定ではありえなくなっていること、それが有効ではないところまで物化が行きついているという認識が前提とならなければならないことを、示唆している。実際、私たちはすでに回復すべき何物かをもった存在ではなくなりつつあるのである。「貧困」なる者が辛うじて何者かでありうるという逆説も、そこに「商品の魂」のための余地が充分でなく、それが入り込むのを躊躇っているからにすぎなくなりつつある。必要なのは、無媒介的な生の回復への志向ではなく、反対に、疎外された自己を引き受け、その瀕死の事態をむしろ押しすすめること、この限りで自己自身の物化の「完成」へと向かうことであろう。つまり、物へと変形しつつある私たちの存在様態、その疎外された状態を徹底化することによって、我が身を諸々の事物と同一平面に置こうとするのである。

ここでの努力の方角は、瀕死の事物に向けて、あらんかぎりの知見と経験とを注ぎこみ、「物の視座」へと転じることである。瀕死の物＝者の「言葉が刻み込まれる石板」となる、といってもよい。この知覚の移住によって、意識的に把握され操作されるような対象世界ではなく、「無意識に浸透された空間」の中で生を再確認しようとする。すなわち、この「視座」の逆転によって、事物それ自体の再変形を促し、そのことを通じてベンヤミンが言う「物がこちらを凝視している」状態を獲得しようとするのである。このようにして事物の内に、かつてそれが世界のなかで持っていた意味と、個別的な生命とが蘇生するとき、それが私たちにとっての「見出された時」であろう。人間の変形への「徹底」が事物の再変形を促し、その事物との関係のダイナミクスのなかで、世界の変貌可能性を取り戻そうとする。これはまさしく、「鋳型の変形としての私の変形」の努力そのものにほかなるまい。

このような努力は、けっして精神病理学者にのみ背負わされた孤立したものではない。人間の変貌可能性の凍結が、現代的生の根本様態であるかぎり、それは放置されるわけにはいかない。たとえば、変身という人間の条件を自らの活動の生命的根拠とする、演劇に係わる人びとが、その存在様態を形象化しようとし、打破しようとして苦闘してきたのは偶然ではないだろう。

ここでは、一つの例だけを、つまり私たちに考える手掛りを与える一つの「形象」をあげておきたい。といっても特別のものではなく、演劇に関心を寄せる者にはよく知られたものである。それは、タデウシュ・カントールが試みた種々様々の演劇実験のひとつ、「人間梱包」である。——声を出して本を読みつづける全裸の男が登場する。かれの両足に、分厚い包帯が巻かれて固定される。耳には脱脂綿が詰めこまれ、口は絆創膏で止められ、眼も絆創膏でふさがれる。この作業のあいだ「意思表示」の手段として残されて、種々のしぐさを示していた両手を含めて、最後に、全身にくまなく包帯が巻きつけられ、「相違とディテールを消し去る」入念な仕上げが施される。人間梱包の完成である。

このぐるぐる巻きの「物体」に、たとえば見えない拘束衣を被せられた現代人の「象徴」などを見ることしか出来ないとすれば、私たちの想像力の命運は尽きているだろう。私たちの眼玉は反転されなければならないのであって、眼に直接とびこんでくる象徴的意味にかまけるのではなく、この「物体」のあらゆる象徴性を「消去」された状態にこそ注目することが肝腎なのである。この梱包人間は、すべての人間的機能を封じこめられた疎外態そのものとして投げ出されている。そして、そうであることによって、梱包体にまで変形されたこの人間は、その剥奪された「人間の条件」を強く放射してくる。直接的に「表現」しているのではない。逆に、この「物体」のもつ表現の消去状態そのものが、私たちの想像力を変形化の痕跡に向けて喚び起こし、その残像ないし残響を通して、封じられた働きと消し去られたディテールとを思い描かせるのである。それは、梱包体という物化の極致において、そこに包みこまれたものを、まさしく隠されることを通じて表出している。つまり、この梱包人間は、通常の「表現」を剥ぎとられることによって、いわば、それを反対方向への表現力として吸引し内包したものとして成立しているのである。

私たちの「表現」あるいは「意思表示」の活動は、このように想像力との関係を内包し、反対方向への運動をも含むヴェクトルをもつものであった。したがって、その活動は本来、不随意筋のごとくズレや屈折を含むものであって、滑らかな表出とは、その運動回路が単一化された状態にほかならない。すなわち、この梱包人間は、私たちの「正形」としての活動を刺し貫く、「滑らかさ」の虚偽性をあばいてやまないのである。その滑らかさは、様々の消費行動を促進する心的通路であり、耳ざわりよく通り過ぎる言説をはこぶ滑走路であり、周囲を取りまく事物が帯びる光沢や肌理といった形質でもある。要するに、経験の痕跡がとどまりにくい滑らかさである。それは、私たちの身体的および精神的な身振りが、単一のコンテクストの上に置かれていることを示しているだろう。私たちを包みこんでいる空虚さとは、おそらくこのような「滑らかさ」と一体のものであって、したがって、それを埋め合わせようとして「活動」や「表現」を活発化すればするほど、逆効果とならざるをえないような性質のものなのである。そうであるとすれば、私たちの「活動」が含む虚偽性を露わにしようとするならば、一旦それの「機能停止」の様相を思い描くべきではないか。つまり、必要なのは活性化への熱意ではなく、むしろ反対に「不活性体」に思考を集中することなのである。カントールの「人間梱包」は、諸機能を凍結し、活力を零地点まで剝奪した状態に、人間を放置する試みであった。それはまさしく、人間の変形化ないし物化を押しすすめることによって、「徹底」された不活性体がもちうる可能性を指し示そうとするものであった。

このような試みは、現代の人間を「心底」深く貫いている凍結状態を引き受け、むしろそれを自乗する「再疎外」を押しすすめようとする。この再変形の企ては、私たちの想像力それ自体の変形可能性を試さずにいないだろう。そして、このような問題連関のなかに、分裂病者の世界、そこから発せられる悲鳴に近い言葉、そして自らを「変質してしまった素材」としようとする精神医学者の態度を置いてみるとき、それは、私たちの「正形」＝「整形」された精神活動がどのような状態のもとにあるか、その基礎がどれほど変質しつつあるかを、もっとも遠く「正形」から逸脱し、もっとも深く「変形」された形態（「鋼鉄棒人間」）において、「表現」しているものと考えられるのである。

3　現在の孤立

「Sの世界には、いかなる意味においても、起原＝始原あるいは原物＝実物と呼び得るものがない。オリジンのない世界、……何を考えるにも何をするにも何を欲するにも模擬物から始めることしかできない世界、模擬物同士が相互に浮遊し二重化しているだけの世界、これがSの世界なのである。」

私たちはどのような「歴史的」時間の中に生きているのか。この問いかけは、私たちに根柢的な問題をつきつけてくるのではないか。たとえば、一五〇年も前に次のように書きとめることができた烱眼は、それを見抜いていたように思える。「新たな家族が絶えず無から生じ、また絶えず無に帰していき、存続するものもすべてその様相を変える。時の横糸は絶えず断ち切られ、前代の名残りは消え失せていく。先行した人々は容易に忘れ去られ、後からくる人々については何の考えもない。」（トクヴィル）

ここには、私たちが投げ出されている、時代全体の記憶喪失ともいうべき状況が端的に捉えられている。社会生活の基礎的単位の在りかたが、ここで決定的に変質しているのである。それはもはや、基本的な物事を語り伝え、受けつがれるべき経験を担い運ぶ「伝承体」ではなくなっている。したがって、物事がそこに沈澱し反芻されて、生きた経験として結晶させるべき基盤が崩壊している。伝承において創造的役割を演じた「反復」は、内面的蓄積とはならずに、もっぱら刺戟の更新をもたらすものとして作用するだろう。つまり「情報」量と経験の生成とは反比例する。

この「伝承体」の崩壊とは、私たちの内から歴史が、少なくとも小文字の「歴史」が失われたことにほかならない。人間の生活にとって「時の横糸」は、伝えられるべき物事や記憶に支えられてあったのであり、それを語りうるための型を共同でつくりあげ、持ち続けることにおいて現実化されるものであった。そこで「型」が要請する反復性と語り伝える人間の生の一回性とが交差し、その定型に修正や変形が加えられながら伝達されるとき、それは生活次元における歴史的意識の働きそのものであった。そこでは、近代の歴史学の前提とは違って、記憶の中の事実、すなわち証明（実証！）しえないけれども確かにあった物事が、大切なものとして受けつがれる。ある出来事は、それを物語り、その意味を伝える過程において、出来事として完成し定着する。そこでは、歴史《ヒストリー》とはほとんど物語《ストーリー》であり、それを母胎とするだろう。

物語的伝承的な歴史はすでに終った。起原ないし目標の設定とそこへの往還、という物語的構造は終末をとげた。そこでは歴史は、「起原」が設定された時（始まりの始まり）から、いわば終着点をともなって開始されたのであったとすれば、この終末は、終着点のない、したがって「起原＝始原のない世界」の現出となるだろう。そこに結ばれていた「時の横糸」が断ち切られることによって、私たちが生きる時空間は寸断されざるをえない。過去からの光は遮断されて、「無から生じて無に帰していく」孤立した「現在」のみが、断続的に浮び上がる。これが私たちの「歴史的」生の光景にほかならない。

しかし、私たちはこの「存続するものの様相」の決定的変質を、それとして直面することなく、やりすごそうとする。現在の基本的な認識作業の在りかたが、その問題の性質を指し示しているだろう。たとえば私たちは「驚き」の感覚を回復するための「不意打ち」を要請する。それは、不確定な物事や意図せざる事態や偶然の出来事を、「統制」から救出しようという意味で、「歴史性」の消滅傾向に対する反対活動である。あるいはまた、日常的精神世界の中に「垂直性」を持ち込もうとし、「切断面」を生みだそうと努める。それはいうまでもなく、日常的惰性態の平板さに対する反対であり、また恣意的な主体なるものの充満状態に対する打破の運動としてである。ということは、私たちの「現在」は、それを包囲しているはずの「無」を、未知なるものを排除することによって内閉的自我を肥大させながらも、やりすごし得ているのである。そのために、寸断されたものとして現われるはずの時空間も、むしろ過度の連続体として塗りつぶされて、一種の年代記的「歴史」性を装いつづけている。したがって、現代における「始まり」は、物語的往還における始原の設定としてではなく、連続性を断ち切る「中断」においてのみありうるのである。

かつてハンナ・アーレントは、精神現象の領域に生じる「過去と未来の力が互いに衝突する戦場」について思い描いた。過去と未来とはあい対立する「力」である。正確にいえば、人間が時間の中に挿入され、その裂け目に存立しつづけようとするとき、時間は人間に向かって働きかけ、対立しあう力となって現われてくる。したがって、人間が「戦場」に在ることによってのみ、時間の「力」を生ぜしめ、時制をつくりだすのであって、交わされるべき戦闘が消滅すれば、時間は「のっぺらぼう」であるほかない。

（さきに言葉の獲得と成立をめぐる様態を「戦闘」と特徴づけたが、ここでも同様に形容される事態に出会う。これまで種々様々のヴァリエイションをもって展開されてきた「戦争状態」という概念は、人間の存立構造とその精神現象についての決定的な隠喩であるように思われる。[*3]）

そうであるとすれば、アーレントが示唆したように、力の平行四辺形をもたらしうる「対角線の力」を、そこに発見できるはずであろう。すなわち、過去と未来の二つの力の衝突点を起点として、したがって限定性を出発点としながら、無限の終点に向けて形成される第三の力である。しかし、私たちが生きている現代の精神的な時間世界は、おそらくこれとは正反対であるように思える。それは「衝突の場」そのものをなし崩しにしている。過去と未来とが対角線を導きうるような「角度」をもったものとして現われてこない、といってもよい。私たちの「戦闘状態」は、対立しあう力として生かす方向にではなく、それを「模擬」的にやりすごしながら、無制限への欲求のみを昂進させている。限定された力の一致した結果ではない故に、その欲求はひたすら空回りするほかないだろう。

これに対して、分裂病者が示す世界の「模擬物」化と時空間のこまぎれ状態は、いわば統合的自我の殻を内側から喰い破って、根源的な未知性が露出したものである。そこには「現在」が切断面として逃れようもなく露呈されている。その世界が私たちにつきつけるのは、人間の生にとって未知なるものは本来、追放したり排除したりできるものではない構成条件であること、しかも一箇の生をその未知性が全面的に侵食し自己実現してしまうとき、それは内側からの他者として立ち現われるということである。人間の内側の未知なる他者とは何か。死にほかなるまい。そして死が、純然たる未知であると同時に純粋の未来であることによって、人間の生を時間的存在として構造づけているとすれば、未知性が自己を実現した世界、つまり未知性それ自体としては自己解体した状態とは、存在の「時制」が崩壊するだけでなく、「死」によって覆われた世界であるほかない。分裂病者における「死相を帯びた世界」の出現といわれる事態は、私たちが無から無への跳躍を「歴史の軽業」の自覚もなくやりすごし隠蔽している、その未知性をめぐる危機的な様相を、極限の地点で示しているように思える。

死が噴出してしまった世界、全面的に他者化されてしまった世界とは、逆説的にきこえるかもしれないが、「他界」を喪失した世界である。言いかえれば、そこでは死者が本当に死滅してしまっているのである。ここで、二十世紀初頭に一哲学者が発した次のような言葉が、痛切な響きを帯びて私たちのもとに届いてこないだろうか。

「われわれ現代の人間は、自分たちだけが突然この地上にとり残されてしまったのだ、死者たちは冗談に死んだふりをしているのではなく、完全に死んでしまったのであり、もはやわれわれを助けてくれないのだ、と感じている。」(オルテガ)

人間の世界が歴史をもつとは、この地上の生を超える死者たちの世界によって支えられるということであり、生の内部に「生ける死者」を抱えこみつづけるということである。他界の存在が歴史的現在を構造化するのであり、まさしく死者たちに助けられることによって生を方向づけられるのである。とすれば、一切を抹殺することによって死の影に覆われる分裂病者の世界は、一見したところとは正反対に、死者たちが活躍する世界ではなく、かれらが全く死滅して活動する余地を遺さない世界なのではなかろうか。そこには立体的な「時制」をもたらし、たえざる自己実現を「助ける」死者たちが生きていないのではないか。したがって、その世界の再変形を意図する精神医学者の作業とは、自らが、「生きた死者」たらんとする努力であるように思われる。この限りでその努力は、私たちすべてのものでもなければなるまい。

したがって、分裂病的世界に対してかれが問いかけるとき、それは私たちに向けられたものでもあるだろう。「Sは私に、失われたものしか告げていないのである。何が失われたのか？もちろん世界である。しかし、世界が失われるとは一体いかなる意味であるのか？」――私たちは、自分たちのなかから失われた物事について、充分に語りつくしているだろうか。私たち自身を「折りたためる」ように再変形するには、「失われたもの」を告げる歴史そのものを折りたためなければならない。そうでなければ、私たちの精神は、「現在形の精神」として孤立し彷徨しつづけるほかないだろう。

＊1　分裂病的世界における「他者」について、『知覚の呪縛』では、そしておそらく他の精神病理学者においても、通常の用法とは質的に異なる特別の意味を背負わせている。たとえば渡辺氏は、「他人が分割消去され自我が簒奪されている以上、〝他者〟の〝他〟性は想像すら

不可能な属性であろう。〝他者〟とは実体的思いと化し四分五裂してゆく〝死の欲動〟、非－有機物への欲動に衝き動かされてゆく肉体自我の意にほかなるまい」と書く。この謎めいた事態を、筆者は本文のように「判読」する。

＊2

分裂病者Sによって独特の造語をまじえて発せられる言葉は、たとえば「「ワラをナクナス」は「ナクナサレタ・ワラ」を、「オタカラを釣る」は「釣られる・オタカラ」を説明描写する独白に過ぎない。これらは本来の判断でも言明でもない」とされる。

＊3

興味深いことに、分裂病者Sは自らの状態を打開しようとする、その衝動的な営為を「戦争」と呼んでいる。「壊れた宇宙を磨いて、造りなおさないと……戦争です、いつまでたっても戦争終りません。」「やらなきゃ全部が破滅になっちゃうんです。汚れを一掃するんです。この闘い、戦争を完成させたいから歩くんです。」等々。

「死の影」の行方

かつて政治哲学者が看破したように、国民国家は死の影のもとに存立する。死の恐怖にもとづいて形成される保護組織としての国家は、同時に祖国のために死ぬことを国民に要請する献身対象ともなる。私たちが生きる現代日本という国家は、したがって、夥しい死者の血を吸いこんだ空間としてあり、無数の死の影を束ねた領域としてある。そのことを否応なく露わにした近年の出来事が、昭和天皇が死に至る過程にほかならなかった。

したがってその時期に、「自粛」という名の社会的および心的規制のもとに雪崩をうって画一化したことのみが問題なのではない。その過程が露呈したのは、この社会の死の影は天皇という中心のもとに束ねられていることであり、その天皇自身が死の危機に瀕したとき、それに呼応するように幾つもの死者たちの声が反響し、その姿形を現わしたということである。このようにして現出する空間領域こそが、天皇によって覆われた国（realm）にほかならない。ノーマ・フィールドの『天皇の逝く国で』が考察の対象とするのは、このような領域としての

「国」の在りようである。

私たちの天皇制をめぐる論議が袋小路に踏みいっているとすれば、その理由の一半は、この社会における死の影を追究しきれなくなっていることによるだろう。それは禁忌による回避のうちに埋もれ、あるいは反撥の構図のうちに空疎化するほかない。忘却という抑圧が、そこにつよく働くだろう。それに対して、本書がはっきりと一線を劃すのは、死にゆく天皇が喚起する反響空間を、死者たちを含む歴史＝物語の生成と交錯を通じて明らかにしようとする、その奥行きの深さにある。

ここで著者が択びとった三人の日本人は、それぞれの仕方で死者の記憶を担っている。「国体」の会場で日の丸の旗を焼きすてた沖縄の商店主は、戦争末期に集団自決した人びととの記憶を背負い、亡夫の護国神社合祀を拒否した山口の自衛隊員の妻は、夫の死という個人的な経験のその個人性にこだわり、天皇の戦争責任について発言した長崎の市長は、一族に連なる抑圧されてきたキリスト信徒の物語を抱えつづけている。

この人たちは、それぞれに「日本」の現在を浮き彫りにすることになった。記憶の持続と個人性への固執とは、この国の「尋常性の構造」を露呈させる振るまいであり精神態度だからである。それにしても、例外は常態を明らかにするとはいえ、ここに登場するのは日の丸と護国神社と戦争責任である。これがアナクロニズムでなく私たちの日常世界を構成しているとすれば、忘却と隠蔽と集団性のもとで、この社会がどのような尋常性によって裏打ちされているかを示唆するだろう。

三人の行動はいずれも、既存の言説空間のうちに閉じこめられていた記憶を揺さぶり、埋もれていた物語を解き放つ。著者の繊細なまなざしは、そこに注がれつづける。その記憶には、沖縄の「強制的集団自殺」のように、日本人であることへの強迫がもたらす死の濃い影が貼りついている。その物語には、殉職自衛隊員の合祀のように、国家による直接的な死の収奪が姿を現わす。それはまた、それぞれの支援者と批判者の双方を貫く「尋常性」の感覚をもあぶりだすだろう。たとえば沖縄に対する無自覚の植民地主義的態度として、あるいは自衛隊員と結婚した平凡な女性の闘争に対する違和感として、また保守派の市長の予期せぬ真剣さに対する困惑として、それは表われる。

これに突き合わせるように、著者は自身の想像力の歴史を辿りなおす。というより、三人の振るまいが解き放った記憶や物語を、自らの思考と想像力の内に定位しようとするのである。こうして、米軍基地内の学校から開始され、母や祖母たちによって支えられた著者の小さな共同体の歴史を通じて、共犯者としての沖縄という自己認識を含む知花昌一の「倫理的な想像力」に共振し、夫の死を再生しようとする中谷康子の「ふつうの幸せへの不屈の希求」や、自由な空間への本島等の「ルネッサンス探求」に共感するのである。日常的行為のなかの注意深さと持続性が認識への離陸を可能にすること、それが自らの位置を確かめる過程として摑みとられている。

著者の位置、それはアメリカ人を父とし日本人を母とする、「宙づり」の地点と自ら呼ぶものにほかならない。この著者の「位置の政治学」は、死の影のもとにある天皇制社会の心的組成にしなやかに分け入りながら、同時に、その忘却と隠蔽の上に成り立つ消費社会としての現代日本を見据えるとき、もっとも深いレベルで現代社会に接近する視座を獲得することになる。いわば内在と外挿とに引き裂かれるかにみえた方法的立脚点が、天皇制社会と高度消費社会とを貫く根幹を捉えるのである。

現代日本がつくりだした消費社会が、けっして放恣な社会でなく、「消費への規律」と著者が呼ぶような拘束性のもとに駆りたてられているのは、おそらく社会の根底にある生の稀薄化あるいは死の空疎化と深く結びあっている筈である。その不安はここでは、共同存在としての民族や国家への忠誠ではなく、消費行動へのほとんど強迫的な献身へと向かわせる。忘却と消費が、この社会の現在に対する鍵概念となるだろう。それを、死の様相のもとに照射されるこの国の在りかたと言ってもいいし、天皇制社会と消費社会の隠された結節点と言ってもよいのだが、著者の細やかな考察の触手は、そのような物言いを遠ざける。そこに本書を貫く思考の文法が表われている。

死の床にある天皇とその社会、それが誘発する死者たちの記憶と著者自身の歴史、という声高になりがちな主題を正面に据えながら、この本の要所において、いわば柔らかい呼吸法が叙述のうちに息づいている。ここには硬直さと正反対の、稀有な感触をもたらす批評の営みがある。それはおそらく、著者が自らの位置を、思考のもう一つの時間が動きだす場所としていることによるだろう。常套化した天皇制論議とも消費社会論とも異なる、根底に向かう思考をその文体が支えているのである。

このしなやかな文体の呼吸法が、主題をめぐる重層的な話法をもたらすのであり、忘却と消費のもとに自閉化する「想像の共同体」に風穴を穿つのである。序詞として置かれた宗秋月の「君、死にたまうことなかれ今しばし」という詩句が、全篇に効果的に響きわたるのは、そのためである。天皇の死の時間に収斂し霧散させることなく、批判的な覚醒と記憶の救出へと向かう「倫理的な想像力」の時間、そのような「今しばし」こそが、この国にもっとも緊要なものだからである。それはまた、著者が描きだした人たちが示す「不屈のふつうさ」を支える条件でもあるだろう。

逆向きに読まれる時代

二十世紀についての反省的な思考には、私たちが幾つもの「終り」を見送り、折り返し地点を通り過ぎ、ある臨界点を越えてしまった、という拭いがたい感触がぴったり貼りついている。その思考は、このような危機を反復してきたという事態とともにあるほかない。いや、この事態それ自体を露呈させることが、その主題となるのである。生を形づくる物事を、繰り返し喪失し、忘却を積み重ね、抑圧は隠蔽から消去へと変態をとげ、その終焉は反復されつつ先送りされ或いは途絶するという事態。それが私たちにこの時代への認識を促し、同時に変形するからである。

このような喪失の感覚と終焉の意識は、その痕跡についての反省において、立ち戻りという方法的欲求をもたらすだろう。その戻りかたは二重である。変貌過程を逆に辿りなおすなかで、二十世紀が付与してきた意味を削ぎおとしながら、起点や折り返し点や終りの始まりの場所に到達しようとする。それが「還る」という方法の一つの方向である。この作業において私たちは、歴史についての忘却と想起をめぐるニーチェとブルクハルトの対立を反復しなくてよい。歴史の忘却的活用による現在の生の確認も、現在の想起のための過去の現前化も、今やどちらも必要なのである。逆向きに読むとは、個人についても時代についても記憶を辿りなおし、それを生きなおすことである。立ち還るという方法意識のもとで、すなわち現在そのものの認識の仕方において、私たちは二十世紀史を必要とする。

私たちの生に不可欠の物事が見失われ、その生を営む場が決定的に変質してしまったという意識、それが立ち戻りのもう一つの仕方を方向づける。その場の在りようを問い、それを構成する力の形姿を捉え、生活形態にいたるその作用を明らかにしようとする。立ち返るべき状態を「本来性」と呼ぼうと「生活世界」と呼ぼうと、このような方法的情熱を駆動するところに、この世紀の危機的特性が刻印されているだろう。日常の世界から知覚の諸相とその表現形式におよぶ、その作用の場をウェーバーに倣って「文化問題」と呼ぶとすれば、私たちが必要とする二十世紀史は文化史にほかならない、といってもよい。物事の終末形式のもとで改めて問いが「還る」場所、それは文化と呼ぶほかない。

二十世紀という時代が還元あるいは帰還という思考において考えられるとすれば、それは何処へ還るのか。もう少し限定して言えば、二十世紀文化史の「起点」をどこに置けばよいか。それは決して新奇な場所ではない。この世紀がいわば終末形態として始められていることを、私たちに想起させる場所であればよい。この時代の起源の物語が最後の物語として語られたこと、つまり断末魔の意識とともに出立地点が確定されたこと、それが二十世紀史の文化的起点である。よく知られた文章に立ち戻りたい。

この文化発展の「最後の人間たち」にとっては、次の言葉が真理となるのではなかろうか。「精神のない専門人、心情のない享楽人。この無の者は、人間性のかつて達したことのない段階にまですでに登りつめた、と自惚れるだろう」と。

この時代の文化史的遡行は、起点としての「最後の人間」像に辿りつく。それはもはやニーチェ＝ウェーバー問題、あるいは「現代人の真の文化的窮状」（ジンメル）をめぐる世紀転換期の思想的文脈に限定されない。人間世界から苦悩を一掃しようと考え、幸福を案出したと信じる「最後の人間」のイメージが、唾棄すべき人間像としてニーチェの文化批判の内に大きな位置を占めるとしても、また、その「無の者」の像をウェーバーが自らの近代批判にもとづく文明史的考察の核心においたとしても、この人間をめぐる最終イメージは、すでにその思想史的文脈を越えたリアリティと問題群をともなって私たちの眼前にある。

問題はもはや、近代世界が内包する自由と孤立の二律背反や、理性を反対物へと転化させる合理性の過程の逆説的な帰結などにとどまらない。そのような問題系が成立する世界そのものを根こそぎする事態、すなわち人びとの存在の支点を抜きとり、その充実性の基礎を奪いさる事態が制圧しつつある。二十世紀の人間は、かつて政治の全面化によって政治それ自体が存在理由を失うという状況を通り過ぎてきた。そしていま、生活社会のほとんど全面にわたる経済化という状態、すなわち社会生活の危機的変貌によって経済行為そのものが変質するという状況の只中にある。こうして社会諸活動の余地が次第に切り詰められ無化されていくとき、そこには何が残るだろうか。精神なき、心情なき、という基盤の「ない」ことのみがリアリティを帯びる存在の形態、つまり「無の者《ニヒツ》」であるほかないのか。

どのような思想的な問いのかたちが、そこに可能だろうか。もう一度、この社会学者の言葉に耳を傾けたい。

問題は、この人間の魂を引き裂く官僚制的生活様式の専一的支配から、わずかに残る人間性を救い出すために、その機構に対してわれわれは何を対置すべきか、ということである。

この問いのかたちは、おそらく古びて見えるだろう。私たちの生は、そのような地点まで来ている。緊要なことは、「わずかに残る」ものに向かう危機的な眼差しが、その「人間性」についての省察を、二十世紀初頭の文脈を越える問題として徹底させることである。そして、精神的基礎において「対置」するものを模索するという、思考のふるまいを手放さないことである。その思想的な実践は、「私たちをとりまく制度化された文化世界を中断し、それに蔽われているかの原始的にしてオリジナルな経験世界にたちもどり——もどるまでもなく実は私たちはそこに生きているのだが——、そこにあくまでとどまりながら、それのもつ意味を根本的に問い直す」（西郷信綱）というかたちにおいて遂行されるだろう。私たちが生きている原始的な経験世界への「たちもどり」と、「中断」的に取りだされたその意味の問い直しが、たえざる出立点となる。危機の深さは、経験世界の「原的な構造そのもの」に問いを差し向けなければならないのである。

　この世紀の思索者たちが、今日の人間について「世界喪失」を指摘し、生物的な「環界」に投げ出された状態、すなわち無社会状況を想定せざるをえないとすれば、私たちは社会の最小限綱領について考えなければなるまい。その生存様式において人間社会とはどのようなものか。この痛切な問いのもとで、私たちは人類史という思想を必要とするのである。逆向きの観点においてである。環境との付き合いかたや群れの構造化の仕方を含む生存の基本的な形態、市場経済なるものの埋設地点、国家という形式を生みださない社会の在りようなど、社会生活の原初形態を考える手がかりを、この世紀は切実な関心のもとに探究せざるをえなかった。

その逆向きは、足許に原始的な経験世界を見出すように、たんなる遡行ではない。末路からの認識は、どこまでも現代を二重に映す思考として埋めこまれた状態の索出に向かうのである。たとえば人類学者サーリンズの次のような言説は、その認識の角度において二十世紀のものである。

旧い石の時代では、その飢えの比率はもっと小さかったに違いない。前代未聞の飢えの世紀、それが現代なのだ。いま、最大の技術力をもっているこの時代に、飢餓が一つの制度となっている。古ぼけたあの定式を、いまやこう転倒させよう。文化の進歩につれて、飢えの量は、相対的にも絶対的にも増大してきた、と。

これは狩猟採集民の社会に「始原のあふれるゆたかさ」を見出した研究者の逆説的主張にとどまるものではない。その「転倒」の内に二十世紀の時代経験の傷痕がくっきりと刻印されている。前代未聞の飢えの世紀という判断、飢餓の制度化という認識は、社会文化の始原の存在形態を見きわめようとする、この世紀がもたらした方法的情熱に支えられている。そこでは、現代が終末形式として出現すればするほど、「始まり」の姿や「もともと」の形や「原初」のありかたが想起され、像として抱えこまれるのである。

人間が人間であることの社会的条件の探究が、人類学的な思考を必要としたとすれば、人間がその精神において他の生き物と岐れることの解明は、精神病理学の思想を要請する。その限りでこの二つの思考が含む根底への問いは、二十世紀的学問の基本形といっていい。人間とは精神をもってしまった生き物である。これが根本規定である。したがって、どのような限定付きにせよ、「精神のない」状態が語られることは、人間の「最後」の条件が問われることである。それは、この二十世紀の学問を方向づけるだろう。人間精神の基礎に対する問いかけは、それが病むということ、その働きとしての知覚に狂いが生じるということを認識の中心に置くのである。

精神病理学者が病者の内に、現実との生命的接触や自明性の喪失を見出し、共通感覚や関係における障害を問題とするとき、その「喪失」や「障害」の出現こそが、人間の精神生活を特性づける事態なのである。端的にいえば「失敗した現存在の諸形態」(ビンスワンガー)が、精神的動物として人間が他の生き物と異なることを教える。現存在すなわち自分自身を問う存在として「そこにある」ことは、失敗という人間的経験にひらかれたこととしてある。そして、その関係の障害を通じて、人間存在にとっての世界の在りかたが指し示されるのである。「生き生きした現在は、つねにすでにひとつの痕跡である」と言われるとしても、つまり現実の現実性は事後的に受容されるほかないとしても、それでもなお、そのような現実性を生みだした根源的な「現実」が先行するだろう。そのことを、その根源を激しく希求する精神病者の存在が教える。

二十世紀のさまざまな芸術運動が、このような根源的「現実」を露出させようとする実践であり、その知覚の狂いや失敗が示唆する「生き生きした現在」に到達しようとする実験であったことは明らかだろう。最近ある美術家は、二十世紀芸術を貫いてきたのは「還元的情熱」であり、それが抽象表現主義にまで到り着いたこと、いま必要なのはその「空無性」を批判しつつ還元過程の「折り返し点」に立ち戻ること、たとえば「マチスがイメージの解体をくい止めた地点」や「ピカソやブラックの引き返した事態」に立ち返ることではないか、と提言している。

この世紀が「還る」という原初的情熱に動かされてきたことは、芸術活動をも例外としない。いや逆に、その徹底的な実践や実験が他の諸活動を刺戟し触発してきたといっていい。しかし、そうであればこそ、現在の私たちに適切かつ必要な「折り返し点」に立ち戻り、立ちどまることは可能だろうか。その空無性を了解しつつ、いくつもの「終り」を見送ってきた状況のもとで、それは困難な問いの立てかたであるように思える。いまや芸術とは、その「空無性」を引き受け、担いきるところに辛うじて成立するのではないか。

終着の地点に背を向けて適切な折り返し点に立ち戻る、というのでなく、終末の地形を触知し、それに身を曝すことを通じて空無なる「世界」の在りかたを手探りする。それが、私たちに「わずかに残る」思考の道筋なのではないか。身を曝すべきその場所は、世界が人間的世界であることをやめるような極点にほかならない。それは、内在の論理を貫くことによって「終り」を語ることも、「本来的な」状態を前提して日常性を批判することも、言説としての拠りどころを失うような限界点である。ここでは逆向きとは、もはや認識の方向ではなく、そこで世界が反転するような存在の方位感覚としてあるだろう。

起源の物語が最後の物語として現われ、全面的な認識が断片的な認識において要請されるという逆説的な事態、そして何よりも「人間性」が非人間的なものとの界面においてこそ問われる状態のもとで、私たちが立脚する現在は二重性とその往還運動を強いられざるをえない。現代が帯びる古代的なものとの親近性、現代の認識が招請する太古性は、この事態に深く係っているだろう。それはたんに、古代の反復的再生すなわち復古の運動や、伝統的な古層の連続性の働きや、あるいは古代の没落期がもつ現代との相同性に思いをめぐらすことによるのではない。古代の想起が現代の覚醒を促すような、現代を見る古代の眼あるいは古代の声を聴きとる現代の耳が必要なのである。現在をめぐる覚醒的想起を、私たちの認識活動は不可欠とする。

ここでも私は最新の言説ではなく、このような逆説的な立脚点の上に古代の思索と近代文明を串刺ししようとした、『アポカリプス論』のロレンスの最後の言葉を想い浮かべる。周知のようにこの黙示録批判の書は、その結論部に到って奇妙なねじれを示す。それがこの終末的時代に相応しい思考形式であるかのように反転するのである。

われわれは総じて結びつきというものに堪えられないのだ。これこそわれわれの病弊でなくしてなんであろうか。われわれは羈絆を絶ち切り、孤立しなければならない羽目にある。……ひょっとしたらわれわれは自殺の道を選んでしまったのかもしれぬ。それもよかろう。黙示録もまた自殺を選んだ、そしてそれにひきつづく自尊の歌を。

だが一面、黙示録はほかならぬその抵抗の姿勢において、人間のこころがひそかに憧憬してやまぬものをも露呈している。

最終的に問われるのは、やはり「結びつき」の在りかたなのか。他者への愛の不可能と虚偽の結合とをもたらす、陰性的権力に対するこの苛烈な批判の試みは、その対象たる黙示録に対する徹底的批判の果てに、そこに批判の梃子そのものを見出すのである。黙示録がその嫉妬と憎悪と敵意にみちた抵抗の陰画を通じて、そこに露呈させているもの、それは人間たちの「ひそかな憧憬」にほかならない。この「憧憬」は、「最後の人間」像を打ちだした哲学者にとっても、神なき人間が「人間を超えたこと」をめざす能力として期待されていた。こうして終末論からの文明史的考察は、その克明な批判的分析の堆積を通じて、ほかならぬ批判を差し戻すものの領域に到り着くのである。巨大な悪によって覆いつくされた世界のなかで、その覆いつくしかたの内に善のわずかの可能性を見出す、そういう思考がここにある。

この思考のしぐさは、「語りえぬもの」に向かう内部からの限界設定の作業を試みた二十世紀の哲学者のそれを想わせるところがある。それは定義された言葉の積み重ねによって、つまり必要な言葉による覆いつくしを通じて遂行するほかない。その画定された限界に、憧憬を含む「わずかの人間性」はどれほど残るだろうか。そして、それを包囲する圧倒的な「非人間性」のもとでどのような意味をもちうるだろうか。「最後の人間たち」である私たちは、どのような入口から考えを進めようと、このような意味の終点に突きあたる。二十世紀が逆向きに見出すもの、その行く末こそが問題なのである。

あとがき

本書はこの八年ほどのあいだに書いた文章をまとめたものである。まとめるに当っては、長短を問わず出来るだけ読むにたえるものを択ぶように努めた。もともと数少ない文章に取捨を加えたので、ごらんのように細身となった。中味については弁明しない。この「乏しき時代」に生まれ合わせた者のささやかな抵抗を読みとっていただければ有難い。

本書のほとんどの文章は、私としては割合苦しい時期に考えられ書かれた。ということは、多くの人たちに支えられることによって、それが可能であったということである。私はその人たちに心身共に、つまり「食べる」ことと「考える」ことの両面において支えられた。それによってようやく生きのびることが出来たのである。私はいま思い出しても信じがたいほどの援助を与えられた。それは、まさに「存在への勇気」を与えてくれるものであった。そこに示された「精神」に対しては、通り一遍の言葉ではなく、私の生きかたと精一杯の仕事を通して、感謝の気持を表わしていくほかないであろう。

その一人一人のお名前を挙げることはとても出来ないが、ここに藤田省三氏のお名前だけは挙げさせていただきたい。私を「生かした」張本人だからである。この多層多面にわたる師との交渉は容易に筆舌に尽しがたい。ただ頭を下げるのみである。このすべての人たちに対して、この小さな本をささやかな返礼とさせていただきたい。

最後に、静かな緩やかな時間のなかで本書を作って下さった加藤敬事氏にお礼を申し上げたい。

一九八七年二月二十三日

市村弘正

平凡社ライブラリー版　あとがき

本書は一九八七年にみすず書房より刊行した小著に、最近書いた二篇を加えたものである。版を改めることを承諾して下さったみすず書房に、心から感謝する。

新しく加えた二篇は、増補などと呼ぶにはおこがましい短文であるけれど、小著の自註になっているという意見もあって収めることにした。

みすず版との違いが二つある。一つは、註の一部を削除し組み方を変えたことである。それ以外は、本文・註を含めて変更はない。というより、いわば三十歳代の自分に対面して手を加えようがなかった、というのが正直なところである。もう一つ、旧版とは文章の配列が違っている。これは編集の保科氏の要請によるもので、私は氏にすべてを委ねることにした。異なる文脈をつくることによって、新たな「読み」の可能性を模索すること。この「空無の時代」においては、それはけっして小さなことではない、と私は思っている。

末尾ながら、初出以来の稀有の愛着をもって新版を編集して下さった保科孝夫氏にお礼を申し上げる。旧版の加藤敬事氏にひきつづいて、よい編集者に恵まれたことを、この小さな本のために喜びたい。

（一九九六年四月二日）

標識としての記録

序　標識なき文化

文化地図ということを考える。考えなければならなくなっている、と言ったほうがよい。そのような生きる手立てを緊急に必要とする状況が私たちをとりまいている。この「地図」はつきつめれば、私たちが生きる世界をどういうものとして思い描くか、描きなおすのかという問題である。いや、世界という表現はやめておこう。それを考えなおすために「文化」という言葉を持ちだしてきたのだからだ。しかし、この文化という概念がすでに、簡単には使いにくいものになりつつある。考えるための梃子として用いることが難しくなっている。このこと自体が、実は文化をとりあげる根幹に横たわる問題なのである。

文化という概念を特権的に使うのは止めにしよう、という意見がある。文化の多元性という観念が普遍的価値を下落させ、排他的な心性を誘発している、という見解がある。そして、諸々の災厄をひきおこす経済的活動の根底に、元兇あるいは障壁としての文化が横たわっている、という主張がある。文化はけっして肯定的な価値を担う自明の概念ではない、という議論はすでに馴染みぶかいものになっているといってよいだろう。

そこでの文化についての考え方には、一つの了解が前提として置かれているように思える。すなわち、特権的といい排他的といい元兇といい、それぞれの言説における文化は、たとえ否定作用という意味にせよ、いわば独立した作用力を持つものであることは疑われていない。疑われていないどころか、そこでは文化はいわば大文字の概念として、目ざわりなほどに存在しているとされる。論難の対象として確かな存在と考えられている。

しかし、そうだろうか。かりに文化が特権的にまた排他的に作用しているとすれば、それは、むしろ小文字の文化が息づいていないことの証ではないか。それこそが問題なのではないか。小文字の文化とは何か。それぞれの生活様式に根ざす、生きてゆく上で欠くことのできない具体的な要件である。かつてG・オーウェルは、自分の理想とする社会を「川がきれいな社会」と表現したが、たとえばその「きれいな川」である。このような「川」について語ることは、けっして個別のあれこれの川を語ることに尽きるのではなく、また環境といった抽象的記号を指すのでもない。そこが暮らしの場として望ましいことを示す、それは標識のようなものだ。そういう標識のもとに、私たちの生活は形を与えられ方向づけられながら営まれる筈のものなのである。このような標識がなくなったとしたら、あるいは不鮮明になったとしたら、どうするか。「地図」を描きなおさなければならないだろう。

このような地図の必要は、すでにいろいろな形で言われている。たとえば二年ほど前の新聞の対談記事の中でも、批評や理論の役割は「有用な地図」を作ることだという相手の批評家の発言に応えて、ある小説家が語っていた。「実際に地図として役立ちながら、精神の見取り図であるようなものが、今必要だと僕も思います」と。そこには、それぞれの仕方で、この見通しの悪い標識なき事態が捉えられているのだろう。

かつて私自身、晩年のバルトークに思いを馳せながら、彼が手にしていた「地図」について次のように書いたことがある。それはいまでも大切な地図の一枚だと考えている。

人為的な国境線を越える、「花粉」と「歌」の分布圏であるような在りうべき空間と、そこでの異質なものの往来と出逢い。――すなわち、越境性と異種交配。これがバルトークが、北アメリカの森の静寂のなかで、そしてニューヨークの喧騒のなかで、その不在に耐えながら、しかし決して手放すことのなかった「文化」地図であり、それに描いた地形であった。眼前の政治的な地図の下に、バルトークは、何世紀にもわたって吹きわたる風のような自然の生成過程と大いなる時間の堆積とが形づくる「隠された地図」に目を凝らす、あるいは耳を澄ますのである。そうして現代から救い出した「記憶」を在るべき地図に描きこんだのである。

バルトークにおける民謡やオーウェルにおける川のような標識と、それにもとづく「精神の見取り図」を、私たちの社会はどのようなかたちで持ちうるのだろうか。

地図を作成するためには、地形を表わし地点を示す記号、そして場所を特定しうる記号がなければならない。私たちに必要な「地図」にとってその記号すなわち標識は、どのような性質をもつだろうか。少なくとも二つの特性をもたなければならないだろう。それは第一に、勢力圏の分布を表示する記号とは対立する。その記号がそのまま文化地図のものとなってはならないのだ。勢力地図がすべてを併呑し肩代わりしている事態こそが問題なのである。政治経済の地図がいわば大国の興亡の影のもとに作られるとすれば、文化のそれは価値の序列と次元とを異にし、政治的な力関係に拮抗するものでなければならない。もう一つの価値の所在を具体的に示すことが必要なのだ。

それは第二に、生活ないし生存の感覚を表示するものでなければなるまい。私たちが生きる社会と文化が標識を見失っているとすれば、それは何よりも私たちの生存感覚の稀薄さそのものに現われている。そして社会的行為が帯びる手ごたえなき破壊性にそれが露出している。この事態はおそらく、知的枠組の更新や理論的な見取り図の提示のみによって打破することは難しいだろう。必要なのは、私たちの内で生きつづける具体的な記号なのである。

私たちがそれを手にして生きてゆくための地図、それに書きこまれるべき標識の手掛りを、どこに求めればよいだろうか。いくつかの手立てがある筈だ。私自身そのように考えて、ささやかながら本を読み、生活を振りかえる営みをつづけてきた。そのような手掛りの一つに、ドキュメンタリー映画というものがあるのではないか、いや、実際に私自身の内に生きつづける記号をそれが形づくっているのではないか、と考えはじめたのは最近のことである。

そのことを私に自覚させたのは、一九九一年五月に上映された『狭山事件』という映画だった。正確にいえば、そこでの映像経験だった。このドキュメンタリー映画は、何よりも現場を記録するという基本作業のレベルで悪戦苦闘している、と私には見えた。つまり、そこに把捉されるべき「現場」とは何なのか、そのための方法としての「記録」はどのような水準で成り立つのか、という苦しい問いがフィルムを貫いているように思われた。題名が示す映画の主題とメッセージを受けとりながらも、私が見ようとしていたのは、この映画における「現在」の表現のされ方であり語られ方であった。あるいはその困難さだった。

一言でいえば映画に、現在のこの現実に分け入るための手掛り、その具体的な記号を見出そうとしている自分に気づいたのである。だから正直にいえば、上映会場を出た直後の私の内で反芻されていたのは、主題そのものではなく、むしろ傍系とみえる場面だった。それは登場人物の一人、遠くを見るような眼差しで、口ごもりながら何事かを証言しようとして、しかし充分には語りきれない中年男性の表情であった。その人が抱えこんでいる空白の大きさが私を摑んで離さなかった。そのなかに息づいているであろう二十七年という時間を含む感情の姿。私はそれを見ようとしていたのだと思う。

そう考えたとき、『狭山事件』を作った小池征人の諸作品が、私のなかでこの時代と社会を考える拠りどころの一つであることに改めて思い至った。振りかえれば、小池の実質上の第一作といってよい『薬に病む』（一九八〇年）以来の作品をすべて見ている。この十年間をその時々の彼の映画に寄り添って生きてきた、という言い方もできよう。そうだとすれば、この同世代のドキュメンタリー作家から私は何を受けとってきたのだろうか。

もちろん私は、土本典昭や小川紳介たちの仕事から多くのことを教えられてきた。とりわけ土本典昭の「水俣」のフィルムは、ユージン・スミスの画期的な写真や石牟礼道子の文章や有名無名の人たちによる様々な活動とともに、社会認識の現場のありかを痛切に伝えるものであった。この先行者たちが掘り下げた「現場」がなかったならば、私たちの認識ははるかに貧しいものにとどまっていただろう。この認識の場所としての水俣は、土本のもとで学んだ小池征人にとってとりわけ決定的なものだった筈である。土本典昭の名著『わが映画発見の旅』のなかに、映画『不知火海』（一九七五年）の演出と上映運動に加わっていた当時の小池にふれた印象的な一節がある。

スタッフの小池征人は毎日、妻晴子さんと一歳の拓君あてにハガキによる日報を送っていた。その一通に、私たちが「知ることは力だ」として知らせることに腐心した状況を彼一流の文章でつづっているので引用させていただく。

「不知火海通信11号　8／20

……天草、不知火海南岸部に、水俣病についての正確な、あるいみでは常識的な知識そのものが、だれの手によっても、もたらされていないということは驚くべきことです。この文明文化の時代に、もっとも知らなければならない人びとに対して、水俣病の情報が全然ゼロである。未到の地としてある——その分だけ増幅されて差別と偏見が充満しているのもまた恐るべきことである。

人びとのなかにしみ通る情報の回路はどのようなパターンと方式をもっているのか明確には感触しえない。「知は力なり」という定式の根底には「もし人びとがそれを大衆的に獲得するなら……」という仮定法を含み込まざるを得ない。グラムシのいう集団的知識人の概念である。つねに大衆の依拠する知的反応器官としての常識概念の豊饒化に注意を払ったのは「知は力なり」の仮定法を念頭に入れてたからにちがいないと思います。ぼくらはもっとも大衆的でかつ、もっとも少数派の人びとのなかに自分たちの映画をなげかえしている。その人びとの常識感覚の古さと新鮮さを感覚している……」

小池征人にとって水俣は、このような認識経験を積み重ねてゆく場であった。「もっとも大衆的でかつ、もっとも少数派の人びと」に向けられる彼の映画作りは、この場所から始められる。そしてその認識を、妻子あての葉書による日報という形で手渡すところに、おそらくこのドキュメンタリー作家の思想の身ぶりとも言うべきものが表われている。私たちにとって大切な知は、もっとも身近な暮らしの「なかにしみ通る」ものであり、日常的な場においてそれを「感触」しなければならない。そういう思想態度がここにある。

このような思想にもとづく小池征人の映画は、それぞれの時点で何を「記録」してきたのだろうか。葉書による日報のようにして、何を送り届けようとしたのだろうか。そこにはどのような断面が明らかにされ、どのような標識を見出すことができるのだろうか。改めてそれを確かめたいと思った。それは自分が生きてきた「現代」という時代をいわば共時的に辿りなおす一つの仕方でもあるだろう。そして、幸いなことに、彼の作品をまとめて見なおす機会が与えられた。以下は、それを辿りなおした私の記録である。

社会的失明の時代

画面に一個の錠剤が映し出される。どこから見ても薬物に見える。それが恐るべき毒物に変質することを映画『薬に病む——クロロキン網膜症』(一九八〇年)は明らかにしてゆく。私たちが生きるこの社会は、薬物から毒物へとたやすく逆転し変貌するような危うい社会なのだということ、いや、そのような危うさをこそ基礎とすることを、画面は静かに真正面から提示する。この錠剤はクロロキン製剤の丸薬である。この「薬品」が一体どのようにして、日本社会に生活する人たちの身体のなかへと浸透することになったのか。映画は、その歴史的な出自と社会的な経路とを明らかにする。

クロロキンという薬物は、一九三四年にドイツで合成開発され、一九四五年にアメリカで抗マラリア剤として再発見されたという経歴をもつ。その日付に注目すれば、この薬物の身元は明瞭だろう。世界大戦が種々様々の化学薬品を生みだしたことを、私たちはしっかりと記憶にとどめておかなければならない。したがって、この薬物が戦後の日本社会で大量に製造され販売されたとき、それは腎炎の特効薬として、いわば市民社会に向けて変身した姿形で現われたのだった。言いかえれば、私たちが生きる「市民社会」とは、このような戦時体制の遺産をひそかに或いは公然と引きつぎながら、変態をとげたものなのであった。そのことを、この薬物が辿る「戦後史」は冷酷に教える。

クロロキンは市民社会に合わせて変貌しただけではない。それが一九六〇年代、とりわけその後半の日本社会に集中して現われた、というもう一つの日付がある。映画に登場するクロロキン網膜症者のほとんどが、一九六五年頃から七〇年にいたる時期に大量に投薬された人たちなのである。その人たちの視力を剝奪し視界を破壊するほどの大量投与がなされたということ、それは急成長し膨張する医薬産業の存在なしにはありえないだろう。それを保護し支援する社会体制なしには不可能だろう。このようにして一九六〇年代の社会に暮らす人々の身体のなかへ、この薬の装いをもつ毒物は浸透していった。すなわち、この人たちの極限まで狭められた視界が映しだすのは、日本経済の高度成長過程そのものなのである。

この映画が丹念に追跡調査する一人一人の急激な視力の低下と視野の狭窄は、その急激さそれ自体において、高度成長社会とはそこに生きる人々をどのように変形するものであるかを否応なく示している。それが制度ぐるみである以上、その残酷さはほとんど逃れがたく思われてくる。たとえば映画に登場した一人の男性は、七年半の間に八千錠近いクロロキンを投薬されている。彼が服用を止めたのは、クロロキンが製造中止になる二年前であり、イギリスの医学雑誌がクロロキン服用に伴う網膜症の報告をしてから十三年後のことであった。彼の眼はわずかに光を感じることができるだけである。この投薬の期間といい、錠剤の数量といい、まさしく常軌を逸している。それが、この社会の姿形なのだ。

クロロキン網膜症に冒された人たちの投薬期間や障害の状態に関する字幕とともに、各人の「視野図」が映し出される。輪状暗点や島状視野といった視野の極度の狭窄化を示す文字が、それぞれの人の苦痛を表わしている。しかも、それはなお進行中である。この病気の恐ろしさは、薬物の服用をやめても症状が停止せずに進行しつづけることだ。苛酷に「成長」しつづけるのである。その視野図の表示のなかに、「測定不能」という衝撃的な文字が現われてくる。映画に登場した人たちの半数がそうである。測定不能。これが物理的な計量と計算を規準とする社会、つまりこの測定社会が産みおとした事態なのである。この社会が自己の欲望を貫くことによって生みだした生活破壊は、その社会形態に相応して「測定不能」という冷徹な表記によって示される。私たちが陥っているのは、測定の果ての状態なのだ。

結果責任を問う通常の損害賠償とは違う取り組み方が必要である、と映画のなかで弁護士が語る。それは交通事故の補償などとは根本的に異なっている。どういうからくりでどういう無茶苦茶をやったのか、という「行為の悪性」が問題なのだ、と。その通りである。私たちは、誰がどのように何をしたのかを問いつづける必要がある。厚生省、製薬会社、医学界、病院はそれぞれ何をしたのか。それは同時に、それぞれは何をしなかったのか、何故しなかったのかを考えることでもなければならないだろう。つまり、この社会における「行為」のあり方を問わなければならないのである。薬の危険性を察知して自分だけ服用を止めた厚生省の役人や、実験もせずに有効性を説いた大学教師は、けっして特別のエピソードではない。

ここには、中身を問わず何事かを行うこと、何かをつくりだすことそれ自体に対して肯定的な社会が前提されているのである。高度成長社会とはそれが極度に加速された社会にほかならない。企業は膨大な量の薬品を製造販売し、役所はそれを後押しし、学界はそれに関する論文を生みだし、病院はその薬物を大量に使用する。正負を問わず間断なく物を生みだしつづけること、その物件の増大が経済成長の中身となる。つくらないこと、生みださないこと、差し控えることとは、この社会では文字通り否定的な「無為」以外のものではない。このような行為基準のもとに社会を押し進めるとき、そこに何が生まれるかを、この映画は痛切に教える。数千人といわれるクロロキン被害者は、「行為」の集積によってつくりだされたのである。

たえず何事かを行うことを肯定する社会は、厚生省や製薬会社や病院の加害行為をくいとめられないだけでなく、現在の私たち自身におけるように健康イデオロギーの強迫、すなわち自己への加害から逃れられないだろう。それは、薬物服用を主とする健康のための「行為」へと私たちを駆りたててやまない。しかも、そのための手立ては専門家集団によって独占されているのだ。この映画をみながら、網膜症に冒されたのが私自身ではなく彼らであったのは、紙一重の事情の違いにすぎないと思わざるをえないのは、この社会体質の遍在性のゆえである。

一個の錠剤があぶりだしてゆく情景はどのようなものであるか。それは何よりも現代という時代において経済社会が帯びる、身体的振るまいとでもいうべきものである。そこには、関係の基礎をなすべき信頼によって仲立ちされない「社会」の有り様が、残酷なかたちで露わになっている。それは、被害者の一人が言うように、「もう人ば信用するちゅうことができんごとなった」社会である。私たちが生きている社会は、いかに凄まじく恐るべき場と成り果てていることか。それはまさしく荒地といっていい。しかもそれは、荒地であることの自己意識なき「荒地」というほかないようなものである。そうでなければ平然と他人に苦痛を与えつづけ、自分自身を含む社会関係の破壊を押し進める行為に、集団的に加担するなどという振るまいは考えられないだろう。「信用」の暴力的な毀損は、社会関係を寸断し破片化するだけではない。それは社会の核を腐蝕しつづけることによって、その破片を無力化し全体へと組みこんでいくのである。

大量の化学薬品は、個々人のあいだの信頼関係の喪失ないし欠如を前提として、そこに介在し流通する。そしてそれが流通すればするほど、その不信感を増幅しつづける。この前提と帰結とはおそらく二十世紀という時代を貫く固有の運動過程をなしている。クロロキンが世界大戦――すなわち従来の社会関係のあり方を根こそぎする総動員の戦争――に出自をもつことの社会的含意を改めて想い起こさなければならない。薬害を生みだしつづける社会とは、二十世紀という時代の刻印を色濃くおされて産み落とされ、戦後の成長過程のなかで自己増殖をなしとげた社会なのである。

この経済社会の振るまいは、物事を徹底的に対象として扱う思考の帰結でもある。人間が自分たちをとりまく世界を対象化し、切り分け、支配統制することの上にのみ存立してきた社会は、ここでその運動のほとんど極限的な事態を生みだすことになる。ここでは「人間」自身が、どこまでも対象化されつづける。「人体」という実験対象として、また薬物投与の数値対象として、一方的に対象化されつづける。それが相互性をもちえないことを、クロロキン網膜症者におけるほど残酷に示す場所もないだろう。暴力的に視力を剝奪されることによって、この人たちは文字どおり見られるだけの対象に貶しめられているからである。

人間を対象とみなし、それに向けて薬品を大量に投下するというこの行動様式は、まぎれもなくこの世紀のものだ。それは社会のなかに、あるいは人間のあいだに、隙間や余白を残すことを許容しない思考様式によって促されている。総動員の思考である。そのような空隙は患部とみなされ、根絶されなければならない。この社会的患部の発想はそのまま身体の患部に向けられるだろう。それは治癒する肉体でも病気とつきあう体でもなく、根治されるべき対象となる。根絶といい根治といい、その余すところなき「根こそぎ」の発想は、皆殺しの思想といっていい。全体主義的思考そのものである。このような思考が個々人を襲い、その身体に投下される。身体は放置されることはないのだ。

「働きたいんです。とりあえず働いて……どういったらいいんですかねえ……病気のことなんか忘れて一生懸命働こうとしてるんです、ぼくは。それを病気がじゃまして、働かさないように働かさないようにするんです。」これは、網膜症のほかに難聴や手のしびれや頭痛などの薬害に苦しむ、まさに手足をもがれた元造船所の労働者の言葉だ。この高度産業社会は、自分の基礎を食い破りながら膨張してゆく。体を動かして働きたいという欲求すら破壊していく社会は、自らの未来を食い潰すほかないだろう。そしてその負債を、もっとも脆弱な者たちの苦難において一時的に決済しながら進行するのである。

道をすりあしのようにして歩く若い女性。鶏小屋で手探りで卵を集め、それを耳元で指でたたきながら選別するこの女性。高校時代の投薬によって、いまは視野の中心部にわずかに視力が残るだけの彼女の、これが「仕事」なのだ。この若い女性の口をついてでるのは、次のような言葉だ。

「あのね、結局は普通の人ならば結婚、就職それから進学、それがほらなんていうの、未来があるでしょう。結局は、それがわたしたち、わたしにはないって感じて、そこであれじゃないのかしらねぇ……」

「でも、好きに、好きになるような人はできないでしょう。……やはり結婚となったら、まあ、ひとりでやりたいて思うのがあれじゃないのかなあと思ってる。……だから、別に、しない、しない方がいい。好きにならない方が」

「自分で死のうと思っても死ねないしね。だから、今はまだわかんないけどもね。だからまず歯を治して、と思ってる。でも……長生きだけはしたくないね。長生きだけは……。」

小さな個人から剝奪されたものの大きさを示す、いかにも救いがない言葉だ。しかし、それは不思議なほど透明な響きを帯びている。そして、その少女のようにはにかんだ表情と時折みせる美しい微笑。この映画の包みこむような視線のもとで、他人に対する信頼感が束の間そこに蘇生したのではないかとさえ思わせる。カメラは、物干し竿から洗濯物をゆるゆると取りこむ彼女の姿を、それを抱えてじっと立ちつくす姿を、ナレーションを排して遠くから撮りつづける。

社会の圧倒的な傾斜に対して、この女性のしぐさはいかにも無力にみえるだろう。しかし映画は、その姿を静かに映しつづける。少しずつ洗濯物を取りこむ彼女のまわりに流れている時間を、そして立ちつくす彼女のうちに去来する思いを、フィルムに焼きつけ定着させようとするかのように、映画は息をひそめるのだ。冒頭部分に置かれ末尾近くに再び挿入される、この女性の姿に向けられる視線は、この映画が身をおく場所とその方法とを示しているだろう。

それは人々の日常の暮らしに眼差しを据えつづけることによって、それを蝕み破壊する社会的諸力を捉えようとするのである。収奪される個人の身体は、その破壊力が集中する場なのだ。それこそが目を凝らすべき「現場」である。それは、私たちの生存の様態と基礎そのものを問おうとする姿勢といってよい。おそらくこれが、小池征人が「水俣」から学んだ認識であり視座であった。このような視線のもとに、この失明した社会を生きていくことの耐えがたい苦しさと難しさを、この映画は静かにしかし痛切に提示する。

人間の場所

現在の私たちにとって、被差別部落はどのような問題として考えることができるのだろうか。あるいは、どのように問題となるのだろうか。就職や結婚をめぐる根深い差別の現実に苦しんでいる人たちにたいして、このような問いは、許しがたいものだろうか。しかし、繰り返しこの素朴な問いかけから始めないかぎり、無知と無関心と忌避のなかで潜行してゆく事態に杭を打ちこむことはできないのではないか。

差別という「場所」はけっして自明ではない。たとえば部落差別という問題が一方に置かれ、それに対する意見や態度の表明が他方に予定される、という問題の布置は破棄されねばならないのだ。そうしなければ、その社会的な意味を発見しにくいというのではない。逆に、それはあらかじめ過剰なほどに社会的意味を与えられてしまっているのである。その布置を受けいれるかぎり、それは既知の問題として、いわば消毒済みの事柄として、こう言ってよければ安んじてそれを受けとることができる。そこでは、事態と自己とのかかわりを怖れや慄きとともに受けいれる、ということは起こらない。つまり、私たちの心意を揺さぶる「問題」とはなりえないだろう。

映画『人間の街——大阪・被差別部落』（一九八六年）は、少なくともその布置の自明性を疑うことから歩きはじめている。あるいは、既成の構図を投げ棄てざるをえないところから始めている。上映に際して書かれた小池征人自身の言葉によれば、次のような事態からである。

「部落と市民社会の接点にカメラを据えたいと思った。しかし、〝差別手紙〟や〝差別落書〟に象徴される、部落を取り囲む市民社会の陰湿さは我々の想像を超えていた。この市民社会の側の加害性を撮りたいと思った。しかし、その〝柔らかい〟差別とも形容すべき加害は、映像に定着することができなかった。」

正直な感想だろう。この映画の、事態への手探りの近づきかたに、それがよく表われている。差別がそこに生起する「接点」は、カメラを据えようとする者の「想像」を超える場所だったのであり、その「加害性」は映像に定着できないのである。この反省地点から改めて始めるとき、しかし、この感想はたんに正直であるにとどまらない。それは、映画がとる姿勢を定め、問題の摑みかたを決めるだろう。

「接点」のあり方を丹念につきとめること。それによって交通あるいは交流の可能性を探りあてること。映画はそこに向かって歩んでゆく。このために映画がとった方法は特別のものではない。被差別地域の生活様式にじっと目を凝らすことであり、そこから発せられる言葉に耳を傾けつづけることである。複雑ではないが労苦の多い方法だ。既存の問題の布置によらず、それにもとづく接近を封じた者にとって、事態とつきあう息の長さが必要なのである。ワンショットの瞬発力のみを頼りとするわけにはいかないのだ。この精神的な肺活量の大きさによって、交通の困難という事態から始めた映画は、根柢的な意味でのその可能性の場所を探りあてようとする。

大阪の更池地区。そこに働き、暮らす人びと。これが映画がその眼を据える場所だ。息長く見つめつづけるカメラが、地域の有り様を一つ一つ丁寧に映しとり、その暮らしぶりを丹念に辿りなおしてゆく。その生活の現場を一歩も離れまいとする意志がそこに漲っている。あるいは、その生活の仕方そのものから問題を摑みとろうとする姿勢が貫いている。そして、この眼差しのもとで、地域の若い世代、とりわけ若い父親と母親たちに焦点が結ばれていく。

若い母親にとって、身近で切実な経験は「子育て」だ。自分の子育ての失敗を含む過程を語る二十九歳の女性は、彼女自身の母親における同質の経験に思いをめぐらす。そこに彼女は、部落差別がおとす影を懸命に読みとろうとする。自分の母の育児に関する無知や失敗は、母の、さらに祖母の「被差別」と係わるのではないか。祖母から母へ、母から自分へと、その累積と伝承を許されなかった子育ての経験の有り様が、そこに見出されるのではないか。

「そこで気づいたんは、母親に育てられてない自分の母親がな、たとえばオシメの仕方ひとつにしたって、御飯の食べさせ方ひとつにしたってな、なにを私に教えることができたんやって、なんも教えられんであたりまえやんて。なんでこんななっていったんやて、それはお母さんのせいちがうやんて――なんかそこに、部落差別あったやんて、その事になんか気づいていって、はじめて、なんか自分が差別に対して腹立ってきたってゆうの、その時がはじめてやねんな。」

子供をもつこと、育てることが、祖母から三代にわたる「経験」を彼女に改めて意識化させる。オシメの仕方や御飯の食べさせ方の一つ一つが、取り戻されるべき物事を含む時間を想起させるのである。このとき若い母親が見届けようとする被差別の歴史は、彼女自身の身の丈に合ったものであり、そうであるがゆえに、日々の子育ての過程そのものが、その歴史を一歩一歩掘り下げていくものとなる。

「俺、更池で生まれて、やっぱり暗い話しかないわ。おもしろい、ええっていう話は全然ないわ」と語りはじめる三十五歳の労働者にとっても、家庭をもち子供をもつことが、差別を逃れがたく彼に考えさせる。それは自分の子供を通してどこまでも具体的な問いとなって現われつづける。事柄は自然でささやかな仮定である。自分の子供が人を好きになったら、どうなるのか。「好きになったら」というこの自然な仮定は、たちまち彼を暗然とさせ、その語り口を乱れさせる。子供が人を好きになったとき、自分は部落出身であることを堂々と言うべきなのか。それは正論であるかもしれない。「でも、なんで部落の人間やなんて、そんな惨めな気持をやで、子供に言わすのやねんて――。」そのために差別をなくす運動があることはわかっていても、この若い父親の気持は揺れつづける。

私たちはすでに、『薬に病む』に登場した若い女性において、人を好きになるということ、恋愛という感情にもとづく関係が、抑制されなければならないものとして現われている場面に立ち会った。人を恋うという基本的な感情を、阻害し破壊する現代社会の姿に出会った。この社会は、人と人とを結びつける感情的な絆という基礎によって支えられていない。それどころか、その基礎をたえず食い潰しながら、そのことによって「発展」し「成長」するような社会であった。

恋情の困難あるいは不可能という事態。この「市民社会」を手に入れるために代償とした事態が、この労働者にとって、差別を身近な問題として引き寄せる一様相として現われてくる。人が人を好きになり、その感情的絆にもとづいて新たな関係を作りあげる、という根本的な営みを想定することが、社会による様々の歪曲と阻害を想い起こさせて、一人の若い父親を苦しめるのである。親の子供にたいする愛情や、子供の他人にたいする恋情の、その水路をねじまげてしまう寒々とした社会がそこに露わになる。

この映画に登場する若い母親や父親にとって、はじめに被差別意識があるのではない。もっと正確にいえば、充分に意識化されたものとして被差別経験があるのではない。それぞれに自らの生活の様相を語りなおすなかで、自前の「経験」をとりだしているのである。その言葉は曖昧であり、説明不足であり、ときに混乱しているかもしれない。しかし、そのぎくしゃくした言葉は、私たちの生活感覚の内に辛うじて息づいているぎくしゃくした結節部に、上滑りすることなく沁み入ってくるのである。それは、私たちの日常生活の只中に「差別」という問題を置く。

「なんでおっちゃん更池から来なあかんのや、嫌《いや》やなあ――昔のおっちゃんだったら思うてたかもしれん。でも、これから皆が大人になっていくなかで、仲間づくりとか、仕事の問題とか、生い立ちの問題とか、いろんな問題のなかで、やっぱり、おっちゃん知って欲しいもんもあるし、な。」子供が通う小学校の「聞きとり」の授業で、さきの労働者は自分の仕事について語ってゆく。「字よう読まへん」彼にとって、「知って欲しいもん」はどこまでも自前の言葉によって語られる。差別を捉える彼の社会的な把手《とつて》は、まさに聞きとられるべきものなのだ。

この労働者の仕事場は屠畜場である。この映画の圧巻は、なんといっても大阪松原の屠場の有り様を克明に撮っていることだろう。この地域の大切な労働の場所として、カメラはそれに真っすぐに向かいあっている。不当にも被差別の現場とされてきたこの場所で、地域の暮らしに目を凝らし、そこでの言葉に耳を傾けてきた映画の姿勢が生きてくる。それは何よりも、若い父親でもある屠場労働者が自分の経験を積み重ねてきた場所であり、「知って欲しい」物事を抱えた彼とその仲間たちの仕事場であるのだ。

人間が生きてゆくためには他の生き物を殺さなくてはならないという、その生存の根本条件に日常的に接触しつづける場所、それが屠場である。その解体作業の過程にカメラが据えられる。そこでの牛と人間との交渉の有り様を映す細やかな画面は、人間を含む生き物の生と死の現場に私たちを立ち会わせる。皮剝ぎという長い歴史をもつ仕事があることを私たちは知ってはいる。しかし、それがどれほどの職人芸としてなされるものか、少なくとも私はこの映画ではじめて知ることができた。丁寧に手入れされ扱われる庖丁と、その皮を用いた見事な太鼓が、その仕事の質を映しだす。そうして、その黙々と続けられる丹念かつ自在な手さばきを、カメラは静かに撮りつづける。

この映画の態度は、解体作業が終了してはじめて挿入される短いナレーション――「牛は鳴き声以外、すべて無駄にしないという言葉は、屠畜場で働く人たちの誇りであり、命へのいたわりである」という言葉とともに、その生き物との交渉の現場に対する敬虔さを感じさせずにおかない。こうして、地を這うようにして進んできた映画は、ここで人間の生存の基礎を支える場所に辿りつく。そこに向けられる目線は、若い母親や父親たちの身の丈に合ったものである。この映画がいみじくも「人間の街」と題されたとき、おそらく、カメラの前のこの人たちとその地域の生活を見てほしい、という思いが作り手にあっただろう。

しかし、この地域はそのままで「人間の街」でありうるだろうか。映画に登場する若い世代が生きてきた、高度成長という成り上がり社会の進行過程が、都市計画や行政管理の青写真的な空間が制圧して、人々が息づく「場所」を消滅させてゆく過程だとすれば、被差別部落はその例外なのだろうか。そうではなかった。それはけっして、市民社会の非人間性に対して、「人間」を見出すことができる「特権的な」場所としてあるのではなかった。

雑業の消滅という状況ひとつを考えてみればよい。かつて主要な産業から排除されてきた部落の人たちが、工夫をこらして雑多な仕事をつくりあげてきた歴史を映画は紹介している。一つの部落に七十数種の雑業が記録されているという。それがいま衰退の一途を辿っている。雑業とは、職業分類の周辺部に増殖するものであり、人間の生業の本来的な多様性を示すものだ。それは破片や棄て物や切れ端など、物の周辺部分と親密につきあい、それを生かす知恵でもあった。現代社会の進行は、「雑」という分類外のものが棲息する余地を次第に切り詰め、それを水没させつつあるのである。生きるための知恵と工夫を磨滅させてしまう、この社会的精神的な整地の過程は被差別部落をも呑みこまずにいないのだ。

そこではむしろ、社会の進行が「解放」の過程と重なりあって、いっそう複雑な事態を生みだざずにおかないだろう。かつて被差別部落が密集していた河川敷で、新築の「解放団地」を背にして語る若い活動家の言葉は、その事態の困難さを示唆する。たとえば、ひどい居住条件を改革していくという運動は、「プロセスが大事なのに、その事がいわゆる物を作ることだけのものになっていった」のである。運動を押し進めれば進めるほど、それは所与の「物」に行き着いてしまうのだ。

解放されるべきは何なのか、という問いかけが映画のとりわけ後半を貫いている。何を何から解放するのか。ここに到って映画は、あらためて被差別部落の存在が、この社会にとって根本的なそして射程距離の長い「解放」の拠りどころとなりうる可能性を示唆するのである。解放されるべきは、この社会を主導してきた価値体系、すなわち「物を作る」ことに腐心し、快適さの障害と思われるものはすべて排除してきた価値のあり方ではないか。障害と思われるものという、その根拠のない心性こそが問題なのではないか。要請されているのは、物ではなく「人間」をつくりだしてゆく運動ではないか。それはどこに見出すことができるだろうか。この問いを引きとるように、その若い活動家は次のように語るのだ。

「とことん虐げられたんやから、とことん優しさをもってる、温かさをもってる。それが部落民の良さやし、俺らある意味でそういう運動をこれからどんどん作っていかなあかんと思う」

「〝わしは部落の人と結婚したい〟とかな、〝わし絶対部落の人を企業にやといたいんや〟〝ああいう人こそ本当に人間やないか〟みたいな、そういうもんを作っていかなあかんと思うんやけどな。」

作っていくべき新たな人間型としての「部落民」。ここで「部落民」という言葉は、鮮やかな意味の転換をなしとげ、価値の逆転を担う言葉となっている。解放の運動はそのためのものとして捉えなおされている。そういうものとして、彼は最後には、「本当のところ、差別なくなりたいと思うけど、部落民やめたいとは思わへんわ」とまで言いきるのである。これを青年活動家の夢想として片づけることはできないだろう。この社会は、このような夢想に取って代わるどのような思想を用意できるというのか。

この映画が、被差別という負の価値の固定化に揺さぶりをかけようとしていることは明らかだろう。ここまで率直に、ここまで真っ当に、その負価を引き受ける人たちを通して、私たちの価値秩序は大きく揺さぶられずにはいないのである。彼らのあいだに形づくられようとしている信頼関係や、地域という生きるための場所を、この国の「市民社会」はどれだけもっているのだろうか。彼らにマイナスを背負わせた社会の、それによって手に入れたプラスの価値とは何だろうか。

現代社会の貧寒とした情景を照り返そうとするこの視線のもとで、カメラの前の人たちの様々に揺れ動く思いは、私たちに共振してくるのである。それは私たちの根拠のない心性を激しく揺さぶる。そこに、差別という場所への双方の通路が穿たれるだろう。この映画が見据えようとしているのは、この共振という始まりである。

選択と選別の間

現代の日本社会はどれほど「自由」であるのか。社会の自由度の物差しとして、生きていく上での選択の幅はどのくらいあるのだろうか。あるいは、自分の意志でどれくらい物事を決めることができるのだろうか。そう考えるとき、題目のように自由社会を唱えるこの国において、私たちの選択しうる幅の狭さと、自由な意志を行使する機会の乏しさに、改めて驚かざるをえないのではないか。この「自由な社会」において、私たちは、学校から職場まで種々様々の制度を、それぞれに見合って宛がわれた組織に身を委ねることによって、通過してゆく。特別の事情や障害によって「落ちこぼれ」ないかぎり、この制度のトンネルの中を生きてゆくことが、私たちに与えられた「選択の幅」である。

そこでは、自分の意思を表明する機会は、ほとんど最小限に切り詰められてしまう。その制度的道筋を疑うことなく、組織に身を預けてしまえば、私たちは自分の意志で物事を判断したり選んだり決めたりする事態に直面せずに、やりすごすことができる。そう思いこむことができる。このかぎりで、そこには判断の停止と、選択すなわち責任の回避と、意思表示の保留とが、社会の常態として現われるだろう。自由社会における「自由からの逃走」である。この状態に抗うことは、激しい摩擦と反撥を引きおこさずにいない。

この選択回避社会は、しかし、いつでも円滑に運行され、責任ある判断から居心地よく保護されているわけではない。むしろ、そのような「自由社会」を維持運営するために、たえざる機構の改革と組織の再編とを生みだしつづける。生みださざるをえない。この「改革」や「再編」は、制度上の言葉として眺めているかぎりは、私たちの想像力をほとんど刺戟しないだろう。その中身について思いめぐらすことが難しいだろう。制度のトンネルを生きるとは、このような制度的思考のもとに身を置くことだ。そこでは、当事者として、想像力つまり社会的な諸感覚や判断能力を差し向けることが困難になる。

国鉄の改革という名のもとに、その分割と民営化とが断行されたとき、この巨大組織のとりわけ末端に位置した人々は、否応なく「選択」の機会に遭遇することになった。なぜなら、この組織再編は、大量の「余剰人員」の処分が予め想定されており、その枠をめぐって選択が無理強いされたからである。この強要された選択を「選別」という。この選別の強行に対して、判断停止や意思表明の回避は許されない。「改革」に対して賛成や同意の場合も、忠誠を再確認する意思を表明しなければならない。まして、それに反対の場合、その意思表示は鮮明なものとして現われざるをえないだろう。

映画『日本鉄道員物語１９８７』（一九八七年）は、巨大組織の分割と解体のなかで遂行された選別に対して、自分たちなりの「選択」の意思と態度を表明しようとした人々を記録したものだ。それは、私たちの社会において、選択の可能性はどれほどあるのか、自由の度合いはどのくらいなのかを、制度的な思考とは反対に、個々人にそくして社会的痛覚をもって明らかにしようとしている。この人々の態度表明が、それぞれの意志と熟慮と判断にもとづく限りにおいて、この映画は、組織の解体過程にさらされた人たちにおいて露わになる「生き方」の現在の可能性を映しとることになった。

この映画は、一つの敗北の記録ともいえる。この社会で制度や組織が要求する道筋とは異なる「選択」を行うことは、敗北を引き受けることにほかならない。勝敗という基準を第一義的な価値の物差しとするなら、利口に立ちまわらねばならないのだ。しかし敗北にも、敗け方というものがある。この映画に登場する人々は、社会が停止し留保し回避させてきた意思を様々に表現することによって、敗北の仕方の可能性というものを教えてくれる。いわば敗北を代償として、この社会が持ちうる「自由」の余地を身をもって示している。

そのことは、この映画が、終りの記録でもあることを意味している。国鉄の終りであり、底辺の労働組合の終りであり、そして「鉄道員」の終りである。それはまた、おそらく一つの

「労働」の終りである。映画のなかの人々は、そのような「終り」に立ち会っているのである。現代社会における一つの「終り」の記録がここにある。それは、労働組合の闘争の勝敗とは次元を異にする、この社会を貫く巨大な変質を捉えることだ。この映画は、組織の解体・再編過程にきりきりと締めつけられる人々、その一人一人の表情を追跡することによって、その変質の様相を記録している。

ここにあるのは、「終り」をめぐる抽象的な論議や空疎な観念ではない。きわめて近い終り、新事業体の発足の一九八七年四月という日付さえもつ終りによって、方向づけられ意味づけられた「現在」に対して、いかに身を処すかという事態である。この終りの意識は、いうまでもなく最末端の労働者たちほど切実である。たとえば、この時期に到ってはじめて組合を結成した、新幹線保線の下請け労働者の代表は言う。

「自分自身には不安もありますよ。まあ女房にもあしたクビになるかもしらん、帰ることになるかもしらんということは連絡して――。どういうんですかねえ。最後の最後いうたらおかしいかもしれんけど、これを僕自身の最後のあれとしていっぺんやってみようと。」

つきつけられた事態を「最後の最後」として受けとめ、それに対する態度決定を自らの「最後」のものと考える。この出稼ぎ労働者にとって、明らかに一つの終りが身をもって意識されているのである。

映画は、余剰人員とか人材活用という言葉（なんと空疎にして苛酷な言葉だろう）のもとに、選別の過程に直面させられた人々のいくつもの顔を記録し、それに抗う別種の言葉を丹念に収集する。そのことによって、このような選別と切り捨てを内包し押し進める現代社会の根柢的な一面が、微分化されて明らかにされていく。不安に苛まれながらも、ありうべき絆を確かめつつ、その場所を明け渡すまいとして、自らの「生き方」を摑みなおす一人一人の表情と言葉が、そこにかけられた重圧の大きさと社会変質の激しさとを示すのである。一つの巨大組織の「最後」が露わにする出処進退と選択の振幅がここに映しだされている。それは現在における、抵抗の可能性と不可能性の有り様といってもよい。

雇用不安から自殺に追いこまれた鉄道員たちの孤立から、国鉄労働者を村ぐるみで受け入れようとする地域の支援態勢まで、様々なかたちで表明された意思の姿がここに記録されている。そこには、鉄路の現場から切り離された労働者たちの、抑えがたい苦渋にみちた表情がある。新事業体への優先雇用を前提とする「広域異動」に応じた鉄道員とその家族の、不安と安堵感とが交錯した表情がある。慣れない新宿駅の実習で電車を見送った後、空白のホームに立ちつくす若い鉄道員の姿がある。組合を脱退した若者が涙をながしながら思いを語りつづける姿がある。七十二時間のハンガーストライキをなしとげる青年労働者たちのいくつもの顔がある。そして中年の下請け労働者たちの緊張にこわばった表情がある。選択と選別の間の狭い場所に置き去りにされようとする人々の顔だ。

映画の制作に際して小池征人は、「かつてユダヤ人がナチスの暴力に囲いこまれたとき、その存在が救えないなら、せめて彼らが生きてきた、生きている記憶をとどめること、それを記録することが時代に立ち会う人間の役割だ、と決めた写真家のこと」を思った、と書いている。いかにも彼らしい背筋の伸ばし方だ。この写真家は多分ローマン・ヴィシュニアックのことだろうが、私にはこの映画は、ブラジル出身の写真家セバスティアン・サルガドの仕事を想い起こさせる。(水俣を撮った)ユージン・スミスの影響をうけたというこの写真家の仕事の一つの柱は、時代によって遺棄されていく「労働」の姿だ。それに従事した人びとの存在の「記憶をとどめる」ことだ。サルガドが記録した、打ち棄てられた鉱山労働者のいくつかの顔が思い浮かぶ。「労働社会の消滅」と彼が呼ぶ事態は、けっして遠い世界のことではない。

この映画が収集した、様々の関係が壊されていく過程のなかで発せられた言葉には、いくつも忘れがたい言葉がある。言葉とは不思議なもので、誰がどのような状況のもとで発言したかによって、同じような言葉でも全く異なる意味と力とを持つ。その点で、映画に登場した人たちの幾人かの言葉は、その語り手の態度に支えられて、観る者の胸に届いてくる。忘れられてしまうには惜しい言葉だ。それを書きとめておきたい。

「ひとりだけ、こうね、幸せになろうと思ったら道はいくらでもある。なんぼでもあるな。

……しかし、そんな事は考えたこともないし、とにかく仲間と、皆が幸せになれるような道を……。だから自分一人だけちゅうことで考えれば、なんぼでも逃げる道はいままでもあったと思う。」(北海道の若い鉄道員)

「あらゆる方法を駆使してね。で、まあ自分たちの力で思いきり、やっぱり、あのー、反撃して行くちゅうんですかねえ。生きてゆく表現をね、してみたいなあという事ですねえ……。」(大阪の初老の労働組合員)

「わしら、要するに足、踏みつけられているわけですわ。踏んどる人間は痛うないけれども、踏まれた人間の痛みになってね。踏んどる人は全然、痛うないですよ。痛うないって、気がつきませんわ。人の足踏んどる。踏まれた人は痛いばっかりで、もがくばっかりじゃアカンわけですよ。足をふりのけて、もういっぺん踏めとは言わんけど、その踏んどった足を踏めとは言わんけれども、踏まれんように、痛みを辛抱する必要はないと思うんです。」(大阪の中年の下請け労働者)

これらの言葉はナイーヴに聞こえるかもしれない。無力さを示しているだけと受けとられるかもしれない。しかし、言葉の欺瞞と歪曲化のなかで生きつづけた人が言ったように、「一見ナイーヴな言葉は、非常に具体的で必ずしも容易でない世界経験から生まれてくる」(ヴァーツラフ・ハヴェル)こともあるのだ。数年後にチェコスロヴァキアの大統領となるこの劇作家の言葉を、日本の鉄道員たちの言葉と並べるという誘惑を私は退けることができない。それは意思表示をめぐる次のような「ナイーヴな言葉」である。

「われわれは一人一人、まず自分から事をはじめなければなりません。お互いに待っていたのでは、誰も、何の成果も得られないでしょう。そうはいかない、というのは本当ではありません。自分自身を支配する力は――われわれ各人の中で、その性格、出自、教育の段階、自意識によっていかに問題があろうとも――われわれの中でいちばん無力な人でももっている唯一のものであり、同時に、誰からも奪い去ることのできない唯一のものです。それを用いる人は、あるいは何も達成できないかもしれません。しかし、何もしないでいる人が何も達成できないのは、決定的です。*」

網膜症の女性や水俣病患者や屠畜場の労働者と同様に、ここでの鉄道員たちも、ほんとうに必要な時にほんとうに必要な言葉を語る。ナイーヴさはその証だ。たれ流される言葉や巧みに操られる言葉、つまり私たちをとりまく大部分の言葉と、それは文字どおり質的に違っている。その違いは、しかし、それを聴きとろうとする耳においてのみ姿を表わすだろう。話し手のためらいや口ごもりや言いよどみを聞き流さずに、そこに込められた思いに注意深く耳を澄ますこと。私たちに必要なのは、そのような聴覚をそなえた精神である。たんなる闘いの言葉や決意表明の発言以上のものを聴きとったこの映画は、小池征人というドキュメンタリストの耳の在りようを示している。

音楽（三宅榛名の構成による緊迫感の漲る音楽）が一気に立ち上ってメイン・タイトルが現われるように、映画が制作された時点では、国鉄の分割・民営化という事態にたいする緊急レポートとして作られ、また受けとられただろう。しかし、四年後の現在から見なおしてみると、現代の日本社会が、まさしくＪＲ（これが新事業体につけられた名前だ）の広告が表現するような安楽と快適と効率への雪崩現象にあるなかで、その思考と判断の停止傾向に対して、小さくとも確かな「抵抗」の痕跡を刻みつけていることが明らかになる。それを見届けることができる。私たちに残されているもの、それは「最後」に挙げられる声だ。

＊一九八六年のエラスムス賞受賞記念演説。しかし出国不許可のため代読された。引用は飯島周監訳『反政治のすすめ』による。

日常のなかの戦争

映画の冒頭に、メイン・タイトルをはさむように二つの「証言」が置かれる。ヒロシマとチェルノブイリである。それは、この二十世紀という時代が引きずりだしてしまった事態を明示する。端的に言えば、それは「戦争」という概念の決定的な変質であり、したがって、私たちの生存条件の根本的な変質である。この世紀は核戦争を「経験」した時代である。つまり戦争の最終形態とよばれるべき戦争をひきおこした時代だ。私たちが生きているのは、その核戦争後の状況なのである。映画『脱原発元年』(一九八九年)はここから始められる。

どんな理屈を持ち出そうと、一度引きずりだしてしまったこの状態から私たちは逃れることはできない。言いかえれば、その戦争は一回的に生じて終結したのではない。それはいわば恒常的に見えない戦争として、私たちの生存条件そのものとともにある。核戦争後を生きるとはそういうことだ。したがってまた、その戦争は軍事というカテゴリーに収容しきれないものとしてありつづける。この見えない戦争状態を誰の目にも明らかにするもの、それが原子力発電所の事故にほかならない。

軍事技術を転用したこの巨大装置の「事故」は、それが形を変えた核戦争であることを示している。冒頭に挿入された、ロラン・セルギエンコが記録した『チェルノブイリ・シンドローム』の映像は、この事態を反論の余地なく映しだす。フィルムに重ねるように付けられたセルギエンコの言葉――「チェルノブイリの惨事は、平和の中の戦争である。チェルノブイリは単なる原発の事故ではなく、高度に発達した巨大技術の恐怖である。」まさしく平和のなかの戦争であり、私たちの日常生活の根底に持続する戦争状態の突出である。

私たちはまた、そのフィルムの字幕スーパーに、「ここにあるのは、惨劇の渦中にいる人間の生きた証言だ」という一節を読みとる。なんという「証言」の在りかただろう。この時代についての真の証言は、このような「惨劇の渦中」から発せられざるをえないのだ。ヒロシマの建物や道路に瞬時にして焼きつけられた「影」たちの物言わぬ「声」から、チェルノブイリの死の灰の「渦中の人間」たちの叫び声まで、これが、二十世紀という時代の証言者なのである。

映画のナレーションが、世界の原発総数の約一割を日本が抱えこんでいることを語る。「運転中の原発三十八基。建設中十三基。建設準備中四基。数年後には五十五基の原発を所有することになる。」この数字自体が驚くべきものであるが、映画は、その数字が示す事態がどのようなものであるかを一挙に露わにする。私たちが頭の中で数字を反芻して、その尋常ならざる状態の了解に辿りつくには、おそらく相当の労力を必要とするだろう。それを映像は一挙に明示してみせる。

北海道の泊原発から四国の伊方原発まで、全国のいくつかの原発に接近しそして俯瞰する映像は、施設自体の異様な景観とともに、この小さな島国をその装置が埋めつくしているような異常な空間像を提示する。この国がまさしく原発列島として立ちあらわれてくるのだ。「運転中の原発三十八基」とはそういう事態を意味するのである。この空間の変貌を捉え、指し示すことにおいて、映画の力というものを改めて感じさせる。

原発をめぐる問題が、平和のなかに持続する戦争であり恐怖であるとすれば、それを考える切り口をどこに求めればよいだろうか。「日常性」のレベルで粘りづよく捉えなければなるまい。それが私たちの日常性そのものを変質させ解体しうるものであるからこそ、そこを離れてはならないのだ。原発にかかわる産業構造や社会的差別の問題や技術論議もむろん大切に違いないが、何よりも原発がこの時代の人間の生活にどのようなかたちで侵入し、どのように占拠しているのかを見据えなければならないのである。

私たちが聴きとるべきは、物言わぬ「影」の声や「渦中」の叫び声に、遠くとも呼応しうる生活のなかの声である。そこで、この映画が採った態度は、徹底して現地に即くということであった。そこに腰を据えるということだった。こうして、自分の暮らしの眼前に原発を抱えさせられた人々の、生の声を聴くということが映画の一本の柱となる。

現地の人々にとって、原発はイデオロギーの対象でもなければ、たんなる「先端」技術でもない。それは日々、自分たちの生業、たとえば農業や漁業を目に見えないかたちで破壊していく装置にほかならない。放射能に汚染された農作物や魚介類をつくりつづけるわけにはいかないからである。彼らは日常のなかに埋めこまれた身近な戦争状態を生きなければならないのだ。そこで、暮らしと生存をめぐる切実な危機感によって、人々は小さくとも抗議の声を挙げざるをえない。「一般の人に支持されない技術というのは無理だと思います。」若狭原発に近い農村における或る人物の言葉は、彼らの祈りにも似た思いを表現しているだろう。それぞれの声を染めあげる切迫感と無力感との交錯は、一人一人が眼前にしている「装置」が孕む事態の巨大さをまざまざと映しだしている。同時にその声は、この巨大さが先端技術どころか、文明というものの野蛮さにほかならないことを指し示すのである。

人々の苦痛の眼差しは、生存におけるこの日常的脅威を強いるものへと向けられざるをえない。「東京の人間」という言葉が何人かの口から語られるとき、それはこの根元に向から批判となる。「東京の人間」すなわち中央政府や巨大企業の利益主導に対する批判であり、膨大な電力を平然と消費する都会の生活に対する不信であり、現地から遠く離れた場所で勝手な議論をする者たちへの苛立ちである。

ここで「東京の人間」とは、原発をめぐる事態を自分の日常性と接続しようとしない者、より正確には、引きずりだしてしまった恐怖に目覆いをして遠ざけることによって、自らの日常生活の表皮を取り繕っている者のことである。そのことによって「一般の人に支持されない技術」に支えられてしまうような生活を、その言葉は言いあてようとしている。私たちはそれぞれに何程か「東京の人間」なのである。

日常性に即するというこの映画の姿勢は、現地の人々の声に耳を傾けることから、さらにすすんで原発の内部で働く人たちを追跡することによって貫かれる。原発内部の日常とはどのようなものであるのか。三人の人物がとりあげられる。

一人は、敦賀原発の作業員として原子炉の定期検査に従事した下請け労働者である。彼は、この映画での発言が「遺言」になるかもしれないと考えて、背広姿に着替えてカメラの前に出る。彼は作業中の被曝によって放射線皮膚炎に冒されているのだ。しかし大学病院の診断証明にもかかわらず、政府による調査委員会はこれを認めようとしない。したがって、その言葉は、放射線防護のための用意もない原発へ向かうとともに、被曝者の存在を認めようとしない政府と企業とに向けられる。「現実には被曝者を出さなければ稼働できない原発である以上、認めて当然だと、私は思ってます。」背広姿の彼がそう言うのだ。原発という現場で作業する労働者にとって、日々の労働はまさしく「核戦争」なのである。

もう一人は、同じ原発で働く下請け労働者で、電力会社の懐柔によって示談書に判を押したという人物である。炉心の事故で被曝したこの労働者にとって、最大の不安は被曝後に生まれた我が子の将来であった。子供を待ちかまえる新たなかたちの苦難がここにある。「子供に異常があったら黙って放ってはおかん」という電力会社の口約束を信じて、金を受けとってしまった自分自身に対して、彼は不信の眼で見つめなおさざるをえなくなっている。原発に「何も無いもんなら、ましてやそんな事をするわけもありませんし、こう六百万という大金を払わんと思う」からである。原発という技術は、人的犠牲を含めて、いったいどれほどのコストを要求しようというのだろうか。巨大なコストを支払って、私たちは何を手に入れようとしているのだろうか。

三人目は、下請け作業員ではなく、東海村と敦賀の原発で管理作業に携わっていた青年である。かつて「第三の火」と言われた原子力に憧れて入社した彼は、被曝による舌癌で三十一歳で亡くなった。父に書き送った手紙に彼は、内部被曝に関する疑念をしるし、下請け労働者の放射能汚染への心配を綴っていた。この青年は、自分が期待した「第三の火」がいかなるものであるかを、「被曝死」という残酷なかたちで示してしまったのである。それはほとんど戦死であった。

この三人の姿はそれぞれに、原発という装置が、零細な現場作業員の犠牲を前提とする差別的労働の上に存立すること、その欠陥を金と力で封じこもうとするものであること、さらに科学的情熱にまともに応えることができない「技術」にもとづくことを示している。三人の被曝者は身をもって、原発内部のグロテスクな日常の姿を浮き彫りにするのである。

チェルノブイリを記録したセルギエンコは、その事態を「平和のなかの戦争」として捉えた。小池征人の映画は、原発が「時間」をめぐる戦争でもあることを示唆している。原発が孕む時間に関する統計学的数字は、私たちの想像力を超えてしまうことが多い。そのことが、生活感覚の尺度をへし折って、私たちに思考停止を生みだすことにもなる。いまここでの耐えがたい経験が、考えてもどうにもならないような時間のなかに放散されて、緊密な物事として成り立ちにくいのである。

この映画にも、途方もない時間を示す数字が現われる。岡山県と鳥取県の県境にある人形峠。このウラン採掘現場の放置されたままの残土を前にして、一人の民間研究者は言う。

「この核の毒の厄介さというのは、例えばその放射能の半減期を考えれば分かるんです。……ラジュームというのがあります。これは半減期千六百年。これも毒性が非常に強い、骨の癌の原因になる。そしてウラン二三八にいたっては半減期四十五億年です。四十五億年といったら地球の年齢ですね。やっとそれで半分になる、放射能の強さが。更に四十五億年たってその半分になる。地球の寿命を越えるんですね。」

この数値がどれほど正確であるかは、おそらく問題ではない。誤差など問題外としてしまうような「時間」が引きずりだされていることが肝腎なのだ。日常性のなかに存続する「核の毒」は、このような時間形態として表われるのである。それは、私たちの生活時間というものを壊してしまう時間であり、もっと厳密にいえば、それを一挙に無意味化してしまいかねない時間である。この異様な数字に付き合っていたら、私たちの日々の暮らしを支える時間など、瞬時に無化されてしまうだろう。

したがって、この途方もない時間ならざる時間に対して、私たちに出来ることは、そしてしなければならないことは、「地球の寿命」を案じることではない。時間に変換された毒性の数値をめぐって議論することでもない。いまここでの経験的時間をどのようなものとしうるのか、という無力にもみえる小さな戦いであろう。時間をめぐる戦争である。この映画は、末尾に一人の若者を登場させることによって、それを示そうとしている。

この青年は十二年間、毎日の仕事を終えてから海に出かけて、海水の温度を測定しつづけている。泊原発が放出する温排水の影響を、自分の手で確認したいという思いからである。放射能の半減期の想像を絶する時間に対して、十二年間というのはいかにも短い無力な時間のようにもみえる。しかし、この十二年は、けっして抽象的な統計的数字でもなければ、虚しい机上の数値でもない。それは、日々の生活態度すなわち耐えがたさと抗議の意思を含んだ態度によって支えられ、それを刻みこまれた経験的な時間なのである。

この若者は、「海に一日一回来れば、何でここに来なければいけないのか、一日一回最低考えるんでね」と語る。途方もない数値が支配し無化しようとする事態に対して、暮らしのなかで「考える」ことをもって対抗しようとするのだ。それ以外に方法はないだろう。映画は、暗夜の中でたった一人の運動をつづける、この若者が手にする小さな灯りを映しだすことによって終える。それはまさに持続的な警告信号の発信である。ここに映画の作り手の意思が、静かに集約され表明されている。日常性そのものを腐蝕するような現実のなかで、それは生存感覚を刻む生活時間という目盛りを差し出すのである。

虚構の同時代史

一九九〇年、小池征人は狭山事件についての映画の制作に着手した。狭山事件と呼ばれる出来事を、人々はどれほど記憶しているのだろうか。この問いは不要だろうか。確かに幸いなことに、事件後の二十七年の間に、事件に関するたくさんの文章が書かれ、フィルムが作られ、様々に語られつづけてきた。その中には野間宏の『狭山裁判』のように、その死にいたるまで十六年にわたって長期連載をつづけた篤実な仕事もあった。そして、とりわけ各地の被差別地域では、事件はある象徴性を担って世代を越えて語りつがれてきた。

それでもなお、人々は事件を記憶しているだろうかという問いは、おそらく撤回されることがない。そこには、この二十七年という時間を通過してきたそれぞれの実感の内に、記憶にたいする不信がとぐろを巻いているからである。それは、改めて事件に向かいあおうとした小池にとっても同様だったのではないか。この二十七年間をどう映すのか、二十七年後の現在をどう撮るのか、そこに何を記録できるのかという疑いが、さきの問いを彼のもとに繰り返し引き寄せただろう、と思うのだ。それは例えば、「映画が描くのは、二十七年前の事件ではなくて〝今〟である」という宣伝用チラシの惹句が示す、その現在の強調に表われているだろう。問題はまさしく「今」である。

こうして作られた映画『狭山事件――石川一雄・獄中の27年』は、様々な意味で小池征人の仕事とそれが培ってきた経験を、一旦締め括るような性格を帯びることになった。実際この映画が、『人間の街』で見出すことができた差別を語りうる場所を、狭山事件という象徴性をもつ事件を通じて改めて摑みなおしたい、という意欲から出発したことは明らかである。この事件が帯びる象徴力を小池は「狭山の思想」と呼んでいるが、その「思想」の具体的な形姿を確かめたいという意欲が彼を動かしている。

そこにはまた、人々の内に持続する日常性のあり方を見きわめたいという問題関心が貫かれているだろう。様々なかたちで事件に巻きこまれ、様々な仕方でその後を生きてきた人々の生に対する関心である。その一つの場は家族である。この事件でいえば石川一雄氏の家族だ。これまでの仕事で小池はいくつもの家族の姿に目を据え、そこから発せられる言葉を受けとってきた。微視的といってよいその方法は、その小さな場でもっとも威力を発揮するからである。このような彼の意欲と関心と方法が、この映画において言わば動員されたのである。あるいは、向かいあうべき事態がその総動員を要するほど困難であった、といってもよい。

狭山事件は、少女の殺害という事実のほかには、誰が書いたかわからない一枚の脅迫状だけが遺された事件である。映画は、当時の関係者の言葉を次々と積み重ねてゆくことによって、石川一雄という被差別部落の青年がどのようにして事件の中心部へ取りこまれていったのかを跡づける。その丹念な作業は、ほとんど見間違いようもなく事件の相貌を明らかにしている。このような証言としての水準において、この映画を受けとることもできるだろう。さきにふれた野間宏の『狭山裁判』は、その絶筆となった一文で、この映画が記録した証言の大切さを書きとめていた。

この映画に登場する「証人」たちの言葉には、しかし、ある空白と沈黙とが感じられる。語りのこされたこと、言いおとされたこと、語らないままに置かれたこと、それが彼らの言葉の根底にあるように感じられるのだ。この未発の感触はどこからくるのだろうか。直接には、石川一雄氏の兄六造さんの「いちいち皆にね、皆の前に行って、やっぱり相手はシロウトでしょう。訴えてみてもしようがないですよね。まともに受けてくれる人と、やっぱりねえ」という言葉が示すように、市民社会の成員たる「シロウト」たちとの位相の違いがもたらす屈折によるだろう。

しかし、言葉が帯びるこの屈折と落差、その言葉の社会的時差とでも言うべきものは、たんに事件当事者あるいは被差別民と一般市民との隔たりによるのではない。語りえないものを孕む言葉に拠らざるをえない、そういう生き方が生みだす差違、つまり精神的な時差によるのだ。映画はそのような言葉を、というより、語りおとされたものを含む伝達過程そのものを映しとろうとする。事件がそれぞれの人にとってどのようなものであったのかを、そして現にあるのかを指さすのは、実は「証言」の尖端にあるこの感触なのである。

この感触すなわち沈黙や空白の底にあるものを、映画を見終えた直後に私は、「虚構」という言葉で考えた。いまでも的確な言葉であったとは思わないが、その言葉によって考えたのは次のようなことだった。

私たちが生きるためには虚構を必要とする。あるいは、生きるということ自体のうちに虚構を含んでいる。いくつもの仮構された事柄を自らのうちに置くことによって、私たちは生きつづけることができる。つまり「私たちが世界を意味づけ、そこで生存するのを助けてくれるもの」(フランク・カーモウド)としての虚構《フィクション》である。この映画が探りあてているのは、事件に様々なかたちで巻きこまれた人たちが、それを受けとめ、その後を生きつづける上で拠りどころとしてきた「虚構」の有り様なのではないか。

映画が見据えているのは、この二十七年間を生きてくるなかで、持ちつづけられ、また変貌を余儀なくされた、このような虚構の姿であるように思える。正確にいえば、その虚構の破片である。その破片性は、事件が与えた衝撃の大きさを示すだろうし、そのもとで生きつづけた苦しさをも示すだろう。そして、その痕跡を捉えることができるならば、それを梃子にして、私たちをとりまく現実に分け入ることができる。虚構の変質という地層において差別を捉えなおすことができる。おそらくはこのような認識が、証人に向かいあうカメラを支えているように思える。

証言者はそれぞれに、事件が根深い差別意識にもとづくことを語り、その偏見と予断に巻きこまれた苦痛を語る。また、捜査がいかに杜撰だったかを語り、判決確定にいたる扱い方がどれほど不当であったかを語る。——こう書くと、彼らの中の狭山事件はしっかりとした輪郭を保ちつづけ、部落差別や冤罪という概念できっちりと対抗しうる出来事であるように思えよう。しかし、彼らが抱えこんでいるのは、このように整理されたものではなく、このように言葉に尽くせるものでもない。

証言者の一人で、当時別件で逮捕されアリバイを追及された、石川一雄氏の友人Tさんのインタビューの場面の一部を書きとめておきたい。彼は今も、狭山事件について自分の家族に話してはいないという。そういう人の証言である。

小池　逮捕されてから一番中心に聞かれたのはどういうことですか。

T　……だから友だち同士でね、石川一雄さんとか、一緒にやったんだろうというんだよね、いろんなことを。そして、今度殺人のほうをやったんだろうと決めてかかられたの……。

——沈黙。

T　……警察にいるときは自殺までしようと思ったことあったですよ。

——長い沈黙。

小池　狭山事件の中でね、石川さんがね、自白をすれば「十年で出してやる」っていわれたっていうんですけどね、そういう気持ってわかりますか。

T　うん、それはあると思いますよ。

小池　Tさんも同じような気持に。

T　俺はいっそうのこと死んじまえと思って、自殺ねぇ、しようと思ったからねえ、そのときはアリバイが出てなかったから……。

——沈黙。

T　なんでもねー人がねぇ……。

小池　一時期は一雄さんが犯人じゃないかと思ったことも?

——長い沈黙。

Ｔ　……警察にいるときは、本当にやったのかとは思ったけど、やっぱり俺が自由の身になってね、やっぱり、考えると、奴だって本当にやってねぇんじゃねえかと。同じような調べ方をされて、あれしたんじゃねえかと思ってねぇ、おそらく俺以上にしぼられているんだよね。

――沈黙。

語りえないもの、語らないままに置かれるものを含む言葉である。映画が見届けようとしているのは、狭山事件において露わになった力、すなわち社会的および内面的な虚構を変質させ、人々を沈黙させた力のあり方であり、それにさらされた人々の感情の姿であり、それが一人一人の内に遺したこのような痕跡であるように思える。

「虚構」という言葉で私が考えたのは、このような事態であった。実をいえば、そのとき私は虚構の代わりに「悪意」という言葉で考えてもよい、と思っていた。犯罪と結びつけられる被差別の「渦中」に投げこまれた人間が生きのびるには、おそらく「善意」など役に立たないのだ。自分のまわりを虚偽によって包囲された者にとって、社会に流通している善意や真実などは抗体となりえないのである。悪意と呼んでよいものによって仮構しなければ、彼にとって善も真も使用価値をもたないだろう。そこで善意であるとは、仮構性を忘れられた虚構として虚偽意識に転じてしまうだろう。悪意によって生きのびるほかない一面が、現代という時代には確かにあるのだ。

適切でないと思いながら虚構という言葉を棄てがたいのは、狭山事件をめぐる様々の局面を、それが指し示すからであり、そのせめぎあう場を表わすことができるからである。この事件は発端から虚構性を帯びていた、とも言える。それは差別のなかで形を与えられた事件であった。たんに捜査の過程で差別意識が露出したのではない。差別が生みだし、それが変形する虚構が事件を包囲したのである。犯行現場からアリバイや物的証拠まで、事件の輪郭は一方的に仮構されていった。それを追認させようとする力がそこに働いていた。そして差別のなかのこの事件は、一枚の脅迫状という虚構、正確には筆跡という虚構に辿りついた。

私たちはこの映画で、無理強いして書かせた石川一雄氏の「上申書」と脅迫状とを、「似ている」という筆跡鑑定の電話一本で同一とするような水準で、「実証的」手続きがなされたことを知る。その程度の実証性なのである。しかし、それを突き崩すことは容易ではない。この社会を生きてきた一人一人の内に巣食っている、同程度の「実証性」すなわち虚偽がそれを支えているからにほかならない。つまりこの映画が教えるのは、実証性を装って虚構を運用する社会的現実であり、その運用を支える基盤としての差別意識であり、このような「現実」によって収奪されている虚構のあり方である。逆説的に聞こえるかもしれないが、私たちの虚構を生きる力は死に瀕するほど衰弱しているのだ。狭山事件は、このような私たちの「今」の姿を示しつづけているのである。

画面に、路上で上半身が裸でパンツ一枚という格好の初老の男が登場する。夏に行われたインタビューとはいえ、他の証人たちとは対蹠的な姿だ。かつて捜査を指揮した元県警刑事部長である。彼の言葉は、どこまでも虚構を収奪し運用した者のそれである。

「最高責任者だから事件は知らない、こまかい点は」

「捜査は記録を見ればわかりますよ」

「記録のとおりですよ」

「(二つの筆跡は) よく似てますね、そっくりですよ」

「(新しい証言は) ああ、全然だめですよ。」

制服を脱いでも裸になっても変わらない、文字どおり身についた振るまいが生みだす言葉だ。彼が強調するような「記録」という虚構が、容易に覆しがたい裏打ちを現実に与えているのである。「時局」的な対応にかまけたり、その「イメージ」の処理に腐心したりしている間に、私たちの社会的「現実」はこのような裏地を身につけてしまったのだ。それはまた、「記録のとおり」とされかねない現実のなかで、この現実の組成それ自体を映しとろうとする記録、すなわち水準を異にするもう一つの「記録」の成立が難しいということでもある。この映画を貫くいかにも苦しげな足どりが、そのことを端的に表わしている。

この元刑事部長が、インタビューの腰を折るように「もう、だってねえ、二十七年ですよ」と繰り返すとき、そこに彼が通過してきた時間の有り様が透けてみえる。二十七年もたてば、どんな物事も忘れられるし、意味を失うのは当たり前だ。過去の事実などは古証文以上の意味をもたない。日々の生活は、そういう物事にかかずらうような構造にはなっていないのだ。そのように彼なりに仮構された二十七年間がそこにある。

ここで私には、この映画で小池征人が脅迫状のコピーを持って執拗に動きつづけることの意味が、ようやくわかってきたように思う。それはたんに事件にかかわる唯一の「物的証拠」だからではない。たんに筆跡鑑定にたいする反証としてではない。少なくともそれだけではない。脅迫状という一枚の紙片を「地」にしたとき、そこに浮かびあがってくる「図」を彼は見ようとしているのだ。元刑事部長においてあぶり出されたものは、その一端にすぎない。

私たちが、どのように生きているか、あるいは生きてきたかは、それぞれの物腰や身ぶりや語り口に表われている。石川六造さんをはじめとして、映画に登場する事件に深くかかわった人たちの語り口は、彼らがこの二十七年間をどう生きてきたかという、その生き方を露わにしている。露わにするところまで映画が迫っている。そうだとすれば、その生き方の具体的記号としての物腰や語り口に、彼らによって生きられた歴史の在りようを見ることができるのではないないか。すなわち、物腰と語り口が伝える現代史である。

かつて六十年以上も前に、声の文化について先駆的な研究をした学者は、話しことばの精神と文字にもとづく精神との間にはいわば「認識論的な断絶」があることを強調した。つまり、それぞれが身をおく精神的空間のあり方は質的に異なっているのである。それ以来多くの研究が積み上げられてきたが、この洞察は揺るがないだろう。私たちは、声と文字とを対立させ、後者に権力を割りつけるという二分法に短絡してしまってはならないが、それぞれの精神的な身ぶりがはっきりと異なることを知らなければならない。

石川一雄という青年が生きてきたのは、文字社会によって囲いこまれながらも、それとは違う特性をもつ精神空間であった。画面に映しだされる二十四歳までの生活史が物語るのは、そして彼が書かされた上申書のたどたどしい文字が示すのは、そのような空間である。そうして兄六造さんの語り口もまた、そこに身をおいているように思える。非文字的とも言える身ぶりが、鳶職の棟梁として生きてきた彼のきっぷと口ぶりに表われているのだ。かつての職人の家に漲る気風を知る者には多少は思いあたる物腰だ。かたぎの人間、六造さん流にいえば「シロウト」のしばしば無自覚な善意の態度とは、それは異質な身のこなしである。仮構された悪意といってもよいその物腰は、彼らの生き方の技法なのである。侠気という姿をとったり「つっぱり」と形容されたりする技法である。

しかし六造さんにとって、それはたんなる職人気質として持ちつづけられたのではなかった。すさまじい重圧の中で生きつづけるために、必要な技法であり気質だったのである。

「やだっていってられないんですよ。考えてみてね、逃げられないんだから、ねぇ、そうじゃなかったたってね。俺は兄弟じゃねぇんだってわけにはいかないんでしょ。だったらいっそうのことね、全部一緒ぶちまけてさぁ、判ってもらうよりしょうがないものね。」

「部落民だなんていわれたって別にそんなことはたまげねぇですよ、俺は。東京へ行ってたってみんないってたけど、そんなことなんか眼中に置いてなかったですよ。そらぁ、警察に行ってもね、いいましたよ。部落民っていわれてどういう気持がする？　なんてね、ほら任意であれしたとき、いわれたんですよ。関係ない、そんなこと、同じ人間だっていうんだ。」

六造さんの語り口は、「やだっていってられない」状況のなかで、その精神の身ぶりがとった独自の姿勢を表わしている。家族であるがゆえに背負わされた苦難とその引き受け方が、そこからしっかりと伝わってくる。狭山事件の二十七年という重圧を受けとめるには、家族という場はあまりにも小さなものだ。そうであればこそ、それを持ちこたえた精神の骨格は堅牢なものとならざるをえないのだ。

その精神的身ぶりは、用意周到に文字を操るような「脅迫状」のそれとは異なる、生き方の記号を指し示している。文字社会の支配的な感覚からすれば、それは取り残された文化にすぎないかもしれない。現代史の欄外的存在と見えるかもしれない。しかし反対に、そのような現代史など「眼中に」なく、懸命にそしてしたたかに持ちつづけられた物腰と気風と語り口は、別の仕方で生きられた同時代を鮮やかに示すのである。

元刑事部長とのインタビューで、「もう、だってねえ、二十七年ですよ」という彼の繰り言に、小池征人は間髪をいれず次のように応答していた。

「でも二十七年でも、石川さんはまだ獄中につかまって生きているわけですからね。そして、なんとかして自分のある意味の失敗を、ちゃんと世の中にいっていかなきゃいけないと思って生きていると思うんですけど。」

かつての捜査の最高責任者にむかって失敗の意味を説こうとする、小池の「ナイーヴな言葉」に打たれる。それと同時に、この二十七年という時間の経過について、彼がたえず意識していることがわかる。彼が模索しているのは、狭山事件の衝撃が浮上させる同時代史の図形なのである。それは、私たちの「今」を形づくっている現代史の基層を問いなおすことでもある。

脅迫状の複写を抱えて、「現実」に堆積する差別の地層を探り、その切片を求めて、映画は右往左往する。その一所懸命さが、事態の困難を痛感させる。そしてここでも小池は、その聴覚を大切にしている。この映画が与える意外なほど静かな印象は、構造を明らかにする一方法としての「触診」がもつ静けさを想わせるところがある。内科医が手を当てて聴き分けるあの触診である。そのように細心の配慮と注意深さをもって映画は、各自の精神空間を背負った語り口と、そこにある言いよどみや口ごもりに耳を澄ましながら、さまざまに生きられる同時代史の形姿を見きわめようとするのである。そこには、その現在の姿をついに画面に現わすことのない人物の二十七年、という見えない時間もまた存在するだろう。いうまでもなく、それぞれの歴史はけっして「記録を見ればわかる」ようなものとしてあるのではない。歴史は複数存在するのだ。

フィルムの上の社会

複数の時間があり場所がある。異質な空間があり生活がある。そして、そこに生きる人びとがいる。八〇年代を記録しつづけた小池征人の映画に登場した人びとを、この場に結集したいという誘惑にかられる。しかし、そうしてはならないだろう。複数の存在は複数のままに存在しきることが大切なのだ。私たちが努めるべきは、それが可能となる条件と場所をしっかりと持ちつづけることなのである。

複数の生きられる時間が流れている。水俣病の三十六年のなかで生きる人たちがいる。ヒロシマ以後の四十六年（あるいはチェルノブイリ後の五年）の影のもとに生活する人々がいる。狭山事件の二十八年間を生きてきた人たちがいる。クロロキン製造中止の後の十七年を、また国鉄解体からの四年を生きている人々がいる。それぞれの異なる時間のなかで、一人一人が生きるための手立てと工夫をもって暮らしつづけているのである。その手立てを奪い去るような社会状況にとりまかれながらも、彼らの時間は流れつづけている。そこには、毎日仕事を終えてから海へ出かける青年の持続的な時間があり、子供の成長に思い煩う若い親の深度をます時間があり、一枚ずつ確かめるように洗濯物を取りこむ女性のゆるやかな時間があるだろう。

かつて『不知火海』の助監督だった小池征人が、妻子あてに送っていた葉書による日報には次のような一節があった。

「本当に岬・岬をへめぐるわれわれの行路は虫のあゆみであります。……いまぼくたちが気を配っているのは、映画を通して人びとと接触し、その後、去ったあと、地元に残された人びとのなかに残る心の波紋を誰が責任をとるのか。その責任の回路を人的に確保していくことの困難性です。」

自分たちが去った後も、その場所の時間は流れつづけ、人々は生きつづける。少なくとも、そのことに小池は初めから自覚的であった。その担いきれない「責任」を感じつつ、現場を「虫」のように這いながら記録したもの、それが彼の映画だった。このようにして差しだされた虫瞰図から、私が何を受けとってきたかはもう繰り返さない。

私がここに付け加えておきたいことは一つである。彼がその時々に送りだした映画は、一つの現場を記録し、一つの問題に注目を促したにとどまるのだろうか、ということである。ドキュメンタリー作家の仕事として、確かにそのことに間違いはない。しかし映画を辿りなおした今、それにとどまるものではない、という動かしがたい感想を私はもつ。それはほかでもない、映画に登場した人びとが、たんなる被写体になり終わっていないからである。一方的に記録されるだけの対象に化していないからである。

カメラの前の人たちが見せる、落ちついた表情や安んじて話す態度は何を物語るのだろうか。安らいだ身ぶりや語り口はどこから来るのか。小池たちスタッフとの信頼関係にほかなるまい。個別の現場や争点と同時に、それを通じて、ここに「記録」されているのはこの信頼関係なのである。それぞれの作品がどれほど暗澹たる状況や気が滅入る現場を映しだしていても、そこにはその場所の人々と小池たちとの間に信頼にもとづく関係を見ることができるのだ。

絶望的な状態におかれた若い女性が見せる美しい微笑や、二十七年間黙しつづけた中年男性の重い口から出てくる言葉は、そのような「関係」なしにはありえないだろう。それぞれ質を異にする場所へ、小池たちはどのように入っていくのだろうか。虫のようにではあっても、けっして中立な第三者としてではないだろう。フィルムが記録しているのは、その入り方と関わり方であり、そこに形成される信頼のかたち、つまり一つの「社会」の姿なのである。

ここでは、映画としての「記録」の成立は、小さな「社会」の成立である。小池征人の作品が、社会的な解体状況や精神的な荒廃について声高に告発することなく、しかし状況に対する鮮明な意思表示たりえているのは、何よりも映画の成立の基礎そのものにおいて、彼らが共同で作りあげたこの「関係」の提示によるのである。私が受けとってきたのは、それぞれの住民と生活様式と抱える問題とを異にする、いわば六つの小さな社会なのであった。

あとがき

本書は、いくつかの記録された断面にそくして、この時代における社会と文化の姿を見とどけようとした小さな試みである。ここでの手だてが「記録」であるのは、その労多い作業を続けている人たちと出会ったからであり、そのすぐれた仕事が記録をめぐる私の思いを反転させたからである。つまり、この社会が記録されるに値するかどうかではなく、記録することそれ自体によって辛うじて息づくものがあること。破壊的に空疎な社会であればこそ、むしろ記録という営みが差しむけられねばならないこと。そして、記録という方法の困難さのうちに、それを撥ねつけるこの時代と社会の形姿が刻印されること。いくつかの「記録」は、私にそのことを教えてくれた。

それにしても、一介の本読みにすぎない私にとって、記録された断面を書物の知識に着地させずに受けとることは容易ではなかった。私が心がけたことは唯一つ、路上の隅の小石のような存在に眼差しを注ぎつづけることであった。道に踏み迷った者にとって、その小石はけっして小さくない意味をもつからである。そのために少なくとも、画面に真っすぐに向かいあおうと愚直なほど努めたつもりである。労苦にみちた仕事にたいして、それが私にできる精一杯の対応であった。画面を貫くいわば「緊急順不同」の精神に促されて文章を書き進めた、ともいえる。

私のささやかな試みを諒として、一人だけの試写会を行なって下さった小池征人氏と関係者の方々にお礼を申しあげる。報われることの少ないその分野の仕事に目を向けることに、本書が少しでも資することができれば嬉しい。

本文の中の「虚構の同時代史」は、もと雑誌『みすず』(一九九一年五月号)に書いた文章を全面改稿したものである。掲載の際の加藤敬事氏の配慮にみちた態度は忘れがたい。「失敗」の意味」の再録とあわせて改めて感謝したい。

小池征人流にいえば「もっとも大衆的でかつ、もっとも少数派の人びと」に手渡したいので、小冊子にしたいという私の願いを容れて、丹念に編集して下さった長井治氏に感謝する。

一九九二年二月十五日

市村弘正

小さなものの諸形態

精神史覚え書

文化崩壊の経験——晩年のバルトークについての脚註

1

バルトークの晩年の五年間ほど、亡命という行為それ自体の二十世紀的な変貌と、それが含みもつ経験の決定的変質とを痛切に示しているものはない。そこには、現代という時代と社会が帯びる、いや、その存立の様態そのものとしてある破壊性が、人間の生活を根こそぎ変質させずにおかない力として貫いている。ひとは否応なく、生活の基底を剥奪された状態、そこから放りだされた状態において生きるものであるほかない。亡命はいわば、そのような「基底」の崩壊を露出し際立たせる行為となった。この大量移民の世紀は、亡命という人類史的概念の解体をつうじて、文化をめぐる未曾有の事態に直面させるのである。ヨーロッパを離れるに際して、「確実に耐えがたい世界から、何も確実でない世界への飛び込み」と書きしるしたバルトークに加えられていた圧力とはそのようなものであった。

すでにカール・マンハイム（バルトークと同郷のハンガリーからドイツを経てイギリスへと移住した亡命者）は、この根本的事態を「これまで人間の思考が養分を摂取してきたその根が掘り返され白日のもとに曝される」（『イデオロギーとユートピア』英語版序文）と表現していた。このように曝けだされた「根」を凝視し、その事態を透察することこそが二十世紀的精神の出発地点となるだろう。すなわち、これまでの人間の思考の在り方が終わった地点を、現代は自らの起点とせざるをえないのである。それは終わった場所からの思考というべきものとなる。

このような根柢を剝奪される経験は、生活の基礎にもっとも深く根ざそうとし、また根ざすことを自らの活動の糧としてきた人間において、もっとも深く感じとられるだろう。しかも、それが深ければ深いほど、その「破壊的要素」に塗りこめられた確実さのない世界を生きぬくことは、耐えがたく困難なものとならざるをえない。正真正銘そういう人間であったバルトークにとって、生活と思考における「根の掘り返し」とは、けっして比喩的な形象にとどまるものでなく、また活動の精神的基礎の有り様を指すにとどまるものでもなかった。それはいわば、全感覚的に直截かつ痛切であって、かれの生を形づくる微細な局面の一つ一つを貫き、そこでの感覚の働きを覆いつくすものとなった。

バルトークのアメリカにおける五年間はどのようなものであったのか。かれの作品年譜がその一面を冷徹に記録している。一九四〇年から四三年にかけて、それまで持続的になされてきたバルトークの作曲活動はぷっつり切れていて、まったく空白なのである。この空白は否応なく、かれの亡命生活の或る「不毛性」を示唆するだろう。実際それは、バルトークが次第に忘れられ、かつての名声を急速に失っていく過程であり、端的に生活の困窮を加重されていく過程であった。つまり、失敗した亡命者の世界をそれは指し示しているだろう。一九四二年にニューヨークで書かれた手紙のなかでバルトークは言っている。「私達の状態は日毎に悪化しています。私が自分で働くようになった二十歳の時以来、かつて経験したことのない怖るべき状態に近く追いこまれそうだ、という以外言いようがありません。恐ろしい《テリブル》という言葉は大げさに聞こえるかもしれませんが、決して誇張ではないのです。」「私の晩年がこのようなことになろうとは全く思ってもいませんでした。私の作曲家としての生涯は、実際にはもう終ったのです。」

バルトークにとって、しかし、この不毛性ないし失敗は、不本意に強いられた事態でも、逃れがたく押しつけられた結果でもなかったようにみえる。かれの亡命は、名声ある芸術家の「避難」といったものではなかった。例えばそれによってヨーロッパの文化を「保存」しようとするような引っ越し型の亡命と、それは決定的に違っていた。それはまた、その行為が「良心」の証しであるような既存の政治文化との繋がりをも断たれていた。そういう亡命の現代的な「不可能」をこそ生きることがバルトークの亡命であったとすれば、それはあらかじめ失敗を決定づけられていたともいえる。しかし、かれはその事態をあえて引き受けた、あるいはそうせざるをえなかったように思える。

少なくともバルトークは、自分の亡命生活がたんなる逃避や保身ではありえないことを予感していた。アメリカ到着直後に、かれは次のように言ったという。

私たちと過去を繫いでいたものすべてが破壊されてしまったことを、認識しなければいけないのだ。そして、今回アメリカに来たのは演奏旅行のためだけでなく、大量移民のごく一部として来たにすぎないという事実を、少なくとも自覚だけはしなければならないのだ。……私たちは着のみ着のままアメリカの海岸に打ち上げられたんだ。

（アガサ・ファセット『バルトーク晩年の悲劇』）

ここに表明されているバルトークの思想的態度は、アメリカでの生活のなかで、いっそうその深度を増していくだろう。その認識と自覚とは、かれのなかで緊密に結び合っている。過去との繫がりの切断のもとに曝され、放りだされたものとして、自分たちは「大量移民の一部」

であるほかない。もはや亡命者と呼ぶことさえ憚られるほど、無一物の状態で投げだされているのである。その姿はほとんど漂着民だ。その惨澹たる状態を自覚的に生きようとすればするほど、自分をとりまく状況が帯びる破壊性に対してさらに鋭敏にならざるをえないだろう。なるほどバルトークにおいても、故国から切り離された者として、周囲の人々の表情や身振りや言葉や装い、さらに家々のたたずまいに至るすべてが、感覚の基底において「謎めいた記号」として現われるという経験、すなわち「意味の食客」（ジャン・アメリー）にすぎない亡命者としての状態に立ち会うことになる。かれの言葉でいえば、「見も知らぬ街に慣れぬ紐で結ばれている」状態である。そのことは紛れもない。しかし、その予感のうちに端的に包みこまれた「大量移民」の一部であることの自覚は、かれの生活とそこでの認識を、つまり慣れぬ紐の結ばれ方を独特のものとせずにおかなかった。そうであるとすれば、改めてその亡命生活の「不毛性」が指さすものを問わなければなるまい。

表面上はほとんど空白としてしか現われない、バルトークの晩年の五年間はどのようなものであったのか。それを考える手がかりが、幸いにも私たちに与えられている。アガサ・ファセットが遺してくれた記録である。私たちはこの「記録者」に対して深い敬意を表さずに、前へ進むわけにはいかない。バルトークのニューヨーク到着直後からその終焉まで、一個人として出来るかぎりの援助をしながら、ファセットは何よりも、その亡命生活を形づくっていく細部を一つ一つ誠実に書きとめていったのである。それが記録に値する、否、記録しなければならないものと考えられたからにほかなるまい。

それは、あるいは通常の意味では「記録」とは呼ばれないかもしれない。書きとめられたバルトークの言葉の「裏づけ」が確かではない、といった「実証」主義的な疑義は措くとしても（この時期のかれの手紙や文章と付き合わせてみれば、その信頼度は判るだろう）、ファセット自身が同郷の移住者であったことが、その記述に或る偏向と強度を加えたことは充分考えられるからである。たとえば、故国に対するバルトークの想いは、ファセット自身の感情のフィルターを通して増幅されたかもしれないし、バルトークの生活感情の振幅は、しばしば「記録者」自身のそれと一体化されて描き出されることがあったかもしれない。しかし、その偏向と強度は、むしろ「記録」に対する熱意と、その共感にみちた記述とを支えるものであった。それだけではない。おそらくそのバイアスの強さが、観察と認識の衝動を促して、深々とした感情生活の記録をもたらすことになったのである。少なくともその記述は、ただ丹念に書きとめたというのとは全く異なっている。

ファセットは、バルトークの言葉と表情と身振りの細部、つまりこの気むずかしい亡命者が帯びる「謎めいた記号」と徹底的に付き合った。粘り強くそれを抱えこみつづけた。反感と共感とを包みこんだその「記号」との執拗な付き合いは、尋常の記録者の及ぶところではない。

バイアスのかかった情熱を逆説的に要請する、そういう事態がそこにはあった。この記号的断片の観察と認識の積み重ねが、バルトークの亡命生活の根本主題について、見間違いようのないくっきりとした記述を導き出す。こうして、いわば記号から記述への見事な変換がここになしとげられている。このかぎりでファセットの著作は、現代において何を記録し、どのように記述するかについて、私たちにとって一つの範例たりうるもののように思われる。

本稿は、この著作を再読し、晩年のバルトークについてささやかな註釈を試みようとするものである。

2

バルトークは、生が根ざすべき基礎の変質ないし変貌に対して、過剰なほどの感受力をもっていた。かれは日々その感受能力を、周囲のあらゆるものに向けて注ぎつづけた。「生あるものの根にとっての障害には直ちに気がつく」バルトークのこの感覚的態度が、「すべてのものはその本来属する場所になければならない」というかれの信念を支えていた、とファセットは書いている。このような感覚は、現代という時代のなかで、そしてバルトーク自身が身を置いている「場所」において、鋭敏であればあるほど、ほとんど悲劇的な感覚となるだろう。

バルトークは樹木に関心をもった。きわめて多大な関心であった。いや、そういう言葉では言い尽くせない、関心の特別の在り様をそれは示していた。かれは独特の仕方で木々に向かい合うのである。

太陽、雨、霜、雪、風が私たちの頭上にあるこの木々にふりそそぎ、季節がめまぐるしく変わるごとに葉や針葉は落ちて死に、それに代って生まれるべき無数の新しいもの、こうした生命のために場をととのえるんだ。それに昆虫や鳥、毛虫なんかも忘れられない。それぞれのやり方でこの過程を助けているのだから。それらがみな、生と死が相半ばして出来ているこの匂いをもった絨毯の生成に関わっているんだ。

樹木に対する関心は、太陽から毛虫に至るすべてのものが関与し協同しあう、その「生命のための場」に向き合うものであった。ここで私たちもバルトークとともに、「昆虫、鳥、毛虫」の働きを忘れないようにしたい。この生成過程には、人間が作るどんな高価な絨毯よりも「労力」がかかっているだろう。すなわち、人間の力の及びえない、「時間の堆積」だけがそれを作り上げることができるからである。この大いなる「時間」に対する畏敬こそが、かれを樹木へ向かわせるのである。そうしてその時間は、たえず生と死が相半ばする持続的な運動を内包するものであった。バルトークが新鮮な驚きをもってその生成過程に立ち会うのを知るとき、私たちはこの畏敬の念の大切さを肝に銘じるべきだろう。こうして、樹木をはじめとするあらゆる物について、かれはその「生と死の主題」を繰りかえし確かめることになる。

しかし、主題のこの反復は、ただの繰りかえしではなかった。それは自然界の連鎖ないし循環の仕組みをなぞるということではなかった。そうではなく、種々様々の物に即して、そのつど一回的にそれは出現し、確認されるものなのであった。そこに「主題」の主題たる所以があった。バルトークにとって、すべて自然なる物は生と死の不可視の運動を包むものであった。そうであるとすれば、生命の実現へ向けて種々の働きを不断に統合している、その物が孕む隠された過程を捉えなければならない。それに目を凝らし耳を澄まさなければならない。そして、そういう感覚的具体的な生成物として、一箇の物が立ち現われなければならない。そうでなければ、自然本来の物と出逢ったことにはならないのである。したがって、かれにとって、物とは隠された過程へ向けて諸々の感覚を促す運動体であり、あるいはその諸感覚の働きの統合そのものであった。

たとえば一本の麦藁が、バルトークにどのような物として現われ、受け容れられるか。「私には麦藁といえば、冬の寒さから動物たちを守るもので、納屋やうまやに重ねてある、暖かいしっとりとした寝床だ。麦藁は蒸れていて生きている。その匂いは活潑で、実際に溢れて快い音に成るんだ。」――麦藁は、暖かくしっとりとして、蒸れていて、匂いをもった、そういう生きたものとして「音に成る」ものであった。これがかれが出逢う物であった。私たちにおける「物」の有り様について註記する必要はないだろう。一つの物が帯びる手ざわりや肌ざわり、その発する匂い、それが次々に促す感覚的な連想、そして、その生き生きとした運動の「音」への結晶。かれが音楽家であることを、ここで思い出す必要があるだろうか。バルトークにとって物とは、このような諸感覚の生成とその統合をへて、眼前の物として確かめられるものであった。

バルトークはしばしば、死に絶えんとする木々に心惹かれた。それを凝っと見つめるとき、かれがそこに大いなる「時間」を感じとり、生と死の主題を確かめ、そして生あるものの「音」を聴きとろうとしていたことは、もはや見紛うべくもないだろう。かれが森のなかで、倒れた木々のあいだを往き来し、丹念に一つ一つ見てまわるその様子は、まるで「弔いをしている光景」(ファセット)であったという。まさにこのような弔いの精神こそが、物に対するバルトークの態度を支えるものであった。物を受け容れるかれ独特の仕方を導くものであった。バルトークが、荒廃させられた土地を目のあたりにして、ほとんど激発的な憤りを露わにしたり、汚れをきれいに洗い去られた刺繡布に接して、その物の「歴史の痕跡」が「清潔のための犠牲」にされたとして深い哀しみを表わした、といったファセットが書きとめるいくつもの挿話は、いずれもこの精神態度から生まれたものであった。
そうして、この「弔いの精神」が、もっとも激情的にそして大きな振幅をもって発揮されるのは、いうまでもなく、「生あるものの根にとっての障害」に対してであり、その破壊をもたらす状況に立ち向かうときであろう。この精神の持ち主にとって、それはどれほど深刻かつ痛切に感じとられる事態であったことか。根の破壊とは、自然の生成過程が含みもつ種々の働きと、それが促す諸感覚の運動が、ばらばらに分断されることにほかなるまい。このようなものとして、バルトークにとって「根」の在り様は、かれが生きる世界そのものを考えるための基礎範疇となった。

バルトークのこの精神は、まっすぐに世界の破壊状況に向かい合い、その惨澹たる事態を見据えつづける。それは、「苦痛」への感受能力となった。そうならざるをえなかった。しかしここでも、その感受力の向かい方、発揮の仕方は独特であった。

地球上はるか遠くの小さな土地が、そのすべての住民とともに全滅するという苦痛は、全世界の滅亡と比べて苦しみにおいて劣るかどうか。少数の人間に限られ、一片の土地に限られているからといって、苛酷さが減ずるかどうか。たった一握りの緑の草に覆われた土地だからといって、曲りくねった巣に深くもぐりこんだ小さな虫だからといって、厳しさが和らぐかどうか。

ここでも「小さな虫」が忘れられていない。小さなもの、無力なものに向かう、注目の集中がここに漲っている。それは、小さな土地の住民たちが、そして一握りの緑草に棲む生物たちが、まさしくその小ささ故に全身に加えられる「苦痛」の大きさと苛酷さに思いをひそめ、感受する力であった。緑に覆われた一片の土地では、人間や虫たちがその本来の場所に根ざして、慎ましい生の過程を反復しているはずであった。そのささやかな状態が破壊されることのもつ最大限の「苦痛」、それがバルトークの世界認識の根本に置かれたのである。すなわち、小さきものに刻みこまれる苛酷さを通して、現代世界の相貌を捉えようとするのである。その苦痛には現代の破壊的要因の全重量がかけられているだろう。そのとき一握りの緑地の潰滅は、「全世界の滅亡」と拮抗しうるものとなるのであった。

バルトークのこのような感受能力を、ファセットは実に的確に「切断されて疼くかれの根の力」と表現している。まさしく、破壊状況に対するバルトークの認識と判断は、自己自身における「根の切断」の様態を執拗に見極めることにもとづいていた。自らのその「苦痛」こそが、かれの認識の力の源泉であった。それは、自分がその小さな土地にいないこと、その苛酷さや厳しさを免れていることの苦痛であり、同時に、その住民や虫たちから切り離されていること、かれらがいない世界で生きてゆかねばならないことの苦痛であった。すなわち、亡命への強制とその不可能とのあいだに宙吊りにされた苦痛であった。

バルトークにおける、この「根の切断の疼き」は、やはり独特であったといわねばなるまい。たとえば、同じ時期にアメリカに亡命していた哲学者アドルノは、次のように書いていた。「私たちが連帯すべき相手は人類の苦悩である。人間の喜びの方にほんの一歩でも歩み寄ることは、苦悩を強める結果にしかならないのだ。」(『ミニマ・モラリア』)この哲学者のその凄みを帯びた命題的な語り口と、その決然とした認識態度は、ほとんど感動的である。この言葉が亡命生活のなかから発せられたことを思えば、その切迫力は恐ろしいほどだ。そこに、かれにおける「根の切断」が深々と貫いていたことは紛れもない。

同じく「切断の疼き」によって貫き通され、「苦悩」の経験を根本に置きながらも、バルトークは「人類の苦悩」そのものを語ることはしなかった。あるいは「全世界の滅亡」を直截に語ることはなかった。かれにとっては、一片の土地の住民と小さな虫たちの苦痛こそが問題なのであった。この小さな存在がかれの「連帯」の相手であった。虫に対する連帯とは、決してこの音楽家における感傷ではない。それがいかに確信にみちた信念としてあったかは、次のような言葉となって現われている。「創世の時に、なにか間違いがあったような気がするんだ。

その時に、私たちと人間より前からこの世にいた生物たちとの間に、埋めようもない間隙を残したのだ。元来私たちは、お互いに同胞としてこの地上の生活を分かちあう筈だった、と私は信じているんだ。」

「人間より前からいたものたち」との連帯。それこそがバルトークの感受能力が向き合おうとする世界であった。ここでもう一度、「昆虫、鳥、毛虫」の存在を忘れないようにしよう。この地上の生活を分かちあい、自然の生成過程に等しく関与しあうべきものたちの「間隙」が拡大し、その小さな結節環が次々に破壊されていく事態。それこそが耐えがたい苦痛なのであった。このように、小さく無力なものへの絶えざる注視と、個別的具体的な場への執着と、人間以前のものとの連帯とに、かれの「苦痛」への感受力は据えられていた。

現代世界の破壊的性格は「生あるものの根」を無惨に引き裂いた。そこに生じる苦悩の経験について、哲学者も音楽家も語らずにいられないような時代が現代であった。事態が語られることを要請し、そのための共苦の感覚を要請していた。自己の内部にこのような要請をたえず生みだすところに、この無惨な時代が辛うじてもちうる逆説的な真理があった。世界の相貌と時代の特質がそこに集約されているとすれば、バルトークは、弱小なものが背負わされる苦痛ないし苦難に眼差しを注ぎつづけることによって、この事態に応答しようとしたのであった。そうであれば、アドルノの「苦痛に発言権を与えたいという欲求こそが、あらゆる真理の条件である」という定言に、おそらくバルトークは心から共感と賛意を表しただろう。

3

バルトークの透明度の高い感受性と一徹な認識の力は、すべてのものの「本来属する場所」の有り様に向けられた。そのことを考えるうえで、本来の場所すなわち「故里」について、亡命者ジャン・アメリーが与えた規定は示唆的である（『罪と罰の彼岸』）。すなわち、故里とは「知ることが認識を促し、認識したものからすみやかに信頼へと導かれる」場所であり、そして「感覚による認識によって成り立っている現実」と結び合う世界である。私たちが自らの生きる現実を、計画図や統計表や数値によって認知し確かめるのではないかぎり（アメリーとともに、私たちは「まだそこまでには至っていない、まだそうではない」と言えるだろうか）、私たちは「見たり、聞いたり、触れたりして世界を知る」のである。諸感覚にもとづく認識をたえず生成し、またそれによって結ばれ確かめられる世界。バルトークにとっても、それが「本来の場所」であった。そうして、アメリーの規定はさらに次の一点で、バルトークとぴったり重なることとなるだろう。すなわち、感覚によって成り立つこのような現実に対するこだわりは「知的な作業へと誘なう、つまり回想とよばれるものである。」まさしく、バルトークにおいて「切断された根」が促す内省の運動は、「回想」という精神的作業を導き出すのである。現実を成り立たせる感覚、あるいは、それを通して回想へと誘なう感覚。バルトークにとってそれは、木々や鳥や虫たちが織りなす自然の絨毯のもつ匂いや、蒸れた麦藁が発する匂いのように、たとえば匂いへの感覚であった。かれは北アメリカの森の空気を吸いこみながら、「これはカルパチア山系か低アルプス地方のような感じだが、匂いはトランシルヴァニアの森のようだ」と語る。そう語るとき、バルトークのもとに一挙にトランシルヴァニアの森がたぐり寄せられる。そこに回想作業が始動するだろう。いや、そう単純化してはなるまい。ファセットが注意深く書くように、「記憶の中の匂いと音」がかれのもとに戻ってきた、というべきだろう。故里の匂いを懐しく想い起こすというのとは全く異なる、それは質感と強度をもった「回想」であった。

かれの「記憶」がもたらす世界とは、たとえばトランシルヴァニアの森の「匂い」を分かちあう人々の暮らしが、その経験と想像力とを刻みこみ、バルトークがそこから「音」を採りだしてきた、その世界であった。かれの「回想」は、一九〇五年以降ハンガリー国境をはるかに越えてつづけられた民謡採集の経験と、それを支えた「民族間の友情」という夢想、「音楽採集家が世界中のあらゆる地域を分担して採集し、それを交換しあうという夢」を繰りかえし喚びもどすのである。バルトークにとって東欧の民衆音楽は、たんにかれが評価し採択した音楽の一形式にとどまるものではなかった。その音楽形式は同時に、かれにとって生きられるべき「世界」の核心をなす形式であり、それと不可分のものであった。記憶のなかの匂いと音は、この在りうべき世界、おそらくは小さな世界のその生活形態を、喚起し現前させるのである。「東欧における民謡研究」と題するバルトークの文章がある。一九四三年にアメリカで発表されたこの短文は、その日付が示すように、ヨーロッパとりわけ東欧をめぐる危機的状況を見据えながら書かれたものであった。それと同時に、苦闘を強いる亡命生活の只中で、繰りかえし「回想」された世界についてのかれの想いを語る文章でもあった。そしてそれは、自己の活動についての要約という形式で書かれた。要約であることによってこの文章は、凝縮と簡潔と断言性とを帯することになっている。そこには、かれの経験の層をなす堆積が圧縮表現されており、修飾を一切排して主題の核心のみが提示され、そして、淡々とした語り口のなかに堅固な意思が表明されている。そのためには、短く言い切らなければならなかったのである。

バルトークは、東欧における「民族の多様さとその絶えまない接触」が、民俗音楽の豊穣な多種多様な形態をもたらしたこと、このような民衆の音楽が含みもつ力を、私たちはいまこそ切実に必要としていることを語る。そして、そのための自らの採集活動であったことを振り返るとき、その経験が、「生涯の最も美しい時」であると同時に、「苦痛にみちた」ものであることを確認せずにいられないのである。

私は、最も美しいという表現を使いましたが、それは言葉の最も気高い意味においてなのです。というのも、民謡収集という仕事を通して、私は、すでに姿を消しつつあるとはいえ未だに統一を保っている一つの社会の、いわば芸術的自己表明といったものの直接的な目撃者になることができたからです。そこで耳にし目にすることのすべては、なんと美しいものでしょう。……それらは忘れることのできない経験ですし、まさに苦痛にみちて忘れがたいものです。というのも、村々のこのような姿が次第に消えていく運命にあることを、私たちは知っているからです。そして、たとえ一度でも滅亡してしまえば、二度と再び復活することはありえませんし、またそれが、他の同じようなもので埋め合わされることもないでしょう。

（『バルトーク音楽論集』）

ここには「姿を消しつつある」（むろん、暴力的に消されつつある、という含意がある）社会と文化の存在がしっかりと確認され、それに対する痛切な哀惜の思いが表明されている。バルトークの弔いの精神は、眼前で死に絶えんとする樹木や虫たちに対してだけでなく、記憶のなかの物事に向かっても同様の、いや一層の強度をもって貫かれるものであった。どこにあっても、かれは哀悼すべき物事の「目撃者」なのであった。言いかえれば、かれの弔いの感覚は、私たちが何を「目撃」すべきであるかをたえず示唆するのである。この哀悼の感覚がここで、最も気高い意味において美しい、という言葉に圧縮されている。その言葉は、ほとんど悲痛な響きを帯びている。

しかし同時に、この事態に抗おうとするバルトークの精神が、それを「苦痛」なものとする。そして、この生活形態が一度消滅してしまえば、「復活することはありえない」と言い切らせるのである。ここに、低いけれども確かな声が発せられている。「雑音で充満した世界の片隅でささやく」ようなこの声は、私たちが聴きとるべき声である。弱小なものが被る苦痛に対するかれの共苦能力は、自らが訪れた東欧の「村々の姿」の一つ一つを鮮明に想い起こさせたであろう。そこで「耳にし目にしたこと」が深い共感に裏打ちされて、なまなましい感触をもってかれのもとに立ち戻ってきたであろう。計画図や統計表によってはついに得られない生き生きとした現実が、このような感覚によって成り立つ世界を基礎づけるのである。だからこそ、それが消滅することは「忘れることのできない経験」として刻まれるのである。それは経験として、馴致され干からびることのない運動として生きつづける。バルトークの「回想」は、こうして、甘美な懐旧の情などとはほとんど正反対の、まさに「苦痛にみちて忘れがたいもの」となるのであった。

バルトークの回想世界を形づくる、東欧の民衆音楽に対する認識とそれにもとづく活動を、政治的な文脈において理解しようとする指摘がある。たとえば第一次大戦の間もつづけられた民謡採集について、それは次のように言う。「戦時中にバルトークが、スロヴァキアとルーマニアの音楽に対してとりわけ注意を向けたのは、帝国への愛国心が最高潮に達するなかで無視されていた少数民族に発言権を与え、ルーマニアの作品の場合には、この戦いで敵側に立っていたブカレストの政府の下にある国民との途切れない連帯を表明するためであった。」（ポール・グリフィス『バルトーク』）むろん少数民族に対するかれなりの判断はあったにしても、バルトークの態度は、このような政治的な連帯表明に尽きるものではなかった。「連帯」の相手はそのような単一次元で択ばれることはなかったし、少数者の「苦痛に発言権を与えたいという欲求」は戦時に限らずかれに一貫していた。そして、ブカレスト政府下の国民、すなわちトランシルヴァニアに対する際立った愛着は、一切の政治的思惑を越えて深いものであった。それは、その小さな土地が担う慎ましい生活形態とその豊かな表現形式とに対する共感であり、その村々で耳にし目にした「美しいもの」に対する愛着であった。

民俗音楽がもつ意義に対する、またそれによって自己を表現する社会に対する、このような共鳴と哀悼の意思表示が、この時代において或る政治性を帯びざるをえないことを、バルトークはむろん知らないわけではない。たとえば、一九四二年にアメリカで、四四年に改めてイギリスで発表された「音楽における種の純潔性」という文章は、すでに表題それ自体につよい政治的メッセージが込められていた。そこでもかれは、東ヨーロッパ諸地域における、国境を越えた自在な往来と接触と交換とがもたらす「異種交配」について確認している。それこそが、あるべき文化、いや、暴力的に破壊されなければ現にあった文化の形態である。したがって、民俗音楽に含まれる「種の不純性は、決定的な恵みをもたらすものである」というのが、かれの結論であった。政治が「純潔」の名のもとに社会関係を一元的ないし画一的に支配し尽くそうとするとき、それに対して、どこまでも「不純」なる文化をもって対抗しようとするのである。それ故にまた、文化の名のもとに特殊にして包括的な別種の一元性を主張するような排他的態度は、異種交配をもって拒否されなければならないのである。「純潔」イデオロギーが戯画的に（しかし恐ろしい戯画である）象徴するように、二十世紀の時代経験は、文化が文化でありえなくなる状況を次々と生みだしていったことにある。多様にして不純であることが生きた文化の条件であるなら、私たちの文化はその存立の臨界点にあるだろう。「文化」のあらゆる一元化に抵抗し、それを保持しつづけること、それがバルトークの「政治的」態度であった。

バルトークが発した声は低く、そのメッセージは慎ましかったけれども、決して孤立していたのではなかった。かれの認識は、たとえば一九四〇年に次のような一文を発表することができた人物に、おそらく最良の知己を見出すものであっただろう（前に引いた、「雑音で充満した世界の片隅でささやく」と言ったのは、実はこの人物であった）。

ある文化が本当に国民的であるなら、それは時いたれば、国民を越えたものとなり、人類全般の利益に寄与することができる。それは与えあい受けとりあう。そうしたいと願うのである。その文化は、気前のよさと謙虚さとを持ち、政治的および地理的な境界に制限されず、種の純潔について悩んだり生存を思い煩うこともなく、現在に生き創造意欲に支えられて、およそ人間がいるところならどこへでも拡がっていくのである。

（E・M・フォースター「文化と自由」）

ここで留意すべきは、註釈を要しないほど明快なこの意見が、姿を消しつつある社会と文化に対するバルトークの哀悼に応じるように、文化を「手渡す」（"passing on"）かどうかが現代の問題であるとして、「私自身時代遅れの人間なので、私は時代遅れのものを好むし、喜んでそれらとともに消えていこうと思う。もはや必要とはされない生活様式の相続人としてである」と書きしるす意思によって支えられていたことである。追悼の精神とともに、ここに「時代」に対する抗議の意思が、いわば焦点深度の深さをもって「ささやく」ように、しかしはっきりと表明されているのを、聴きとらないわけにはいかない。この「相続人」は、消滅させられつつある生活様式と、政治的地理的な境界を越えた文化とを分かちあう、バルトークの世界の共同住人であろう。
このバルトークたちの世界が根柢から破壊されようとしていた。文化を「与えあい受けとりあう」世界ではなく、一方的な収奪が支配し、境界線を政治的に制限し固定する世界が全体化していた。ほかならぬ「トランシルヴァニアの森」がいまや潰滅しつつあった。しかも、かれの同国人たちによってそれは踏みにじられたのである。ルーマニアの側からの次のような「証言」がある。

カルパチア山脈の向うに生まれた兄《けい》は、ハンガリーの憲兵がどんなものであったか知りますまいし、また、トランシルヴァニアでの、私の幼年時代の恐怖をも理解できはしますまい。遠くからハンガリー憲兵の姿をみとめると、私はパニックにおそわれて逃げだしたものでした。かれこそは異国人であり、かれこそは敵であったのです。
(E・M・シオラン『歴史とユートピア』)

バルトークが友情と異種交配を見出したその場所は、異国人と敵という存在形態が占有する場となり、住民たちが森の匂いを分かちあった世界は、恐怖が覆いつくしパニックが溢れる世界と化していた。「文化」は政治に占拠された。それによっていわば断種され、勢力関係という単一次元に回収されようとしているのである。バルトーク的な意味における文化、異種交配をこそ核とし芯とする文化は息絶えようとしていた。「喜んでそれらとともに消えていこう」と、フォースターは静かに抗議した。相続すべきものの形式を、わが身に引き受け刻みこむためにである。バルトークは、その匂いと音を記憶のなかに封じこめた。その蘇生を希求し試みるためにである。それはいずれも、死に絶えようとするものに対する最大限度の敬意であり、その消滅に対する弔意であり、その強度それ自体が、それをもたらす破壊的世界に対する反対意思の表明であった。バルトークの「回想」が、たえず「苦痛にみちた」ものとならざるをえないのは、そして同時に、決して「忘れることができない」のは、このためであった。

4

晩年のバルトークが身を置いた文化の崩壊とは、一方で、物事の「持続性」を稀薄にし剥奪し、その無意味化を加速するような新たな文化形態の蔓延と、他方、この地上に「地獄」を次々と作り出し、その全体化を常態とするような「文化果てた後《ポスト・カルチャー》」（G・スタイナー）の状態とのあいだに挟み撃ちされ、宙吊りにされたということであった。そして少なくとも、「文化」のこの二つの状態は、それぞれ消費による忘却と破壊による抹殺を通じて、物事を「記憶する」という人間活動に敵対的である一点においては共通していた。

　これに対して、そのいずれにも組みこまれることを拒否し、見たり聴いたり触ったり嗅いだりすることによって成り立つ世界、そのような事物をめぐる共感覚的な世界を精一杯持ちつづけること、その世界を回想作業を通してたえず現前させることが、かれがその状態に耐えて生きることであった。文化崩壊にさらされた一身を賭して、それを不在の経験として受けとめたと言ってもよい。すなわち、不在というもう一つの存在の仕方における文化の行方こそが、残された可能性の場所であった。そうであるとすれば、バルトークの「回想」とは、ベンヤミン＝アドルノ的回想についての評言を借りれば、「追憶（Gedächtnis）というもののもつ、つまり想起する主観につねに先立つ客観についての敬虔な回想というもののもつ救済の力」（マーティン・ジェイ）を信じるものであったといえる。かれにとって回想は、ばらばらに失われたものを再統合する（re-member）ためではなく、むしろ、それを失わしめた世界の構成員《メンバー》であることから救出するために、その記憶を異物のごとく堅持する生き方なのであった。そして、このように深い動機づけによって支えられることがなければ、「記憶」は生きた精神活動たりえないであろう。

　バルトークは、生活の基礎を根こそぎされた状態、つまり故国からの離脱と母語の喪失による文化的切断を積極的に受け容れる「エグザイル」では決してなかったが、しかしまた、伝統的な文化の「根」の特殊性と独自性を絶対化するような、切り縮められた「文化主義」者でもありえなかった。かれが生きるべき多様にして「不純」な文化は、そのような自閉的文化とは質的に異なるものであった。そうであるとするなら、かれが生きる時代は、このような「文化」を本気で生きようとする者に対して最大限の圧力を加える時代である。その存在が小さく無力であればあるほど苦悩を加重する時代である。そういう時代である現代において、この世界の浮浪性に襲われた人間たちは、故里を失うことによって却って文化の「特殊性」にしがみつき、その排他性を増幅せざるをえなくなっている。文化が共通の「故里」として救い出されることができなければ、それはますます脱ぎすてられることが望ましい制服あるいは拘束衣として作用しつづけるだろう。現代世界の浮浪性と拘束性とは同時加速されるのである。バルトークはこの時代状況に、その細身の体と繊細きわまる感受性とをもって立ち向かった。こうして晩年のかれの、「反文化」と「無文化」に刺し貫かれた生活は、まさに惨澹たるものとなった。

その「怖るべき状態《テリブル》」のもとで窮迫したバルトークが、その一身を賭した経験において到達した地点はどのようなものであったのか。すなわち、その亡命の「不毛性」を代償として獲得したものは何であったのか。一枚の「文化地図」であった、といえよう。最晩年のかれが倦まず語りつづけ描きつづけたその地図は、むろん私たちを驚かすような目新しいものではない。

そもそもバルトークは目新しいものなどに関心はなかった。かれが繰りかえし描きつづけた「地図」、ファセットが書きとめてくれた言葉が形づくる地図は、バルトークが窮死するまで抱きつづけた夢であり、そして私たちへの遺言となった。(註)

地図上で後退したり前進したりして変わる国境線が、新しいものであろうと古いものであろうと、夏には緑に冬には白い、あの広い土地に花粉や種子を楽々と運びつづけ、何世紀にもわたって歌を送りつづけている、風に対する防禦柵をうちたてることはできないのだ。こういう関係は、私たちが国境の定める内側に住みつく前からはじまっていたにちがいない。たしかに私たちは幾度も幾度もお互いに往き来したんだ。そして波もなく水もない乾いた地の床で邂逅したのだ。

人為的な国境線を越える、「花粉」と「歌」の分布圏であるような在りうべき空間と、そこでの異質なものの往来と出逢い。——すなわち、越境性と異種交配。これがバルトークが、北アメリカの森の静寂のなかで、そしてニューヨークの喧騒のなかで、その不在に耐えながら、しかし決して手放すことのなかった「文化」地図であり、それに描いた地形であった。眼前の政治的な地図の下に、バルトークは、何世紀にもわたって吹きわたる風のような自然の生成過程と大いなる時間の堆積とが形づくる「隠された地図」に目を凝らす、あるいは耳を澄ますのである。そうして現代から救い出した「記憶」を在るべき地図に描きこんだのである。すなわち、現実の地図の表面を崩壊と忘却とが占拠し、残骸と屍臭とが覆いつくそうとするとき、かれの地図はその進行する矢印の向きを逆転させて、生成と記憶とが作動し、匂いと音が結晶する世界を思い描くのである。屍臭さらに消臭からの「匂い」の奪還と、形骸からの「生きたものの音」の蘇生。この逆転こそがかれの「夢想」であった。こうして、生き生きとした感受能力にもとづく回想する力（それは救済に向かう力であった）が、政治的な境界と地形とを乗り越えうることを、バルトークは最期まで示しつづけた。現代という時代を誠実に生きようとして、宙吊りされ引き裂かれて、ほとんど「難民」のごとく尾羽打ち枯らしたこの亡命者が、その状況のなかから私たちに手渡そうとした「記憶」とはそういうものであった。

（註）　一九八八年夏から秋の新聞記事は、バルトークの「民族間の友情という夢想」が依然として夢でありつづけていることを伝えている。しかもその悲劇的舞台の一つは、ほかならぬトランシルヴァニアである。「ハンガリーとルーマニアの対立が深まっている。ルーマニア領内に住む約二百万のハンガリー系住民に対する扱いが原因で……ルーマニアのチ

ヤウシェスク大統領は、旧来の村をつぶして、住民を地域の拠点に集中させる「農、工業センター」構想を推進。」「ハンガリーにとってこの計画がショックなのは、民族の歴史に深く根差した現ルーマニア領トランシルバニアの農民らが、村ごと伝統的な生活様式の基盤を奪われることだ。」(一九八八年七月八日付、朝日新聞)さらに、「一年前から、ハンガリー系の名前が禁止された。教育、就職で差別がある。そのうえ、古来の村々をブルドーザーでつぶして統合開発する政策が始まった。第一次大戦までハンガリー領だったトランシルバニア地方を中心に、千年にわたるハンガリー系の文化と生活が根絶やしにされようとしている」として、「ルーマニアから同じ社会主義国ハンガリーへの「難民」流入が増えている」ことを伝えている(十一月十一日付、同紙)。こうして、文化と生活の「根絶やし」と住民の「難民」化は、私たちの前にますます避けがたい課題としてある。

(付記) もとの文章にあった註はすべて削除するつもりでいたが、この「註」のみ残すことにした。その理由は二つある。一つは、本稿の執筆時(一九八八年秋)に、翌年以降の東欧諸国の変革・解体にはじまる世界史的な変動を全く予想しえていない、という自らの不明を記録しておくためである。トランシルヴァニアを一震源地とするルーマニアの変革が、独裁体制を倒してテレビカメラの前で勝利宣言をする人々の顔を映しだし、註にも登場しているチャウシェスクの「処刑」された姿をブラウン管をつうじて見せることになるのは、まさに一年後のことであった。その変化の速さは、私の予想をはるかに越えていた。

もう一つは、このような東欧・ソ連の変革・解体以後の状況が、「民族間の友情」とは反対の様相をもって現われていることを再確認しておくためである。独裁からの「解放」後のルーマニアにおいても、ハンガリー系住民との流血をともなう衝突が断続的に伝えられている。その限りで、変化の中身は私の予想能力を越えるものではなかった。それは死活にかかわる緊急課題として「友情」の可能性を提起しつづけている。それほどに、旧ユーゴスラヴィアの戦争状態に至るこの五年間は、民族主義という名の妖怪が世界を席捲し、エスニックなものを含む文化と社会を破壊しつづけている。

事態の深刻さは、たとえば「越境」概念をも侵蝕しはじめている。越境は「自由」への助走を保証せず、境界は「避難」の場所ではなくなりつつあるのだ。最近の新聞記事は、それを悲惨な光景とともに伝えている。たとえば、「アブハジア自治共和国の首都スフミが九月末、グルジアから独立を目指すアブハジア軍の攻撃によって陥落して以来、山越えで脱出を図るグルジア人難民の数が急増している。……大多数の難民は、アブハジアとグルジアの境の山中や、小さな山村で孤立している。」と、雪が積もりはじめた険しいカフカス山中に「約六万人の難民が寒さに耐えながら救出を待っている」様子を報じている

（一九九三年十月二十六日付、朝日新聞夕刊）。

私たちはもはや、辺境や境界という場について、また移動や放浪という行為について、無自覚に「自由」と結びつけて語るわけにはいかないのだ。避難場所なき難民。世界はその余白を切りつめつづけている。したがって不幸なことに、五年前の註を反復して、生活の根絶やしと難民化状況の一層の進行を確認するとともに、その孤立化と自閉化への地滑り的な傾斜について書きとめておかねばならないのである。

落下する世界

人間の社会と精神の「落下」には、物体のそれに伴うような抵抗はないのだろうか。少なくとも落下する物体には空気抵抗がある。それが帯びる摩擦はその物の存在を浮き彫りにし、その特性を露わにするだろう。それは少なくとも落下運動の公式に修正をもたらすだけの物性をしるしづける。このような落体としての自己意識を、人間の社会と精神はいかにして手に入れればよいのだろうか。というのも、私たちが入りこんでしまったこの世界の状態は、落下則の支配する運動によって貫かれているのではないか、という思いに捉えられるからである。そこには物体におけるごとき「抵抗」がないようにみえる。あるいは極めて稀薄にみえる。そうでなければ、私たちの社会は落体としての摩擦の呻きをあげてしかるべきではないか。

この落下状態には「恐怖」感が伴わないということなのだ。いや、むしろ事態は逆なのだろう。この状態に身を委ねることが恐怖からの保護をもたらすだろう。少なくともそう信じられている。そこでは落下軌道からの逸脱や混線こそが恐怖なのであり、そこに生じるはずの抵抗や摩擦は周到にあるいはほとんど自動的に排除されねばならないのだ。こういう存在形態に塗りこめられた私たちを覚醒させうる事態として、かつて「経済恐慌と事故の恐怖」が注目されたことがあった。確かに自動運行のごとく営まれる社会生活の軌道上においては、覚醒への意識的努力のみを当てにするわけにはいかない。しかし、いまやそれらも刻々と「イメージ」の世界に送りこまれ組みいれられて、恐怖が担う衝撃力と覚醒力とを持たなくなりつつあるのではないか。「恐怖」はたとえばコンピューターの過剰反応と数字の自己増殖として出現し、「事故」は幾重にもイメージの被膜によって遮蔽され、あるいは各種の「保険」によって保護されてほとんど記号的物件として立ち現われてしまう。いずれも当事者を当事者として成立させないのである。

このようなイメージ世界の支配が強まれば強まるほど、それに当事者たる身柄を「質入れ」するという倒錯と、その世界のさらなる強化肥大という悪循環を生みつづけるだろう。そこでは恐怖に対する感受力はいよいよ衰弱し、そこに登場する恐怖の社会的イコンはむしろ想像力を縮小し停止させるものとして作用する。つまり全員が安んじて喋々できる「恐怖」像として迎え入れられるのである。イメージ世界がこのように「リアリティ」を僭称するとすれば、私たちに必要な精神的作業は、そのようなリアリティを装わないものへと向かうことにあるだろう。

おちながらわれわれは庭をつくり
おちながら子供をそだて
おちながら古典をよみ
おちながら形容詞を消し

（ルジェーヴィッチ「おちる」）

このポーランドの詩人が書きつけた一節は、私たちの現実そのものではないか。それがリアリティの稀薄なものとして現われるとすれば、それこそ私たちの「現実」が全面かつ微細にわたって「おちながら」に繋留されているためではないか。あるいは、それにもかかわらず「おちながら」を隠蔽しているためではないか。そうであるなら、ここには一つの転倒が生じうる。すなわち、私たちの内にこの落下状態を「上昇」のそれと取り違えるということがあるのではないか。それがイメージへの自発的な質入れのいわば代価である。私たちは落ちながら、庭を作ったり子供を育てたりすることに生活の「上昇」を思い、古典を読んだり形容詞を消したりすることに「向上」を考えているのではなかろうか。そのすべてが、落ちながらなされているのではないか。そこには、位置の移動や変化も起こり、まさしく運動が行われてはいるけれども、存在の方向がすべて反対なのである。逆さまなのである。この倒立した世界のなかでは、上昇や向上のための努力が落下の加速化をもたらすという事態すら生じるだろう。上昇として表われる失墜あるいは堕落。私たちがまず抜きとるべく努めなければならないのは、この虚偽意識ではなかろうか。

かつて百年前の哲学者は、「いま始まろうとしている崩壊・破壊・没落・顛覆のこの長期に及ぶ豊富な連続」の予感を書きつけた。それは、かれが登場させた狂人の「おれたちは無限の虚無のなかを迷っていくのではないか？　むなしい虚空がわれわれに息を吹きかけているのではないか？」という独白の世界へ、かれ自身が突き進んでいくという代償のもとに摑みとられた事態であった。自分をとりまく虚無にみちた落下世界を「豊富な連続」へと変換しようとする力技であった。これに対して現代の私たちは、世界の崩落と終末の漠然たる予感や懸念を、格別のコストを支払うこともなく手にしているようにみえる。その無方向で曖昧な転倒は、私たちにおけるこの漠然さに見合ったものである。したがって哲学者がそこから出立し全身を曝した「無限の虚無」が、ここには決定的に欠けている。「無限」は追放または失念され、「虚無」は変形され或いは梱包されている。それを回避すべく、私たちの社会と精神の機構は編制されているのである。

私たちの「世界像」は、百年前の哲学者のそれと異なるだけではない。四十数年前の「生きよ堕ちよ」の呼びかけとも違っている。その呼びかけが含んでいた明るさも、それを貫いていた「堕ちる道を堕ちきることによって、自分自身を発見し、救わなければならない」という決意にみちた信念をもそれは欠いている。つまり素寒貧の確信を欠いているのである。ここでも私たちの事態は逆さまである。現在の社会と精神を貫通している落下運動は、まさに私たちが素寒貧とは正反対の状態にある故に作動しているのであり、その状態からたえず運動エネルギーを充塡されているものなのである。この「運動」は、焼け野原や屋根裏部屋のような零地点から出発するものではなく、「上と下」が不鮮明な成り上がった状態に棲みついているのである。そうであるとすれば、この落下運動は自分自身の発見ではなく喪失を導出し、その救済ではなく崩壊を加速するものとなるだろう。いや、この落下軌道の上では「自分自身」はもはや問題にならないのだ。人間たちをその基礎に到達させる「落下」ではありえないのである。

したがって、この落下運動は「没落」とは自覚されない。紛れもなく没落しつつあるにもかかわらず、それとして捉えられないとき、おそらくそれは最低限の堕落となるだろう。没落の時代が、既存の制度化された価値体系の表皮を剝ぎとり、それぞれの事物が含有する意味を溢れ出させ、物事を諸要素に分解して新たな配列を促すことによって、崩壊を通じて豊かな意味世界を産出しうることを、私たちは歴史の経験から学び知っている。古今の傑作のいくつかを思い浮かべてみるだけで充分だろう。没落が含むそのような解体や剝離や分解の諸要素に注意深くあること、つまり没落がそれとして深く生きぬかれるとき、「破れつつある一時代の富は大きい」(E・ブロッホ)と言うことができるだろう。私たちの現在の「落下」状態はそうはなっていない。零落を零落たらしめず、分解が分解たりえず、時代の「破れ」がたえず先送りされるとき、没落期の富は隠蔽されたまま相続されることができないのである。

この隠蔽と欺瞞に対して、自分が生きる時代と社会の「破れ」そのものを全身に浴び、それに身を投じる人たちがいる。身を投じることによって、そのことによって破れ目を切開する人たちがいる。高層建築物の屋上から一身を投げ出す人のように。わが身を虚空に投げ出したとき、彼あるいは彼女は落下軌道を下降していくだけのもの、すなわち落体となる。この落下物はあらゆるイメージを振りはらいその被膜を破りつつ、落体として空気抵抗を受けながらひたすら落ちてゆく。この落下状態そのものから、どのような意味を抽き出そうとしてももはや無駄だろう。それは一瞬小さくしかし深い破れ目を指さすだけである。そうして落下物は地面に叩きつけられて砕け散る。地面との衝突によって歪んだ変わり果てた姿のみが、そこに投げだされてある。その変わり果てた姿が、そのことにおいて私たちの眼を射るということがある。私たちの生の「相貌なき形」のその相貌を捉えようとする思いがそこにはあるだろう。変わり果てた形姿においてはじめて認めうることが確かにあるのだ。私たちはまた、落下物が地面と衝突するその衝撃に思いをひそめる。その衝撃音に耳を澄まし残響を聴きとろうとする。落下の軌跡を集約しきったその確かな音が、私たちの倒立世界を残響で充たし、その輪郭を浮き彫りする瞬間を摑まえようとするのである。

しかし、いっそう私たちの耳目を打つのは、落下の果てに地面に叩きつけられることなく大地に突き刺さったままの「遺体」ではないか。粉々に砕けることも衝撃音すら発することもなく、それこそ都会の真ん中で一週間以上も放置されるように、ひっそりと埋もれるこの落体は、突き刺さった地表の僅かなへこみ以外には落下運動を辿ってきた痕跡をとどめていない。落下状態を生きぬいてきた素振りさえ見せず、物理的過程を通過してきただけのようなこの物の姿は、一つの想念を誘う。自らを落下する物体と化し、加速する軌道に全身を委ね、悲鳴をも呑みこみ、距離を限りなく短縮していく彼あるいは彼女の形姿は、私たちの生きる世界の正確な写しなのではないか。すなわち、一本の矢印としての落下者。奇妙な言い方をすれば、この「落体」はそうであることによっていわば物質性を獲得しているのである。私たちと同様「うつろな人々」の一員にほかならない彼あるいは彼女は、文字通り落下物への一蹴りによって、私たちを貫く空洞を物質化したのである。否定性の形象そのものとして横たわっているのだ。

そして砕け散ることもできず静止したままのこの落体は、私たちを貫通する運動の有り様を可視的な姿において示しているのではないか。落下者を突き刺した地面は、落下運動を中断させただけであって、その静止体はさらなる落下を指し示しているのではないか。つまり大地に刺さったままの落下者はどこまでも落下途中の者なのではないか。衝突した落下物を粉々に打ち砕く大地はもはや、そこにはない。私たちの落下運動はそれを持たない。いや、私たちの落下それ自体がそのような大地を失わせたのではないのか。そうであるとするなら、中断された落下者は、どこへ向かって落ちようとしたのだろうか。

終着点なき落下の世界。これが私たちが入りこんでしまった世界の状態なのではないか。この落下には落ちゆく先、つまり「根底」あるいは「どん底」がないのではなかろうか。着地すべき底なしの事態なのではないか。そこでは、落下運動がそれ自体として現われることなく、すべてが落下途中のものであるほかないだろう。したがってそれは、中断されることによる以外にその存在を露わにすることがない、そういう運動なのである。形骸のもつ安定性とでもいうべきものによって覆われた世界のなかの、それによって馴致された「運動」のそれが特性なのだとすれば、私たちは地表の僅かなへこみや小さな痕跡にこそ注目しなければなるまい。そうして、私たちが「立脚」する足場そのものについて思いをめぐらすことが、不可欠にして不可避の作業となるはずだろう。

落ちながら庭を作ったり古典を読んだりする私たちの光景を描いた詩人は、その詩を「むかしはおちて／あがったもの／垂直に／いまでは／おちる／水平に」と結んだ。根底をもつ世界では、どん底への零落や失墜はそれを徹底することにおいて、上昇志向の連中を「見返し」、価値の逆転をなしとげることができた。どん底にしっかりと立つことによって垂直軸を転倒させることができた。それを想うことができた。少なくとも窮死せるものにも「昇天」が用意されていた。そのような根底が失われた世界では、私たちは横すべりにずり落ちていくほかないだろう。落下をたえず落下たりえないものとするこの状態において、どうすればよいのか。詩人は呟くように「新しい底を」と書く。きちんと落下させなければならないということであろう。あるいは「終わりの始まり」をつくりださなければならないということだろう。それにしても、落ちながらその落ちゆく底をつくるなどということができるのだろうか。自分の髪の毛を摑んで自分を引き上げるという法螺吹き男爵に類する、それは「離れ技」ではないか。それを敢えて行おうとするのはまさに烏滸の所行ではないか。

しかし振り返って考えれば、この世紀の種々様々の知的実践は、落下を上昇と取り違えるような虚偽に侵蝕された自明性の世界を打破するための、ほとんど烏滸の企てそのものだったのではなかろうか。あるいは、そういうものたらんとする懸命の試みだったのではないか。逆転や転倒を特技とする「道化的知性」の再生と導入はいうまでもなく、錯覚や夢の諸要素を覚醒のために動員するのも、幻想や官能性や放心状態に対する眼差しに過大なほどの期待がこめられるのも、それに動機づけられた試みにほかなるまい。そうであるとすれば、リアルならざる「現実」と向かいあうために、そして現在地を確かめなおすために、私たちはその企ての一つ一つを想い起こすとともに、いわば振り出しに戻って考えねばなるまい。一歩でも「出直す」

ために全力を振りしぼることが大切なのだ。

「在らざるものの器具」としての精神（ヴァレリー）。このようなものとしての精神が被った創傷とその危機についての自覚、否応なき自覚からこの世紀は出立した。そのことを忘れないでおきたい。そこでヴァレリーは、「重量とは反対の方向に動く一つの奇妙な天秤」を思い描き、この「逆説的な心像《イマージュ》」こそが精神の最も実際的な表象であることを確認する。そうであるとすれば、私たちに要請される離れ技が、いわば「在らざるもの」を目指すことであり、そのために「重量とは反対の方向に動く」ことであるならば、この土壇場において改めて試されているのは、「精神」の用い方であり、その方角であり、何よりもその存否であるだろう。落ちながら考えるべきは、このことである。

「残像」文化

物との結びつきを根本的に変質させ、社会との結びつきを根柢的に変化させせつつある私たちにとって、そこでの出来事の生成と着床のあり方は、経験におけるそれとは正反対である。正反対であるような変質であり、変化なのである。その「結びつき」が含んでいた物事のあらゆる局面は、時間とともに結晶するのではなく、反対に一つ一つその輪郭と形状と特性とを曖昧にし消失していく。それはくっきりと刻まれ印づけられるということがない。この限りで現代の私たちを貫く「自然過程」は、見かけのどのような装いにもかかわらず、衰弱であり減退である。私たちが何を失くし何を忘れ去ったのかさえ判然としない「忘却の忘却」は、その端的な現われにほかならない。

ささやかでも全力を振りしぼってこの時代的傾性に抵抗しようとするなら、少なくとも私たちには、喪失したものに対する鎮魂と消滅しつつあるものに対する敬意とを含むような認識が欠かせないだろう。失われて過去に深く埋もれたままの物事に、それが待ちうけているであろう新たな眼差しを注ぎ、現に消滅しつつある物事には、それが充分にかけがえのない「働き」をなしとげたのかを見届けねばならない。事物一つ一つの身の上に投じられる鎮魂的認識と物質的想像力とが、私たちには肝要なのである。そうして事物の伝記を形づくる、その物事の来し方と行く末とを貫く運動に対して注意深くなければならない。

かつてホッブズは、その感覚の解剖学において、物事の中断された運動や消失ないし除去された対象が、そのあとに残す感覚的映像のせめぎあいについて考え、それを「衰えゆく感覚」(decaying sense) として把えた。人間が目にした事物の印象や耳にした物音の行方に注意を向けて、それが消滅したり遠ざけられたあとに、衰退しながら「なおも残る」感覚的な経験を力学的な運動として捉えようとしたのである。それを借りて言えば、私たちの経験世界は、激烈な「衰えゆく感覚」運動のなかにあるのではないか。いわば感覚は定着すべき基礎をもたず、ただちに映像化の過程に移行してしまうのではないか。感覚の対象との結びつきが弱ければ弱いほど、その衰退の過程は加速され、交替のサイクルは短縮されるだろう。物事との交渉が稀薄であれば、ホッブズが言うように、私たちの感覚映像は「日中の騒音における人の声」程度にしか刻印されないからである。

「衰えゆく感覚」の与件そのものがすさまじいことは言うまでもないだろう。たとえば「人間について大地は万巻の書より多くを教える。大地が人間に抵抗するがゆえに。」(サン＝テグジユペリ）という生の基盤としての大地自体がいまや決定的な変貌をとげつつある。地表を隈なく覆おうとする開発の全精力は、「抵抗」すなわち自然が帯びる「不快さ」の除去に集中しているようにみえる。削られ均らされ整えられた土地という名の物件は、種々様々の抵抗を孕んだ大地の形姿そのものを「衰えゆく」ものとするだろう。曲がりくねり凹凸があり障害物を含むからこそ大地なのだとすれば、その映像を後退させ衰弱させて、直線や平面という幾何学的図形の印象が取って代わるのである。こうして私たちの「内面」は幾何学化されていくのだ。しかも、万巻の書にまさるという「抵抗」を排除する一方で、ますます学習と教育に熱をあげている。どこで何を学ぼうというのだろうか。

　そうであるなら、私たちは、消滅して「もはやない」ものと生成の「まだない」ものとの関連について語るよりも、いや語るまえに、むしろ「もはやない」と「まだなお」とのそれに注目すべきではないか。私たちにとって「もはやない」は、「まだない」を対項として予想することができるのだろうか。あるいは不可欠の契機としてそれと切り結ぶことがないのではないか。つまり、「もはやない」はそれとして成立しえず、したがって「まだない」を着床させることができずに、いわば繰りかえし流産してしまうのではないか。そうであるとすれば、むしろ「もはやない」を成り立たしめ、忘却の忘却からそれを救い出すためにも、私たちは「まだなお」に対してこそ注意深くなければならないだろう。ここで「まだなお」とは、ホッブズの

「なおも残る」映像すなわち残像である。少なくとも「もはやない」ものの危機的事態からすれば、それは残像であるほかないだろう。私たちが身を置いているのは、そのような「残像」文化なのではないか。

失われたものは、それが私たちの生活に深く根ざしていればいるだけ、その濃い影を残す。それは、新しく発生した生活様式や習慣の内に、その痕跡や形跡をとどめることもあろう。あるいは文字通りの残像として、新しい事物の周辺に暈のように記憶されることもあるだろう。そして或るものが失われるとき、それが破棄や切除によるにせよ老朽や風化によるにせよ、それが消滅していく過程は確かに「絵になる」光景にちがいない。つまり私たちの内に、失われた物事に向かう強い衝動を促すだろう。それをめぐる幻想をもたらし強めるだろう。いわば神経「衰弱」がむしろ過敏な昂揚した感情を刺戟するように、「もはやない」物事は、その「まだなお」の像を刺戟し際立たせるのである。この衝動が辿る行程は、しかし現実には陥穽にみちた困難なものだろう。

世界の残像、いや残像としての世界を手にしたいという欲求、それをしっかりと刻みつけたいという情熱を、私たちはたとえば一枚の紙切れに文字通り「現像」し焼き付けようとする。それは、取り戻すことはできないけれども確かにあった世界を見届けようという思いに促されているといえよう。しかし、この実在と不在の境界面を占有しようとする紙切れは、同時に、私たちを残像そのものから遠ざけてしまうものともなる。焼き付けられた「残像」の遍在とその加工は、その「像」のもつ影をすら剝奪してしまいかねないのである。こうして、その情熱は消えゆく世界への眼差しを促す一方で、その視覚をいわば貫通力が弱く投射距離の短いものへと裁ちなおしてしまうのである。

或る残像が人々をひきつけ動かすとすれば、その力を物質化しさらに商品化するということが生じる。そのもともとの発生の場所も脈絡も忘却ないしは無視されて、人をひきつけ動かす「力」だけが取り出される。この使い捨て社会は、物をまたたく間に残像化するだけでなく、その残像をも使い捨てにしようとするのである。既存の時代的社会的な経験の一端を担いながら消えようとするものへの真っ当な関心は、こうして変形され加工され、新たな装いのもとに送り返されてくる。一定の方向への心性の誘致から、疲弊した感覚のための慰藉にいたるまで、残像の効力の様々な「使用」がそこに見られるだろう。しかし、問題はこれにとどまらない。

残像とは次第に衰えていく感覚的形姿である。改めてそれを確認し、辿りなおさなければならないのが、残像の現在の状態いや容態である。私たちにとって根本的な事態は、物事の消失が「絵になる過程」ではなくなりつつあるということ、すなわち「衰えゆく」過程自体が危機に瀕しているということである。現代の物事を刺し貫く消滅力はそれほど破壊的なのである。

それは消滅過程を忘れさせ、それをもっぱら止めどない産出と付加の過程として出現させているのである。そうだとすれば、残像の棲息さえ危ういだろう。私たちの「衰えゆく感覚」を支える時間的基礎はどうなっているのだろうか。

私たちに「かつて在りしもの」の残像を、その時間を凝結したまま差し出すのは、廃墟である。それが人をひきつけるとすれば、気の遠くなるような取り戻すことができない時間を抱えこんだまま、しかも現前しているからにほかなるまい。現代の私たちにおける「廃墟」はどのようなものとしてありうるのだろうか。それは決して「古典的な」それのように、時間の堆積と風化の過程を含むものではありえない。私たち自身の廃墟、つまり私たちの生活の先取りされた残像とは、たとえば大量殺戮の強制収容所跡であり、生態系の破壊地であり、原子力発電所の事故現場である。これはいずれも二十世紀という時代の経験をくっきりと隈取る「廃墟」にほかならない。大量虐殺の事実から現代文化論を始めた或る批評家は、「今となっては取り返しのつかないものは何なのか、できるかぎり数えあげなければならない。」と書いたし、生態系の破壊地域を丹念に歩いたジャーナリストは、「これだけの破壊が、人類四〇〇万年の歴史で一瞬間にも満たないこの一世代の間に生じた」ことに衝撃をうけ、また原発事故直後のまさに廃墟そのものの現場を記録した映画作家は、そのフィルムに「いまや一秒は一世紀に匹敵する。その感覚を養わなければならない。」というナレーションを付けざるをえなかった。

それぞれが見紛いようもなく示しているのは、私たちが生きる世界は、一瞬と廃墟というありうべからざるものの結合を、「常態」として生みだすような異様さによって貫通されているということである。私たちは確かに人間によって生きられる時間の或る臨界点を越えつつあるのだ。私たちの「生活」は、いわば廃墟を次々と産みだし、人類史的時間を足蹴にするような「基礎」の上に成り立っているのである。この「瞬間的廃墟」は、この世界の内側の壊れた時間を映し出す残像だろう。そこでの一秒は一世紀に匹敵する。数秒の対応の遅れは数世紀分の苦痛を加重する「取り返しのつかないもの」となるだろう。私たちの世界は、まさしくこのような「一秒」をその成立条件としているのである。残像の存在すら危うい世界というほかないだろう。

死児の齢を数えるように取り戻し不能の物事を数えつづけなければならない世界。日々の生活の足元に人類史的時間を引きずりだしてしまうような世界。あらゆるものが飛び散っていき、反射の強度というような概念で辛うじて応接しうる世界。このような世界の根本的な変貌に震撼させられるために、もはや特別の芸術的感受性も科学的習練をも必要としない。それは私たちを包みこむ日常性そのものになろうとしている。本来の相貌が剝がれ落ち、輪郭が消え失せてしまうような日常性である。それを覆いつくす時間の微粒子を見極めようとすれば、私たちの解像力などはそれこそ瞬時に爆破されてしまうかもしれない。あるいは一挙に地球史的な尺度にまで放散された時間のなかで、社会的な時間意識は揮発し、想像力はその領域をもちえないまま枯死してしまうかもしれない。しかも、それに対応しうる「感覚を養わなければならない」ような世界を私たちは産出しつつあるのである。

貧血状態の想像力に代わって、欲望が私たちを占拠し動かしつづけるのだろうか。この社会には、残像どころか「実在」の充分な手応えをもたらす欲望が充満しているように見える。それは生活に必要ないものまで一切合財、「ニーズ」などと呼んで貪り食ってしまうほどである。私たちをとりまくこの光景は、この社会を貫流する欲望の強さと大きさを表わしているのだろうか。その逆のように思える。何よりも、その行程に驚くほど「快楽」を見出すことができないのは何故だろうか。誇示的記号の幣価切り下げだろうか。あるいは、私たちの欲望が、獲得の過程という快楽を生む運動に対してよりも、より多く所有という自足の状態に向かうからだろうか。

私たちの「内面」から、誘導され形成され命名されることによって「成立」するようにみえるのが欲望の形態であるとすれば、あるいは逆に、成立形態が遡行していって、私たちの内にその「欲求の領域」を発見させるのが欲望であるとすれば、このひと繋がりの身振りを支える成立条件が破れつつあるのではないか。その基礎過程が破損しているのではないか。もしそうであるなら、その危機的状態の反射として欲望の対象が構成されるだろう。つまり危機の残像に衝き動かされるだろう。そこに欲望の鬱血は生じても、快楽すなわち現状を打開する力を宿しうる欲求には遠い。別の言い方をすれば、欲望とは自分の欲望を認めさせたい欲望であるとすれば、それを成立させる他者ないし媒介が衰退し稀薄化しているのである。その対象の構成をめぐって欲望は空回りするほかないだろう。

そこで私たちは、しばしば自分の欲望が「内的欲求」ではないのではないかと疑い、そう思いこむことができないことに苛立つ。自由な錯覚さえ思うようにならない社会的および心的な体制のもとで、人は「自分の欲望」を半ば以上空疎なものと受けとらざるをえない。いつもどこかで虚ろさを感じながら、感じていればこそ、それに仮面をつけるように欲望の身振りをなぞるほかない、と思えてくる。このほとんど強迫的な観念は、「主体」を反復強化するために、欲望の対象に向かって「出ずっぱり」にするだろう。しばしば古典的な自己顕示欲や権勢欲と見紛うが、これは苛立ちと空虚さの強度をこそ証していよう。こうして、「内的欲求」との微妙な喰い違いを抱えこんだまま、私たちは欲望社会を生きてゆく。次々に待ち伏せし襲いかかってくる様々な欲望形態は、そのずれを積み残し、次第に遠くへ置き去りにしていくだろう。この危機的残像がさらなる欲望を喚起する、という悪循環がそこに横たわっている。

この取り残される微かな感覚はどこへ行くのか。「衰えゆく感覚」全体が衰えて、ひたすら消尽点へ向かうのだろうか。つまり、誰も欲しないものを誰もが血眼になって追い求めるという荒涼たる事態、その喰い違いの微かな残像すら消滅する状態へと向かうのだろうか。私たちがそれを望まないならば、少なくとも、残像を抱えて立ちつくし、欲望に待ち伏せされ、思い決して行動し、自他の破壊をもたらして、また立ちつくす――この「消耗戦」的生活循環を断ち切らなければなるまい。

空虚が私たちの内にどっしりと腰をおろしているならば、むしろそれが何ものかに回収されることを拒否しなければならない。それを措いてほかに認識の踏切板はないだろう。どれほど頼りなく思えようと、「手応え」ある欲望の身振りなどに血道をあげるよりも、消えゆく世界の残像と影の行方をこそ見据えなければならないのである。

友情の点呼に答える声

ひどく色褪せてしまった一つの言葉、私たちのもとでほとんど死語と化しつつある言葉が、指さす関係と感情のあり方について考えたい。「友情」という観念についてである。私たちは気恥ずかしさなしに、この言葉を使うことができなくなっている。それはたちまち白けた気分を生みだしたり、道化た響きを誘いだしてしまう。この言葉の瀕死状態は、私たちの時代と社会を貫くどのような事態を映しだしているのか。

そういう社会に生きている私たちにとって、たとえば次のような詩句はどのように受けとられるのだろうか。

嵐はやんだ……生き残りは僅かだ……
友情の点呼に答える声の寂しさよ……
誰を呼ぼうか……誰に話そうか……

生き残った私のこの悲しい喜びを……

一九二五年に自殺したロシアの詩人エセーニンのこの詩句を、『ガン病棟』の作者は、強制収容所の生き残りの男に口ずさませている。すべてを奪い去られた男から発せられたこの言葉は、そこでは「生命」を意味する名前をもつ女性によって受けとめられていた。私たちの生が「悲しい喜び」に染めあげられるほかないかのように。

収容所世界と友情。この取りあわせは、私たちのしなびた想像力では手に負えないかもしれない。しかし、すべてを剝ぎとられることによってそこに「核心」のみが露わになるという、その逆説的な事態から目をそらすわけにはいかないだろう。最小限の食物が一個の身体を支えるとき、丹念に嚙みしめられる二百グラムのパンは、深く痛切な祈りがこめられた物となる。二百グラムの重さのまま、それをはるかに越えたいわば根柢的な重さを獲得する。それと同様に、そこでなされる「友情の点呼」は、ただの親密な呼びかけではない。

人間をとりまく世界を、私たちに生きられる世界たらしめるための、それは根本的な呼びかけとなる。互いに呼びあい答えあうところにのみ、人間的世界が立ち現われるとすれば、すべてを奪いとられた「生き残り」の点呼は、まさにそのことによって、深く痛切な連帯をもたらす声を獲得するのである。社会を呼び寄せる声である。そこでは友情は、ふやけた気恥ずかしいものであるどころか、ぎりぎりのところで摑みとられた社会関係の把っ手のごときものであった。点呼の声は社会破壊的な世界において、社会を再構築しようとする意思そのものとなる。

エセーニンの死の前年、イギリスの作家フォースターはその小説のなかで、イギリス人とインド人、すなわち植民地支配によって引き裂かれた人間たちのあいだに友情は可能かどうかを問いつめていた。その困難を書きしるしていた。

帝国主義と友情。二十世紀のもう一つの主題をかたちづくるこの組みあわせは、大日本帝国の後裔にとってむろん無縁ではありえない。それどころか、いまもそれについて根本的な反省を迫られる事態を抱えたままである。植民地主義という外傷は、私たちの社会的のみならず精神的な内容をも貫くからである。それは同様に、帝国主義の遺産を受けついだ社会主義国にとっても深刻な課題であった。領土や国境や国家形態の相続は、その政治的思考や行動様式を汚染せずにおかないのである。

「たとい五千五百年かかっても、われわれはあなたたちを追い出してみせる。……そうしたら、あなたとわたしは友人になれるだろう」という小説のなかのインド人の言葉は、いまも世界の各地にかたちを変えて反響している。それぞれの「独立」をめぐって民族間で衝突を繰りかえし、独裁体制を倒して「自由」になったはずの地域で少数民族に対する迫害が頻発し、同じく「民主化」しつつある社会で「自分たちの国は自分たちのもの」といった意味のスローガンのもとに他民族の住民を追放しようとする。独立も自由も民主化も、二十世紀の精神的な地形のもとでは、異質な人々と「友人になれる」ことを保証するものとはならないのである。ここでも友情は、民族国家という隔壁のもとで、その働きをぎりぎりのところで試されている。

友情についてのフォースター自身の態度は、シンプルだが力強いものだった。第二次大戦直前に執筆された有名なエッセイのなかで、かれは言いきっている。

もし私が国を裏切るか友人を裏切るか、どちらかを選ばなければならないとしたら、国を裏切る勇気をもちたいと思う。

この応答は個人主義にすぎないとか、このような「人格的関係」に立脚する態度では現実の事態に対処できない、といった批判があるだろう。あるいは、個人主義と表裏一体のコスモポリタニズムにすぎない、と訳知り顔に解説されてしまうかもしれない。しかし、私たちの周囲にこれほど力強い個人主義をみることは稀なのである。

友人に対する愛情と誠実は、しばしば国家の要求や指令と背反し対立する。ここにあるのは、「国家を倒せ、と私は言うが、それは国家が私を倒すだろうことを意味する」ことを覚悟した、個人主義であり「友情」思想なのである。この思想態度はもっと先へ行けるだろう。たとえば貨幣に還元される体制に対して、神とかプロレタリアートとかに還元される体制は、真に対立的でありうるだろうか。そうでありうるためには、何ものにも還元されず回収されない、また関係性以外に立脚しない、その意味でアナーキーな思想の核を必要とするのではないか。徹底した友情の観念はその可能性を含んでいるように思う。

そしてまた、国家と友人との選択に関してフォースターが古代ローマを引きあいに出したように、この友情の思想は、長い時間をかけて育まれてきたものであった。つまり本来長持ちのする思想であった。古代の「友情の政治学」においては、異質な人々のあいだに対等性にもとづく意見と信頼の空間を共有させる友情の働きは、自治的社会を形成するものと考えられた。以来それは、いつでもどこでも個人を他者と結びつけ、政治、経済、宗教、その他の活動を含む関係に関与させて、社会的存在とする動力であった。言いかえれば、それぞれの社会はそれぞれの仕方で、諸個人のあいだに友人関係を形成し定着させるための慣習と制度を備え、そのための「感情教育」を用意していた。それなしには社会が社会たりえない基礎的感情だったからである。

その観念は少なくとも、十八世紀末の文学者の「友情こそが社会の最も聖なる絆である」という主張をへて、二十世紀初頭の哲学者による「友情なしには、世界には社会というものは全く存在しない」（アラン）という定義にまで及んでいる。この概念の身上書には、様々の社会形態におけるその重要性が書きこまれているのである。そうであるとすれば、友情という言葉から意味を叩き出してしまい、ほとんど死語化させている「社会」とはどのようなものなのか。

この「戦争と革命の世紀」は、強制収容所と難民を生みだし、相互の不信と憎悪を生みだしつづけてきた。それは、この非情の世界に生きる人々を隅々まで貫いて、友情の空間など跡形もなく破壊してしまうほどであった。あるいは、そのことによって友情をますます私的な温もりのなかに封じこめてしまうことになった。

しかし、対抗社会へ呼びかける友情の点呼がかき消されたわけではない。その声を聞きわける聴力が失われたわけではない。そうであるならば、エセーニンやフォースターたちによって告知された、いわば二十世紀の時代経験としての友情は、どのようなかたちで成立し、どのような場所を支えるものとしてあったのか。少なくとも、それを見届けておかなければならないだろう。それが担いえた意義とそれが被った制約とは、私たちが生きる社会の内実を指し示しているはずである。

たとえば一九三六年のスペインにおける、バルセロナ出身の少年兵士とイギリスから来た伍長のあいだの奇妙な交流。イギリス人の持ち物を盗んだ嫌疑をかけられ屈辱をうけた少年が、分隊で悶着を起こして孤立したその伍長を一転して庇いつづける。ほとんど信じがたくみえる

「好意の蘇生」であった。以後二人のあいだに交流が深められていく。——いかにも小さな事件である。とるにたりないと言っていい出来事である。しかし、戦闘の合間のこの小さな出来事を、イギリス人伍長ジョージ・オーウェルは大切な記憶として持ちつづけた（「スペイン戦争回顧」）。

それは、二人が「感情の幅を拡げる経験」を共にしていたからこそ可能だったと考えるからであり、それこそがかれにとって「革命」であったからである。つまり、そのささやかな「好意」の交換は、あらゆる「基本的な感情」に背をむけ、その幅を切りつめてしまう現代社会に真っ向から対立するものであった。友情はこうして二十世紀の文明世界を相手どることになる。その趨勢に対決する関係を支えるものとなる。しかし逆に言えば、このような小さな場所を大切にしなければならないほど、この世界は苛酷さに覆われているということでもあった。

たとえばまた、一九六八年のベトナムにおける或るアメリカ人とベトナム人、すなわち敵対国の人間のあいだのぎくしゃくした交流。そこに興味深いことに、オーウェルと同様に「感情の幅」をめぐる議論が登場する。ハノイを訪れた一人のアメリカ人は、ベトナムという国の相貌が容易につかめず、思いこみとは違って知的にも感性的にもつながりをつくりだせないことに困惑する。それは何よりも「ベトナム人のあいだに感情の幅広い領域がないこと」によるものと思われた。この隔たりと不信と苛立ちの感情をときほぐしたのは、そのアメリカ人を受けとめるベトナムの人々の態度そのものであった。

「このような歴史の瞬間に、ベトナムの人びとがアメリカ人を盟友として迎える所以はどこにあるのか、私は具体的に想像しはじめた。」(ソンタグ『ハノイへの旅』) ここで「盟友」であることは、ただちに革命的でもなければ世界を相手どることでもない。わずかに不信を解きほぐし、その隔たりについて想像力を促すだけである。それはささやかな働きかもしれない。しかし憎悪の充満したこの世界のなかで、敵対者のあいだにつながりを生みだし、それを「具体的な想像」によって堅固なものとするのは、束の間であろうと友情によって支えられた関係においてであった。それを外にしてはなかった。そのとき世界は、敵意と残酷に塗りこめられない場所をもつことができたのである。

この二つの場面において、かれらはそれぞれの仕方で、たんに心を許しあう親密さにとどまらない友情について語っている。私たちが深く呼吸をし互いに生きていく世界を支える条件として、友情にもとづく関係が捉えられている。そのことは、スペインの「革命」やベトナムの「社会主義」に相対したとき、かれらが教条や出来合いの概念によってでなく、それを支える「感情」の次元に立ちもどって考えたことを示している。そこでは教義とその解釈に、事柄についての独占権は認められていないのである。こうして、普段の生活のなかで切り縮められた感情の幅を拡げるものでなければ「革命」に値しないであろうし、多様なものを受容する幅ひろい感情領域がなければ「社会主義」は窮屈なものと考えられるだろう。「感情の幅」の広狭とはいかにも曖昧な範疇である。理念や教義の厳格な受容者には耐えがたいかもしれない。しかし、いうまでもなく人間にとって耐えがたいのは、精緻な教義が現実化していないことではなく、かつてプラハの二千語宣言が「市民のあいだで信頼ができなくなった。正直が通らなくなった」と声をあげたように、基本的感情が成り立たないような場所に生きることなのである。そうだとすれば、体制の理念が精錬され、教義が整備されていく過程で、いわば不純で曖昧な混ざり物として叩き出された感情的要素を、できるかぎり呼びもどし集めなおさなければなるまい。この曖昧な混ざり物が息づく場所、信頼や正直が意味をもつ場所、それを何と呼べばいいか。「社会」と呼ぶほかないだろう。そして、このような社会に支えられないかぎり、「社会」主義もまた機能不全に陥るほかない。友情という無力にみえる小さな絆は、まっすぐにこの場所を指さしているのである。

在日三世のカフカ

1

数年前、ある若い在日朝鮮人の友人と話していたときだった。話題は多岐にわたっていた。どういう脈絡であったのか、かれが呟くように言った言葉が、いまも耳について離れない。「自分の名前などどうでもいいのです。カフカの主人公のようにKとでも名のりたいです。」若い友人は、自分は日本人でも朝鮮人でもない、そしていわゆる「在日」でもありたくない、一個の個人でありたいのだ、という意味のことを語りつづけた。そして、カフカという小説家への共感の言葉を吐きつづけた。そのなかでの言葉であった。

「名前などどうでもいい」どころか、強いこだわりをかれが抱いていたことは明らかだった。かれが高校時代まで「通名」で過ごしてきたことはすでに聞いていた。それだけではない。私が朝鮮名のかれを知ってからも、日本語訓みと朝鮮語の原音との別々の名前で私の前に姿を現わしたのである。自分の名前をどう名のるかについて、かれが思いをめぐらし迷っていたことは、傍目にも明らかだった。その全く異なる二つの音は、聞き手である私にも同一のかれの像を分裂させるほどであった。かれの迷いは私には重要なことに思えた。朝鮮名を名のるかどうか、とは別の問題がそこに表われていた。それは、朝鮮語の原音の名前が、「本名」として安住できる自明の場所ではないことを示しているからである。むしろ本名とは何か、という問いをかれが抱えているようにみえた。そうだとすれば、あの言葉によってかれは何を言おうとしたのだろうか。

かれは在日三世であった。自分のことを「三代目」と呼んでいた。そのことは、少なくともかれにとって、次のようなことを意味した。故里から引き離された祖父母たちのように、焦がれるような郷愁をともなう祖国の観念はない。分断された祖国によって照り返される父母たちのように、民族意識と政治主義をめぐる牽引と反撥ともほとんど無縁である。かれにとって、祖国も民族もいわば強い概念なのであって、「無理」をしなければ自分のものとすることは難しかった。それに背を向けたり黙殺したりするだけでは済まないことがわかっているだけに、その無理はいっそう大きなものとなる。その概念に対して感じる強度は、むしろかれを同世代の日本人に近づけるだろう。実際、戦後日本の高度成長期に生まれ、幸か不幸か周囲の日本人とほぼ同様の生活環境のなかで育ったかれにとって、若い世代の日本人の感覚はかれのものでもあり、かれらの現実はさしあたりかれが生きる場所でもあった。

　しかし、かれは日本人ではない。若い日本人が現実に対して当事者感覚をもてぬまま「何者でもない」ものになりつつあるとすれば、かれは、同じように何者でもないものであるとともに、日本人ではないものでもある。そのことが、かれの日常生活にたえず絡みついてくる。すなわち、かれの存在は、日本人ではないということによって一面的に規定されるのではない。その一面を取りだそうとするのでもない。かれは二重に「ない」ものとしての存在様態のもとに置かれるのである。かれにとって三代目であるとはそういうことであった。

　そういうかれが、チェコに生まれ育ち、ドイツ語で考え書く、「半ドイツ人」を自称したユダヤ人であるカフカを引きあいに出すのは、偶然ではない。カフカとは何者か。チェコ人でもドイツ人でもない。そして、かれ自身が考える意味で「ユダヤ人」でもない。少なくとも執拗に絡みついてくる現実に対する態度からいえば、かれは二重三重に何者でもないものとして振るまう。何者でもない存在としてカフカは、その「現実」を精緻に記述しようとする。かれを——そして私たちを——閉じこめている世界についての記述である。

　何者でもないものたちによって繰りひろげられる世界。真偽不明で、もっともらしい解釈をたちまち反古にしてしまう事態。手ごたえの稀薄な関係がたえず権力関係に転じるような現実。そういう現実世界を、カフカの言葉たちは駆けめぐり書きとめていく。このようなカフカの言葉に、おそらくは私たちよりはるかに切実に、若い友人が惹かれるのは想像することができる。自己に特別な存在形態をもたらすプラハという都市に骨がらみなほど緊密に結びついていたこの作家は、思いがけない場所に痛切な関心を抱く読者をもつことになったのかもしれない。そしてこのことは、私たちにとって見過ごすことができない大切な「手がかり」であるように思える。

若い友人は、まず「日本人」から解放されなければならないだろう。日本人ではなく朝鮮人であるという規定によって自分を救出するために、ではない。かれにとって、何者でもなくなりつつあるという与えられた条件を見極めるためにである。それは気が遠くなるような、精神的のみならず身体的な作業だろう。「日本語」はかれの身ぶりや振るまいのなかにいわば肉体化されてしまっている。しかも、解放の作業は日本語によってなされなければならない。自分が生きる現実を緻密に描き出し、そこから抜けだすための記述の言葉として、かれには日本語しか持ち合わせがないからである。そうであればなお、「日本語」から解き放たれるために日本語は駆使しなければならないのである。そうして、たとえばカフカのように、与えられた世界を記述しなおすことができたとき、この若い「在日朝鮮人」は何者になりうるのだろうか。日本人でも朝鮮人でもなく「個人」でありたい、とかれは願うのである。それは可能だろうか。

私たちはどのような存在様態のもとに生きているのか。生きてゆかざるをえないのか。そのことを考えようとするとき、次のような認識が根本に置かれなければなるまいと思う。

もしかりにわれわれが自分たちはユダヤ人にほかならないという真実を語り始めたら、それは、われわれが何ら特定の法や政治的協定によって保護されない、生身の人間以外の何者でもないという人間の運命に身を曝すということだろう。私は、これ以上危険な態度というものをまず思い浮かべることができない。というのは、われわれはそのような人間がかなりの期間存在しなくなった世界のなかで生きているからである。また、社会が血を流さずに人を殺すことのできる大規模な社会的武器として差別というものを発見したからである。

（ハンナ・アーレント『パーリアとしてのユダヤ人』）

私たちは「生身の人間」として生きているのではない。そのような人間であろうとすること、それがこの上なく「危険な」ことであるような世界に生きている。法的政治的な「保護」と社会的武器としての「差別」とによって、そのような「人間」の存在を剝奪した世界こそが、私たちに生きるべく与えられている世界なのだからである。私たちはこの世界を生きることによって、すなわち、この制度的な保護に身を委ねることによって、何が見えなくなるのか。その危険な態度から遠ざかることによって、何を見失うのか。ここで「ユダヤ人」であるとは、生身の人間であろうとすること、制度的保護の外側に身を置こうとすることと同義である。あるいは、人間の社会的生存の基礎的条件について見失ったものを見ようとすることである。

語るべき「真実」を抹消し、身を曝すべき「運命」を隠蔽する、この制度的世界には何が立ち現われてくるのか。見えなくなった生身の人間に代わって何が姿を見せるのか。「旅券、出生証明書、ときに所得税の領収書でさえ、もはや正規の書類ではなくなる」（アーレント）社会的現実である。書類はもはやたんなる書類ではない。私たちを幾重にも包囲する書類の束が、社会的な等級を規定し、保護を配分するのである。種々様々の書類こそが社会における人間のあり方そのものとなる。すなわち、書類としての人間。こういう人間の想像力がもっとも及びにくいのは、このような世界に生きることを強いられながら、しかも書類上の要件を拒まれている存在に対してであろう。それだけではない。一件書類としてまとめられ形を与えられていく世界は、日常性を苛酷なものに変質させる。そのことについても書類的人間は鈍感になるだろう。書類に似せて、それに合致する「現実」がつくりだされていくとすれば、最大限の残酷さが最小限の抵抗感でもって、いわば書類上のしみとして遂行され受けいれられるからである。

生身の人間を許容しない世界、すなわち二重三重の「保護」と「社会的武器」の装備のもとに、私たちが生きるとき、その制度が生みだしつづける苦痛を、たとえば若い在日朝鮮人は一身に負わなければならない。かれにとって生きるとは、日々、「特定の法や政治的協定」と向かいあうことであり、書類がただの書類ではないような社会に心身を磨り減らすことである。そこでは書類としての人間とはたんなる比喩ではない。カフカが想起され召喚されるのはもはや偶然ではありえないだろう。カフカが描き出した、権力の微細な眼差しや書類の魔術的な現実性や私生活の侵犯の諸形態、等々は、たんなる政治社会の現象ではなく、「世界の本質としての役所」（ミラン・クンデラ）の有り様であった。役所的な世界であればこそ、出生証明書や旅券が人間の生存条件そのものを決定するような魔術性を帯びるのであり、理不尽な罰に対して「罪」を探し求めなければならないような転倒が生じるのである。

書類の上に存立する世界は、そこで流通する言葉からその「実質」を剝ぎとってしまう。たとえば『城』を読む者は、書類上は測量師らしいKをとりまく「言葉」が帯びる異様さに気づかざるをえないだろう。そこには様々の身振りや動きを刻明に辿り、それぞれが喚び起こす反応やイメージの連なりをしるす言葉の群れがある。しかし何らかの実質に触れようとすると、ほとんどつねに意味を欠いた言葉のみが応接する。些細な、しかし書類上は重大らしい事柄をめぐって、過剰な理屈や言葉が放出されるだけである。真偽も意味の方向も定かでない、詐術の言葉を産みつづける自動機械のごとき世界がそこに出現する。そうであるとすれば、たとえば出入国管理や外国人登録をめぐる「法」の言葉、法務省の「裁量」の言葉、為政者の「謝罪」の言葉、いや、社会生活のいたるところで転倒した言葉に出くわす者にとって、世界は『城』の作者が描き出すようなものとして現われてくるだろう。

このような役所としての世界における、日々の転倒の経験のうえに、「名前などどうでもよい。Kとでも名のりたい」という言葉がある。あるいは、一個の個人でありたいという言葉がある。これは退行の言葉だろうか。日常的に累積していく摩擦や違和感からの、あるいは意思に反していくつもの名前を強いるような理不尽な「罰」からの逃走願望だろうか。名前など問題にもならない世界への憧憬だろうか。それが全くないとは言えないだろう。同世代の日本人と中身は違っても、かれにも逃走願望はあるはずだからである。しかし、決定的なところでそれは退行と訣別しているように思える。「在日」という存在規定によって繫ぎとめられているからではない。むしろ逆である。かれが「日本人」からだけでなく、「在日」であることからも自己を「解放」しようとするその態度においてである。かれは進んで自らの足場をとりはずそうとするのである。

カフカはユダヤ人であることによって「生身の人間」であろうとしたのではなかった。むしろ、自分がユダヤ人としての条件に欠けること、かれには決定的と思われたその欠損を考えぬき生きぬくことを通じて、生身の人間であるほかない自己を受けとったように思える。虫になってしまったセールスマンや、横たわりつづけるだけの断食芸人や、地形をもたない測量師など、何もしない（できない）ことにおいて際立つものたちは、それぞれに抜きがたい欠損を抱えこんでいるだろう。それらは、身動きの自由な空間への欲求を表わすというよりも、その身動きの困難ないし不可能な状態こそが、自分たちに与えられた「可能性」の条件そのものであることを示しているようにみえる。

周囲の日本人たちが、日本人であることにおいて何者でもなくなりつつあるとすれば、したがってまた何者かであろうとすることが、しばしば日本人であることの過剰で空疎な強調に帰着してしまうとすれば、この若い在日朝鮮人は、むしろ何者かであることの足場をとりはずそうとする。すなわち、自分の帰属性を括弧に入れることによって、その欠損状態を生きようとするかにみえる。あるいは身動きのとれない状態を引き受けようとするかにみえる。しかし翻って考えれば、朝鮮人と日本人の間にあってどちらにも属さない存在、その「在日」という属性を積極的なものとして受けとることができないこの若者にとって、この与えられた属性自体がすでに身動きの困難な状態と感じられているのではないか。そう考えることができるならば、かれの言葉は、「間にあること」の困難ないし不可能な状態に、既存の帰属性によらずに身を置こうとする態度を示しているだろう。その状態が「本名」に代わるかれの場所となるだろうか。すなわち、在日三世のカフカは可能だろうか。これはもはや、かれだけの問題ではない。

2

ぼくは、ぼくの時代のネガティヴな面を黙々と掘り起こしてきた。この現代、ぼくに非常に近い、したがってぼくがそれと闘うよりもむしろある程度代表する権利をもっている時代の、否定面を掘りあて、それを身につけてしまったのである。ポジティヴなものはごく些細なものさえ、またネガティヴなものも、もうすこしでポジティヴに転化する程度の表層的なものはなにひとつとして、ぼくは継承しなかった。(『八つ折り判ノート』第四冊)

一九一八年二月二十五日の日付のもとにカフカがノートに書きつけたこの一節は、私たち自身の「この現代」においてどのように受けとられるのだろうか。時代の否定面を掘り起こし身につけること。ポジティヴに転化しうるものは何ひとつ受けつがないこと。いや、このような「ポジティヴ」な語り方は、ここでのカフカにとって正確ではないだろう。このノートの一節は、「家庭生活、交友、結婚、職業、文学など、あらゆることにぼくが失敗する」ことをめぐって、書きはじめられているのであり、そのように何事にもたえず失敗する自分の「人間的弱み」が、時代のネガティヴな面を掘りあて身につけてしまう、と言うのである。かれの「失敗」なるものは決して一筋縄でとらえるわけにいかないし、この一節の書き方も文字どおりに受けとることはできないけれども、しかし、カフカが誰にもまして時代の「否定面」を身に帯び、ネガティヴな水準に定位しようとしたことは確かだろう。

カフカの「書く」という実践は、存在の仕方そのものを刻みだす行為として、生きることの実習という性質をもっている。したがって、微妙に「現実」と浸透しあって、制作としての表現行為という範型に収まりきらずに、言葉が拡延し増殖してしまうようにみえる。自己完結した作品に対して、日記や手紙やノートの類が圧倒的な量に及ぶことも、これと無関係ではないだろう。そして、あたかも拡延し増殖する分だけ言葉は、現実が負荷すべきものを過剰に背負うようなことになっている。現実の病理から救済願望にいたる諸相のもとにある物事が、その透明な文体のうちに込められている。不確定で不透明な現実に促されるように、明晰さのうちに世界は不確定で不透明なままに書きとめられているのである。そして、この実践は、そこに生みだされた言葉を受けとる者に、自分たちの「現実」をいわばカフカの文章群として読むように促すような力を帯びている。

そうだとすれば、このノートの一節はどのように私たちと交差し、何を私たちの内に「掘り起こす」だろうか。若い世代の少なからぬ部分はこの文章を字義どおりに受けいれるのではないか、と思うことがある。自分たちはこの現代という時代、それと闘うよりもむしろ代表してしまう時代のネガティヴな面を否応なく身につけてしまったのだ、あるいは、そのような「弱さ」のもとに生きてきたのだ、と。おそらく「表層」ではそうなのだろうと思う。かれらの見かけのハッピーさと裏腹の不全感や失調感、何者でもないことの苦しさがそこにあるだろう。そう考えられるとしても、しかしかれらの、そして私たちの不幸は、「ぼくの時代のネガティヴな面」に容易に到達しえないということである。そこでの思考は、それこそ「もうすこしでポジティヴに転化する程度の表層的なもの」によって占領されてしまう。そこに否定的なものを感じながらも、もっぱらポジティヴに転化した表層を生きてゆこうとする指向が形成されるだろう。

何をもって掘り起こすべき「時代の否定面」とするのか、というように問いがたてられるだろうか。それとも、次のように問わなければならないのだろうか。私たちの認識を始動させ、問題を発見させ、判断を支える前提としての「ネガティヴなもの」は、もはや前提たりえないのか。否定性の中身が空洞であることが判然として、認識形成の拠りどころとなりえないのか。ポジティヴへとなし崩しにされていくなかで、否定性は特権的なものと化したのか。言いかえれば、ネガティヴな意識や感覚を呑みこんでしまうほど拡延化した否定的現実は、そこに否定性を空洞化するだけでなく、それを特権化するという逆説を生みだしているのか。問いをたてなおしてみよう。私たちはいまも認識活動の根本に、現実に対する否定性の意識を置くことができるだろうか。できるとすれば、どのようにしてか。

おそらく私たちは、否定性における或る「切断」の経験をしているのである。私たちの否定性の意識は、そのままでは「時代の否定面」に応答することにならず、精神に「威力」をそなえるものともならなくなっているのである。私たちにとって、いわば否定面は掘り起こすまでもない表層としての所与となっている。安易な否定感情はその層に吸収されてしまうだろう。そこに認識の梃子をみつけることは難しい。これに対して、そのような表層的な否定性とは異なる「否定性」を持ち出すことは、それを特権化することになってしまう。それによっては共通の認識の衝動を掘りあてることができない。その思考は空転するほかなくなるだろう。つまり否定性の意識は、身動きならないかたちで「空無化」されようとしているのである。このような「ネガティヴなもの」は手放すべきだろうか。それでもなお、手放さずにそこに踏みとどまろうとするならば、この空無化されつつある状態のなかから「否定性」を造形しなおさなければならないだろう。

このような事態を引き受けようとする存在がある。たとえば在日三世のKたちである。かれは生活のいたるところで、ネガティヴなものと出くわし苛まれるだろう。それが個人的な事柄ではなく、この時代と社会の「否定面」に属することは明らかである。しかし、そのネガティヴな経験が、祖国や民族や家などの共同性によっては「処理」できないと考えられるとき、どうすればよいのか。その事態と自前の仕方で付きあうほかないだろう。かれの否定的な表層はそのようなものとして現われる。日本人たちのように表層をポジティヴに転化することもできず、しかもかれらと同様にネガティヴなものをしっかりと摑まえることも難しいとすれば、この二重にネガティヴな状態こそが、かれに現実との独自の付きあい方を可能にする条件であろう。それは生き難さと背中合わせの可能性にはちがいない。また「あらゆることに失敗する」ことを含む可能性かもしれない。しかし、私たちの表層では、生き易さと引き換えに「失敗」さえ社会に搦めとられて、個人の経験として成り立ちにくくなっているのである。

かれがその一身に引き受けようとする否定性は、どこまでも些細なものであり消極的なものであるだろう。それは積極的な強い概念から遠ざかった者、あるいは遠ざけられた者が身に帯びるネガティヴさにすぎないかもしれない。しかし、それこそが私たちにとって大切なものではないか。否定性一般ではなく「ごく些細なもの」が含む否定性から、それに「かかずらうこと」から遠ざけられている私たちにとって、そのようなネガティヴなものをしっかりと捉えることが必要なのではないか。ここで在日三世のカフカとは、このような小さくとも切実な否定性を抱え、それによって現実に分け入る思想態度のことであるといってもよいだろう。そこでは、この小さくとも切実な否定性をもって、自分を取りかこむ空無なるものを掘り抜いていかなければならないのである。

若い在日朝鮮人についていえることは、徴候的には同世代の日本人の内にも見出すことができるのではないか、と考える。少なくとも、その了解しあえる絆を黙殺したり否認したりしてはなるまいと思う。日本人とのあいだに線分を引くことによって共同の形を思い描くことは、在日朝鮮人がおかれた状況やそこでの苦痛に鈍感すぎる、という非難をうけるかもしれない。「在日」という存在形態の輪郭を不鮮明にしてしまうと批判されるかもしれない。しかし、ここで問題にしたいのは、むしろ若い世代のあいだに自己の輪郭の不鮮明さが意識されつつあること、このような不鮮明で不確かな場所から出発するほかないと考えられつつあることなのである。それは、国家や民族だけでなく政治的な諸概念について、それを弱い概念として受けとめる者のあいだの共通性であるかもしれない。そのような者たちにむかって、かれらの政治意識や歴史感覚の欠如について語るまえに、その欠如あるいは「欠損」それ自体に目を凝らすべきではないだろうか。

たとえば、ある在日朝鮮人の学生は、次のような書き出しではじまる文章を書いている。ちなみにこの学生も在日三世である。

現代日本に住む私達にとって、「健忘症」が一つの根本的主題でなければならないとすれば、在日朝鮮人もそれから自由ではいられないはずである。／「新しさの神話」や、立ち止まることを知らない「スピード」の支配するこの社会においては、在日朝鮮人をそれたらしめた歴史とその後の経緯さえもが忘れ去られようとしているからだ。

（『ＲＡＩＫ通信』第六号）

この学生にとって「現代日本に住む」ことのネガティヴさは深く自覚されている。この社会を覆いつくしている否定性はあらゆる者を例外としないということ、そのことについての苦い認識がある。そこでは、自己を「それたらしめた」条件を、外側の社会だけでなく、自分の内部そのものが掘り崩してしまうのであり、したがってそこに求められる認識は、社会批判だけでは足りず、たえず自己批判的な認識となるだろうことが意識されている。現代日本に生きて、そのネガティヴな空気を日々吸いこむということは、在日的「特性」でもって対抗しうることなのかどうか、という問いがそこに手繰りよせられているだろう。

この文章が注目に値するのは、そのようなネガティヴな意識が、書き手の帰属感あるいは文章の帰属先において露呈していることである。「現代日本に住む私達」と書き出されたとき、この「私達」の中身はおそらく充分に分節化されていないはずである。それはたんに文章を始動させるために置かれた語ではない。この「私達」とは誰か。その直後の「在日朝鮮人も」という語句からすれば、また歴史的「健忘症」を主題とするとすれば、むしろ日本人を主要な構成員とする「私達」であるだろう。そのような「私達」を、この在日朝鮮人の学生は自らの私達として指称しているのである。これが民族意識の欠如や政治意識の不足と考えられるのだろうか。私にはそうは思えない。この不鮮明な「私達」は、この学生がどのような場所に立っているかをむしろ鮮明に示しているように思える。それは、日本人でも朝鮮人でもさらに在日でもない者としてある場所であり、どこにも全面的に「同化」できないものとしての「私達」である。

「在日」を際立たせようとする者からみれば、それは「現代日本」によって汚染された場所であり、その結果としての「私達」意識であるにすぎないかもしれない。しかし、おそらくこの若い在日朝鮮人にとって、「現代日本に住む」ことが避けがたくもたらす、自己をめぐる曖昧さとネガティヴさを離れて、物事を論じることは不誠実な態度と考えられているだろう。「私達」という語が帯びる空虚さが、そのことを証しているように思える。それはまた、どのように隠蔽され変形されようと、この帰属性の弱い「私達」が、この特性のない社会の特性そのものであることを示唆している。それは「現代日本」を串刺しにする空虚さの露頭であり、それに耐えて生きるために、私たちが引き取るべき場所である。

この「私達」は、カフカを召喚するだろう。そう考えれば、「現代日本に住む私達……」と書いた学生にとって、その「書く」行為は、この社会を生きてゆくためのカフカ的実習であったのかもしれない。この空虚な「私達」は、チェコにもドイツにもユダヤにもついに同化しなかったカフカを呼び出すだけではない。ある論者の言葉を借りれば、いっさいの堅固な場所を去って「脆い世界に腰を据える」ことによって、「徹底的に何ももたない」者として生きたカフカに出会うだろう。あるいは出会わねばならない。そうして、脆い世界に腰を据えるとは、全面的には同化しえない「私達」という場をしっかりと生きぬくということであろう。「何ももたないこと」が切りひらく世界を生きるということであろう。

　このような「私達」が、相互につくりあげることができる社会とはどのようなものだろうか。私はここで、カフカとも在日とも関係のない、最近目にする機会があった一つの文章を想い起こす。

　我々は、いまだかつてないことだが、自分自身のモラルだけを頼りに違う人々と生きてゆかなければならなくなった。我々の個を包含する共同体はもはや個々のモラルを超越するものを持たないのだから。パラドックスを背負った社会が形成されつつある。外人だけからなっていて、各人が互いに自分を、また他人を外人と認めれば認めるほど、自分とも他人とも仲良くやってゆけるという社会。個人主義を限界までおし進めた結果としての多国籍社会。その個人主義にあるものは自分の不安と自分の限界に対する自覚、わかっているのはただ自分の弱さこそ自分を助けるものであるということ。

（ジュリア・クリステヴァ『外国人』）

このような社会がほんとうに「形成されつつある」のかどうか。特性のない状態が抑圧的にはたらく共同体において、このような社会が必要であることは確かである。大切なのは、それが「個人主義」を限界までおし進めた結果としてあると考えられていることである。自分の「不安」や「限界」意識にもとづく個人的なモラルは、決して退行や逃避ではなく、むしろ新たな社会を担いうる志向なのであり、どのような与えられた存在規定にも同化しない「自分」を生きることが、その社会の基礎となるのである。

しかし、私にこの文章を想起させるのは、この指摘自体よりも、その一つ一つが喚び起こす反響音である。それは、どこまでも一個の個人でありたいと言った在日の友人の「個人主義」的な言葉に、また、あらゆることに失敗してしまう「自分の弱さ」について語るカフカの言葉に、そして「自分の不安と限界」の上に立とうとする若いKたちの言葉に、それぞれ反響するのである。ということは、そこでは、それぞれの志向が扼殺されることなく、共に生きることができるということである。それだけではない。それぞれの「弱さこそ自分を助ける」ものとなる。「弱さ」は新たな社会関係の基礎を形成することにおいて、自己を救出する力となるのである。それが、弱い「私達」が孕む可能性であろう。

（未完）

家族という場所

1

家族が言葉を誘発している。家族についておびただしい言葉がついやされ、そのあり方が分節化され、それをめぐる経験が名づけなおされている。内側と外側からのこの言葉の群れは、家族をめぐるどういう事態を指し示しているのだろうか。

家族が言葉を必要としているのである。かつてある社会学者は次のような指摘をしたことがある。家族という集団は「あれは、やっぱり、こうしておこうね」というようなナンセンスな言葉で用が足りるほど濃い液体でみたされているものであって、もし言葉が必要な事態が発生したらまったく無力である、と。いかにも生活実感をなぞったようにみえるこの指摘は、いまや牧歌性をすら感じさせるかもしれない。それほどに家族のあり方が関心の集中点となり、切実に言葉が必要な事態が生じているのである。そしてその「事態」は、家族の無力さよりもむしろ、このような指摘そのものの無力とその虚偽性を明らかにせずにおかない。家族を支配するナンセンスな言葉とはなにを意味するのか、「濃い液体」として表現されている関係はどのようなものなのか、そもそも家族が無力であるとはどういう事態を指すのか。ここには分節されるべき状態があり、それを塗りつぶすような指摘自体が言葉を誘発するという問題がある。

私たちは、いってみればこの「濃い液体」に類するような言葉で家族を考えてきたのではないか。家族の危機とはこの液体の濃度が薄まることであり、さらには液体そのものが流れ出したり飛び散ったりすることであった。あるいは反対に、その濃度の上昇が液体内の個人を窒息させてしまうことこそが危機的事態なのだと考えられた。こうして、肯定的にせよ否定的にせよ、家族はそこで分析を中断させてしまう分割不能の単位、一体不可分の場所として考えられてきた。その場をみたす液体はまさしく分割できないものであり、その濃度は生活にそくして確かめるまえに先入見や予断で判定されてしまうだろう。そこには、家族は言葉を必要としないということ、いや言葉を拒むものであるという前提がおかれていた。そうであるとすれば、考えをすすめるための前提が間違っていたことになる。

このような前提をくつがえして、液体の成分分析をはじめたのが女性たちであることはいうまでもない。間違った前提のもとで苦しみ、間違った前提がもたらす負担を背負ってきた者たちによって、それはくつがえされる。つまり、家族は言葉を必要とするのである。言葉を必要としたとき、家族はただ無力なものとして現われただろうか。そうではなかった。単純な成分分析によっては還元しきれない関係として家族が見出された。「経験」の場として再発見されたといってもよい。社会生活のほぼ隅々まで「商品化の精神」が侵蝕して、否定的なかたちですら危ういほどに経験の余地が切り縮められたとき、消極的ないし否定的な場として社会的経験の欄外におかれてきた家族が逆説的に発見されたのである。間違った前提のもとでいわば「不問」にされてきた領域が、そのような前提のうえに成り立つ社会を考えぬくための場所として、おびただしい問いを引きよせることになった。

家族という場に対するさまざまな問いかけが、その問いの言葉そのもののあり方を問うにいたるのは必然だった。というより、家族が言葉を必要とするというとき、それはただの性別不問の言葉ではありえなかった。不問にされ不可視にされてきたのは、なによりも女性の経験であり、必要なのはそれを明らかにする言葉であるという認識によって、その「問い」は支えられていたからである。家族をめぐる言葉は、こうして女性のあり方をめぐる言葉となる。しかし、女性をめぐる言葉は、そのまま女性の言葉でありうるだろうか。

たとえば、『男が言語をつくった』という書名をもつ本がある。そこでは、社会の家父長制的意味基盤とか言葉の家父長制的定義ということが繰りかえし強調されている。この「家父長制」という概念が、女性たちの経験を名づけなおす作業のなかで、性支配を軸とする新たな意味を与えられた名前であることはいうまでもない。この概念を根本におくことによってその本が明らかにしようとしているのは、男性による言葉の占有状態、したがって言語的に占有された社会の有り様である。ひらたく言えば、この社会について、それを分類し記述し対象化してきたのは男たちの言葉である、という批判であった。そこでは女性は沈黙を強いられ「不可視の状態」に放置されるだろう。この状態に対してその本が提示するのは、「女の言語使用形式」のたえざる実践の主張である。つまり、女性の言葉の不断の発動宣言であった。

しかし、事態はもう少し複雑なのではないか。沈黙から言語の使用形式の変革までの道のりが長いというだけではない。少なくとも「男の言葉」を拒否することがそのまま女の言葉を表面化させることになる、というわけにはいかない。男／女の経験と男／女の言葉との関係は、そういう対称性のもとにあるのではない。それはヒエラルキーの歴史的重力のもとにおかれている。「家父長的秩序における女の沈黙（および不可視性）」について語る言葉、それを明らかにする言葉はどのようなものでありうるのか。可視性へと引きあげる言葉はどこから手に入れるのか。端的にいえば、女性の経験を語りうる言葉、その不可視性の水準を記述しうる言葉は、さしあたり「男の言葉」でしかないかもしれないのである。そこでは、自分たちに沈黙を強いてきた言葉によって、さらにいえば性支配として機能する言葉を通して、みずからの切実な経験を語らなければならないのである。女の言葉が始動するとき、そのときは男の言葉が指示する女の経験だけでなく、同時に、それを支える男の経験をも相対化しなければならないだろう。「家父長制的な意味基盤」を生きる経験を内側から語りつくすとは、そのような逆説的な言語行為をひきうけるということであろう。

そうだとすれば、「言語をつくった」男たちの経験こそが問われなければなるまい。いや、家族が言葉に向けてひらかれたときから既にたえず問われているのである。女性たちによるその名づけなおしが進行し、女性の経験が語られていけばいくほど、そこに可視的にされていくのは、実は男たちの経験と言葉の貧困にほかならない。男たちは、女性が負わされる逆説的な言語経験も知らずに、間違った前提をそのまま受けいれて、それによって自分たちの経験を記述しているのである。いや記述すべきほどの経験をもちあわせていないのである。この惨状が「言葉の占有」のむくいであるのかもしれない。

女の経験を内側から記述しなおそうとしたある女性研究者は、この事態を次のように指摘している。

> この本は女らしさを救い出し、祝福し、それを新しく名づけることを目標としているが、緊急救助を必要とするのは、じつは男のほうなのである。男の発達のしかたが規範とされているために、少女にくらべて少年の扱いかたは、根本的問いかけを受けることが少ない

し、変更の必要も認められていない。これは現代の最大の盲点であるかもしれない。その命題以外のすべての哲学上の問題がこれを前提として問われ、しかもそれが疑われることがないにもかかわらず間違っているところの前提と、スーザン・ランガーが呼ぶものである。

（S・デメトラコポウロス『からだの声に耳をすますと』）

根本的な問いかけを阻む間違った前提のもとで、男たちが「盲点」のなかにおかれつづけるとすれば、そこからの脱出口はどこにあるのだろうか。女性たちによって告発されてきた「男の言葉」は、自分たちの否定的な経験、すなわち「私たちの文化が「正常」とみなす人生の諸段階において、男性が通りぬける疎外と苦痛と悲哀の総量」（デメトラコポウロス）を記述しえていないのである。このかぎりで、男は二重に疎外されている。そうであるならば、前提の変更をせまる女性たちの新しい名づけの作業をその媒介とするほかないだろう。自分たちに向けられた批判的な問いを、盲点からの脱出のための否定的な媒介へと差し向けなおさなければならないのである。それが可視性という名の疎外状態にある男の側が背負わなければならない負荷であろう。

家族という場に問いかける「言葉」そのものへの問いは、こうして相互の否定性、あるいはむしろ否定の相互性というべき関係の必要を明らかにする。家族が必要とする言葉とは、このような関係をくぐりぬける言葉であった。それはおそらく、抽象的な人間や理念的な個人としてでなく、具体的な生きた男と女としての経験の存在ないし不在が問題になる場所だからである。

この相互性にもとづく経験が新しい名づけをもたらすとき、それを担う「言葉」はどのように変容するのだろうか。言いかえれば、女性の経験を「男の言葉」で語れるだけ語りつくそうと試みたとき、そこに男の言葉によっては見出すことができない概念が現われるだろうか。そのような試みにもとづく「発見」の一つとして、ハイジ・ハートマンの見解が紹介されている。

資本制下における性分業のおかげで、女性は、人間の相互依存と欲求とがどのようなものであるかを学ぶ経験を持ってきた。男たちは長い間資本に対抗して闘っているが、その一方で女たちは何を求めて闘うかを知っている。一般的な法則として、家父長制と資本制のもとにおける男性の位置は、配慮、分かち合い、成長などに対する人間的な欲求を認知することを阻み、こうした欲求を格差のない関係の中で、家父長制的でない社会で実現するという能力をも奪っている。……私たちが作り上げなければならない社会とは、相互依存を認めることが恥ではなく解放であるような社会である。

（ハートマン「マルクス主義とフェミニズムの不幸な結婚」、

上野千鶴子『家父長制と資本制』所引）

このような「配慮、分かち合い、成長」や「相互依存」についての評価が、「男のボキャブラリーにない概念」（上野）であるかどうかは検討を要するが、この言説で注目したいのは、女性の否定的条件（「性分業」）からポジティヴな「学ぶ経験」がとりだされていることである。否定性を集積するだけでは、それだけでは「経験」として結晶することにはならない。その認識が、「男性の位置」を対象化し、その経験を相対化するとき、それは積極的な意味を産出しうるだろう。この否定性をなかだちとする認識は、そうであることによって、自分の「言葉」の限界をも明らかにすることができる。すなわち、限界の自覚としての批判意識を自己のうちに形成することができる。それこそが「学ぶ経験」を支えることになるだろう。逆にいえば、「男の言葉」はこのように駆使されることによって、認識と発見の言葉へと変容しうるのである。そのような言葉によって提出された「位置」と「人間的な欲求」という問題について、改めて考えたい。

2

家族という場の営みを分節化する必要がある。無反省にそれに依存するのでなく、反対に一面的に断罪するのでもなく、家族という関係のなかからその経験をとりだすためにである。そのためには、それを構成する諸側面について一つ一つ名づけておくことが大切である。新しい名前が一つ一つ与えられることによって、その場は無媒介な「家族集団」にとどまることができないだろう。

しかし同時に、どのような新しい名づけも、家族の経験を回収することができないようにみえる。むしろ一箇の新しい名前は、それに還元しきれない要素を明るみにだしていく。そのことは、たとえば男と女という性別カテゴリーでどこまで語りつづけることができるのか、という疑問とも結びつく。そのカテゴリーが、性別による不当な分割や配当を表示する「性分業」や「家事労働」という名前をもたらすとき、たしかに新たな側面が可視的なものとなる。そのことは間違いない。しかしそれが、他のカテゴリーをいわば性差別に加担し性支配を補完するものとして扱うとき、その男／女は閉じたシステムのもとにおかれてしまうのではないか。開放的な関係のためには、むしろ他の社会的カテゴリーが介入し作動することが逆説的に必要となるのではないか。

家族を名前の体系として考えてみる。さしあたり私たちにとって家族とは、夫と妻、親と子、兄弟と姉妹、さらに祖父母と孫、舅姑と婿嫁、等々と呼称される名前の体系として考えられる。

いうまでもなく、ここには性別のほかに、年齢ないし世代、地位、役割などいくつかのカテゴリーが含まれている。そこでは家族という関係を生きていくとは、それぞれのカテゴリーを受けいれることであり、そのあいだを移動することであり、それを変換していくことである。したがって、一つの名前の消滅は、その体系自体の変質を指し示すことになる。それはまさに位置の消滅なのであって、たとえば隠居という一つの名前の死語化ないし消滅は、年老いた「親」が移行すべきカテゴリーを失って、いわば家族構成の員数外の状態のもとに生きつづけるほかないことを意味するのである。

このような名前の体系、つまり役割の受容と再生産とは、たんに足枷の受容であり拘束の再生産にすぎないのだろうか。その性別と世代にもとづくカテゴリーが、しばしば不当な社会的行為を正当化し、不公平な社会関係を自然化する「根拠」として機能していることを、もちろん知らないわけではない。このような役割など解消したいという欲求が生じることも理解できないわけではない。「友達」のような親子とか夫婦というのはその一形態だろう。家族構成において「個人」を優先させようというのである。しかし、この個別化の欲求は、実は社会的なカテゴリーの働きそのものの衰弱という事態によって生みだされているのではなかろうか。役割強制の過剰な強調と役割解消のつよい願望とは、同一の事態の表と裏なのではないか。

家族の「無力」をめぐる問題がここにある。家族の経験を名づけることの難しさは、おそらくこのことと関係する。家族が無力であるとは、いうまでもなく、それが社会的な諸機能を失っていること、つまり共同社会によって支えられなくなっていることを意味する。一人の病者を抱えこむだけで変貌する関係や、交通事故や借金によって一夜にして崩壊し、また離散を強いられる家族の有り様は、それをとりまく共同性の不在をまざまざと示している。このように社会との結びつきを弱めて無力化した家族は、しかし社会関係のなかに解体あるいは解放されるのではない。逆である。それはいわば純化して特別の親密な集団として閉じようとする。濃い液体でみたされた情緒的集団であることが目指されるのである。この純化と欄外化の志向がつよまるとき、社会的なカテゴリーは疎遠と分節とをもちこむ不純な媒体として追放されるだろう。

この過剰な情緒性と親密さは、無力な家族を逆説的に強力なものとして現われさせる。新たな名づけをタブーにすることによって、それは自閉化するのである。言葉を拒むとき家族は強力となる、という幻想に支配される退行集団へとそれは傾斜する。個人のあいだのつよい志向性が、言葉を支える対話をもたらすのでなく、むしろその基盤を掘り崩してしまうのである。家族制度の拘束からの解放を欲するようにみえる個人の露出が、その温もりのなかに閉じこもることによって、文字通り制度を「温存」してしまうことになる。したがって、名前の体系に対する拒否反応の一面は、家族という集団を破壊したいという欲望ではなく、反対に、家族の内部だけで通用する「関係」への欲望なのであり、そのかぎりで制度としての家族に依存するものであった。そしてまた、情緒的な親密性へのこのような閉塞は、社会的なるものを瓦解させ、社会的経験を稀薄にすると同時に、親密さそれ自体を変質させてしまうだろう。グロテスクに変貌した「情緒体」が、あらゆる言葉を無用にし短絡化して、暴力性を露わにするのを、私たちは身近にみている。

家族成員の「平等化」は、友達のような親密さにおいてでなく、すなわち構成員を均質化することではなく、カテゴリー間の移行における平等として考えられなければならないだろう。成員個々の差異の抹消ではなく、反対に、その差異を可視的なものとするための「カテゴリー」である。そのためには、時間と身体という二つの条件によってしっかりと支えられる必要がある。

家族とは時間的な存在である。人が祖父母－父母－子－孫という名前の体系のなかを生きるというとき、それはまた、言葉の贈与関係を生きていくということであった。私たちは家族あるいはそれに類似する母胎から言葉を受けとる。家族の機能がいかに切り縮められ、どれほど変質しようと、生をうけた子供にとって言葉を受けとる場はさしあたり他にはない。そして、言葉を手渡しつづける伝承体であることによって、家族は固有の時系列を受け伝える。一個人が見渡すことのできる時間の幅は、ほぼ祖父母から孫におよぶ範囲であり、それは言葉が受け渡しされる幅でもある。

しかし同時に、祖父母の言葉はそれ以前の時から贈られた言葉、つまり死者たちの言葉であり、また孫の言葉は、祖父母や父母にとっては自分たちが死去した後の時間を生きていく言葉でもある。すなわち、家族のなかの言葉は、未生以前の時間と死後の時間とを包みこんでいる。したがって、一人の子供の誕生は家族を貫く時間を始動させる。動きだした時間は、成員の地位や役割の移動と変換、つまり親や祖父母に「なる」ことを通じて、それぞれを集団的時間のなかを生きていく（死んでいく）存在とするのである。

そして、家族に固有の時系列を生きていくことは、それぞれの身体の成長と衰弱とともにあるものであった。痛風で苦しむ足やひび割れて痛む手とともにあるものであった。この時間過程における身体的な盛衰を、いわば平等に映し出し、変換する装置として名前の体系が作動する必要がある。たとえば、身体の衰えがみえる者には、それに相応しい「位置」が必要なのである。このような位置の移行と役割の変更とにおいて「平等性」が考えられよう。そのとき社会的カテゴリーの受容は、家族構成員の身体的な時間感覚を、文字通り身辺からの社会意識と歴史意識とをかたちづくる母胎とするだろう。

そのことは、家族成員における親密さと情緒性の意味転換をも促す。社会的諸関係から隔離されたところに成り立つ接触の全面性とは、おそらくは錯覚である。少なくともそれは、日常的な接触経験を単純で未分化なものとするだろう。成員それぞれの年齢や世代がもつ差異についての「認識」や、それぞれの肉体の老化や衰弱についての「観察」、それにともなう地位の変換に対する「解釈」などをもたらす日常的身体的接触は、役割の解消に傾く情緒的関係や親密性の塊のなかから切りわけることは難しい。このかぎりで、全面的関係における事態の複雑さとその認識は、役割の追放ではなくその受容において、地位の消滅ではなくそれぞれのカテゴリカルな位置において、むしろ可能となるのである。

情緒性のイデオロギーは、家族経験から成熟の契機をぬきとることになる。名前の体系において地位と役割を変換するとは、自分がそれまでとは異なる存在に「なる」ということであった。すなわち、カテゴリーの移行とは、自己にとって他者なるものを受けいれることであり、それにともなう葛藤を引きうけることであった。「位置」がもたらす葛藤に直面し、そこでの失敗や過ち（それを含まない生活というものはありえない）を認めることであった。家族成員がいつまでも平等な横ならびの状態でいたいという欲望は、葛藤をひきおこすような多形的な関係や異質な要素や多様な条件を極小化したいということにほかなるまい。そこでは他者に対する関心と配慮は減退し、多様性への感受力は低下し、異質なるものの受容力は衰弱して、それぞれがもたらす葛藤に対する対応能力は育成されないだろう。そのような能力、つまり成長や成熟はそこで価値の低いものとなる。

このような「関係」の煩わしさからの退避は、その欲望の方向とは反対に、社会の支配的なイデオロギーの侵蝕に対して無防備にする。自分の足もとから関係をつくりだす力、そのために葛藤に対処する力を、過小評価あるいは無価値とするのは、実は管理された社会にとって望ましい条件なのである。管理社会からもっとも遠くへ避難したはずの場所が、その支配的心性をもっとも色濃く映しだすという逆説に出会うことになる。そこではじめて、現代の家族を動かす志向やその成員を貫く欲望のあり方が、社会のあり方によって鋳型づけられ、それによって形を与えられたことに気づかせられるのである。

そうであるとすれば、家族をその構成と再構成、役割の受容と再受容、関係の解釈と再解釈のたえざる変換過程のもとにおくことができるならば、名前の体系は、必要な対抗力をもつことができるだろう。それは、内向する閉鎖的な力、さまざまな関係からの退行傾向、事態を平板にしてしまう情緒性への求心化といったベクトルと、その反対力とがせめぎあう場となりうるからである。

3

ハートマンの言葉を読みなおしてみよう。そこでは、家父長制と資本制のもとでの男性の位置が、配慮や分かち合いや成長に対する人間的な欲求を、認知困難なものとすることが指摘されていた。そうして、相互依存が恥ではなく解放であるような社会をつくりあげることが目指されていた。それは言いかえれば、女性がおかれた「位置」における経験がその認識を可能にしたということであり、そのような認識へむけて内側からいかにしてめくり返していくことができるか、ということであった。

このような「学ぶ経験」から私たちは学ばねばならない。この認識経験は、まさしく「位置」にかかわっていた。それは一言でいえば、「他者」を他者として受けとめることができる位置であった。私たちが先入見や固定したイメージで裁断しえずに、具体的な関心を差し向けざるをえない存在、それが他者である。この存在は否応なく関心と考慮を喚起し、人を関係の当事者として位置づける。このような破壊しえない他者を日常的にもつということ、したがって相手の異質性や差異という配慮せざるをえない要素を保持すること、それを相互に承認しあうこと、それが「配慮、分かち合い、成長などに対する人間的な欲求」を認知し現実化するための条件となるだろう。

このような存在との関係、つまり他者と出会うための条件を、私たちは家族という場所に見出すだろうか。その否応ない関心と配慮の積み重ねが、それぞれの「生活史」を形成しているだろうか。もしそうであるなら、家族の成員は互いに相対的な他者として現われ、葛藤を含むその関係のなかで抹消されずに抱えつづけられている、といえるだろう。言葉を必要とするとは、それが他者だということ、そういう存在として立ち現われていることなのである。

「養育」という概念がある。あまり威勢のよくない概念の一つであろう。現代の家族において、養育つまり食事の世話と子育ては、機能縮小した家族が「再生産」の場としてもちうる最後の機能とみなされている。それは、社会からの撤退の結果残された私的で消極的な活動と考えられている。ときには、親密イデオロギーを培養する閉鎖的な営みとして、あるいは性差別を日常的に再生産する活動として、否定的な意味をすら与えられている。このような消極性ないし否定性が、女性がおかれた「位置」にかかわるとすれば、この基礎的活動から私たちにとっての「学ぶ経験」をとりだすことはできないだろうか。

『からだの声に耳をすますと』においてデメトラコポウロスが提出する「家母長 Matriarch としての老女」のあり方は、この点においてきわめて示唆的である。「保護や養育の技術と習練が家母長の知恵の根底である」として、彼女は次のように指摘する。

男性研究者たちが見落としがちで、しかも重要なことがひとつある。ほかの人にくらべて管理能力が高くて支配する力をもつ老女は、他人に対する決定をくだす場合、若いころつちかった世話をする能力に基礎をおいている。……老女は他にすぐれて大きい自分の決定力を、同情と他人への心くばりにもとづいて行使する。こうして老女の指導権は、男の指導権とは質のちがうものとなる。とは言っても、これは女が年老いるにつれて家族とのつながりを乗り越え、個の自立に向かうということではない。むしろ、若いころの伝統的な女性の役割が変容して、老いた女たちが社会における力強い触媒の役割を担うようにしむけているのだ。老いた女たちは家族や血縁とのつながりにとらわれることが少なくなり、より大きな集団とのつながりをもつようになる。

「保護や養育」がどういう力を生みだしうるかに注意が向けられている。新しい名づけの試みである。ここには二つのことが言われている。一つは、男とは質的に異なる「老女」の決断力や指導権といえるものが見出せるのであって、それは「同情と他人への心くばり」や「世話をする能力」にもとづいている。他人に対する配慮や世話は、けっして一方的に消費されるのではない。その経験は蓄積されて、他者に対する独自の能力を醸成する。その発酵を可能にし、決定をくだす力として結晶させるのは、老女という位置にほかならない。もう一つは、したがって老女の能力は、「個の自立」に向かうことによってではなく、むしろ伝統的といってよい「役割」に基礎をおいている。その役割が「変容」して、家族にとらわれない大きな集団とのつながりをもたらす。つまり社会における触媒の役割を担うように「しむけている」のである。

この役割の変容という考え方と、その基礎におかれた「世話をする能力」の評価とにもとづく「家母長的知恵」の概念は、著者が自負する「新しい名づけ」に値するだろう。「役割」は固定した関係を再生産する媒体ではなく、反対に、社会への開放系としてとらえなおされている。それは、多形的で開放的な「つながり」をもたらす媒体たりうるのである。そして、役割にこのような変容を促し現実化する基盤が、時間をかけて培われた世話をする能力であり、他人に対する配慮であった。「養育」という概念は、ここで意味の転換ないし拡張をなしとげているといえよう。消極性あるいは否定性のもとにおかれるこの概念について、ほぼ全面的な意味の組みかえと、ベクトルの逆転がなされている。それによって「養育の技術と習練」から独自の知恵と能力とがとりだされている。そうして、社会性をもっとも縮小された営みが、逆に社会的関係を形成する触媒、あるいはそれを準備する活動へと転換されているのである。

かつてジェイン・E・ハリソン（『古代芸術と祭式』）は、祭式の基礎に「食物と子供」に対する欲求、すなわち再生産の願望を見出し、それが社会の諸単位を構成する基本的かつ持続的な機能をなすことを明らかにした。食べる（食べさせる）ことへの欲求が、社会の基礎をかたちづくり動かすのである。そこではまた、再生産をめぐるつよい動機づけにもとづいて、持続的な繰りかえしを通して受けとる知覚（per-ception）が、共同で受けとる概念（con-ception）を形成していくことが指摘されていた。

「家母長的知恵」における養育の概念は、この指摘を想い起こさせるところがある。養育に対する「人間的な欲求」が、大きな集団につながりをもたらす「社会の触媒」として、基礎的な働きをすることが認められているからである。あるいは、養育をめぐる役割遂行が、その個々の世話や配慮の繰りかえしによる「知覚」の蓄積を通して、個別性を越える働きへと機能変容するとき、そこには新たな「概念」がまさしく受胎《コンセプション》されていた、ともいえよう。

養育についてのこの新しい名づけは、さらに分節化されるかもしれない。養育はそこで、家族や血縁との結びつきを越えるものへと向けられていた。それをおしすすめて、「養育」を現代の社会関係そのものを見なおし、再編するための概念として考えることができるからである。そのためには、「老女の力」を腑分けしなければならない。すなわち、彼女たちが「管理能力が高くて支配する力をもつ」ことは、若い頃から培ってきた「世話をする能力」にもとづくとされていた。そこでは管理と世話という能力が、老女の決定をくだす力のなかに統合されたものとして語られていた。これに対して、「養育」を、私たちを包摂する社会機構のあり方を照らしだす一個の光源のような概念として導入するとき、それは分節されねばならない。たとえば、次のような考え方がある。

命令の連鎖は、養育についてのひらかれた言説によって揺さぶることができる。より正確には、近代の非軍事的な命令連鎖は、この方法で覚醒させることができる。なぜなら、近代社会の最も回避されてきた主題の一つは、管理されることと世話されることとの関係だからである。

（リチャード・セネット『権威』）

養育が、恩恵を施すことや抑圧することと一体であるとき、それを受けることは、自分を支配する力を他人に与えることとなる。そこでは、他者の助けを必要とすることは、そのまま力関係すなわち命令連鎖のなかに身を委ねることであり、しかも弱者として身をおくことである。つまり「管理されること」である。他者を必要とするという基本的な「人間的欲求」は、この社会機構のなかでは一方向的な管理の項目として位置づけられてしまうことになる。そうであるとすれば、そこから（世話する－されるという）相互関係を救い出すためには、養育を分節することによって「世話されること」の新たな意味をとりださなければならないだろう。

養育を争点とすること、すなわち管理と世話との関係を考えることを回避させてきた事態の基底には、おそらく産業社会が刻印した心性である、「自分が誰か他の人よりも弱く、従ってその人に依存するのは、恥であるという感情」（セネット）がある。弱さの感覚と依存の欲求が、このような感情構造と固く結びつくとすれば、その状態を受けいれることは屈辱的なこととなる。それはひたすら、そのような感覚の抑圧と欲求の拒絶とをもたらすだろう。

しかし事態は、それにとどまらない。「他の人」への依存を恥と思う感情が、非人格的に制度化された「養育」への依存、つまり管理されることを招き入れてしまうのである。「他の人」を追放した領域に専門制度が全面的に侵入し、逆にその制度によって新たな依存の心性が形づくられてしまうのである。この逆説的な事態のなかで、弱さの感覚は、個人的な抑圧や処理（自助）に委ねられるだけでなく、組織による吸収（保険）や制度的な置換（福祉）によって変形加工されてしまう。こうして、養育をめぐる争点は回避されるだろう。

「弱さ」の率直な認知、これが「問い」のための前提となるべきではないか。それは功利主義的な「効用」計算によっては、測ることも埋め合わせることもできない弱さである。そして、（福祉＝管理）国家以前の「自発的な依存」とでもいうべきものを恢復しなければならないのではないか。自分をとりまく環境から言葉を受けとる幼児のような「自発性」に裏打ちされた「依存」である。そのためには、恥の感情とともに追放した「他の人」を具体的にとりもどす必要があるだろう。世話をしあう「他の人」である。そうであるならば、この事態について率直な認知の可能な場として、改めて家族が見なおされねばならない。成員個々の弱さが露わになり、それを通じて相互の依存が不断に営まれるはずの場所だからである。自分と同じように年老いるし衰弱もする存在と日常的に相互交渉するはずの場所だからである。あるいは、そのような「養育」の場として「覚醒」されなければならない、と言うべきだろうか。

相互性の習練の場としての家族、ということが言えるだろうか。求められているのが、弱さや依存を含まざるをえない生活に対するまっとうな認識であり、それを破壊してしまう管理機構に対抗しうる関係であるとすれば、「世話」や「養育」をめぐる名づけなおしは、あるいはその新たな「概念」を生きることは、小さな場所における社会の再構築のための試みともいえるだろう。そう言えるかぎりで、「家族の感情、階級の感情、そしておそらく他のところでは人種の感情は、多様性にたいする同一の不寛容さの表明として、画一性への同一の配慮の表明として、出現する」（フィリップ・アリエス）とされるところから出発した近代家族は、大きく反転しなければならない。多様性にたいする寛容な態度、画一性にたいする対抗感覚の「表明」を要請されているのである。

このような逆説的な要請を生みだすほどに、私たちを貫く画一化の範囲と強度が増大していることは明らかである。だからといって、家族は社会的想像力が追いつめられた場所にすぎない、とは言えないだろう。それは、あるいは「相互依存を認めることが恥ではなく解放であるような社会」のための助走路となるかもしれないのである。

小さなものの諸形態——精神史の再測定のための覚え書

1

かつて「小さなものに真理は宿る」という言葉があった。あるいはまた「全体は真ならざるものである」という言明があった。これらの言葉はいま、どういうものとしてあるのだろうか。それはどのように生きのびているのか、いないのか。その現在形が示唆するものを考えたい。「小さなもの」の救出、それが始まりにあった。そしてそれは、真なるものに対する危機的な関心とともにあった。したがって、その関心が衰弱しさらには放棄されるならば、小さなものはいわば誤まった注意深さを惹き起こすだけのものとなる。小さなものや細部の収奪と大量消費は、さまざまな意匠のもとに私たちの周囲に氾濫しているだろう。

全体は真ならざるものだという言明は、直ちに小さなものにおける真理の存在を保証しない。それは、真理の場所は全体に向かうところにはない、と言っているだけだ。そうであるとすれば、物事が全体へと馴致され回収される「部分」と化すことに警戒するとともに、何故に小さなものが問題であったのか、それを忘却しないことが大切だろう。

小さなものと真理とは、危機的条件のもとでその結びめが探索された。その方法をミクロロギーと呼ぶ。この小さなものへの眼差しは、最小限の「真」への関心に裏打ちされていなければならない。より正確には、それが最小限のものであるほかないことを思い知っていなければならない。ミクロロギーによる傑出した著作の一つが、いみじくも「ミニマ・モラリア」と題されていることを想起しよう。その小さなものの凝視、細部への固執は、どこまでもmoraliaに対する関心に貫かれていた。しかし同時に、それはminima moraliaであるほかない、という危機的な信念によって支えられていた。

2

小さなものがなお脅威を内蔵しうるものとして、私たちはたとえばエイズウイルスを考えるべきだろうか。私たちの世界像を揺さぶり、また歪ませるものとして、たしかにこの極小のものの存在を無視するわけにはいかないだろう。そしてまた、このウイルスの遺伝子的特性から、自己ならざるものを含んだ自己、破壊的な他者という異物を抱えこんだ自己という、新たな

「自分」像に考えをめぐらすという知的作業も無視しがたい意味をもつだろう。新たな病気の出現の例にもれず、見えざるものが喚び起こす恐怖と、それに対応すべく生みだされる正負さまざまの隠喩が、たしかに私たちを動かしている。

そういうものとして、このミクロなるものが脅威を与えるとしても、世界と自己とをめぐる私たちの像を根本的に塗りかえるような衝撃力を、それは持つだろうか。それはたとえば、二十世紀初頭のミクロなる原子の分割という事件が、一人の抽象芸術家に「原子の崩壊は、私の心のなかでは全世界の崩壊にも等しいものだった。最も厚い石壁が突如として瓦解しさった」という衝撃をもたらしたような、そういうものでありうるだろうか。私たちにおいて「世界の崩壊」は、このような「事件」として現われるだろうか。「隠喩としての」エイズの意味を探究した批評家が、その著述の末尾に書きとめる感慨に私が惹かれるのは、その衝撃に対して疑念を抱くからである。

黙示録的な世界でさえ、ありきたりの期待の地平のひとこまと思わせてしまえるというのは、われわれの現実感覚に対して、人間性に対して加えられつつある類例のない暴力である。しかし、特定の恐ろしい病気がありきたりのものに見えてしまうのは、大いに望ましいことだ。どんなに意味の充満した病気でも、ただの病にしてしまえる。

（スーザン・ソンタグ『エイズとその隠喩』）

ここに黙示録的世界が持ちだされているのは、エイズウイルスがもたらしうる破局的な脅威を、この批評家が考えようとしているからである。そのとき彼女が見出すのは、エイズの不安をレトリックとしての黙示録の在庫に回収してしまう現代世界の有り様であった。ここでは破局が破局たりえず、それとして向きあうことができずに、なし崩された恐怖や不安が吐きだす「隠喩」と付きあわなければならない。さまざまの「解釈に抗して」物事をそれ自体にそくして捉えようとする批評の試みは、すべてを「ありきたりのもの」に還元してしまう暴力的状況に直面するのである。この困難な状況に向かいあう「倫理性」が、批評を支える根本条件をなすだろう。

現実を腐蝕する「ありきたり」への屈伏のなかで、どのような批評の言葉をもつことができるのだろうか。それは、この批評家が別の場所でもらす次のような感想が端的に示す問題だ。「二十世紀も後半になった今、どうしたら道徳的に厳格であり得るのだろうか。厳しい態度を向けるべきものがかくも多い時代に、どうしたら？　「悪」に気づきながら、悪について理知的に語ることを可能にする宗教の言葉も哲学の言葉もない時代に、どうしたら？」――私たちに必要な言葉は、そのベクトルが minima moralia へと向いているだろう。

3

「文学」をめぐる一通の手紙。文部大臣の職にある一モンゴル人からゴーリキーに宛てた、一九二五年の日付をもつ手紙が遺されている。そこには、モンゴルの近代化のためにはどのような「文芸作品」を取り入れたらよいのか、文学についてアドバイスをしてほしい、という切実な文言を読むことができる。――言語学者田中克彦は「大きな言語・小さな言語」と題する刺戟的な論考を、このような興味深いエピソードから始めている。この挿話が教えるのは、それぞれの言語にとって「文学」は、けっして普遍的な概念ではなく、また内発的に形成される概念でもないということであった。それは小さな言語社会にとって、「輸入」されるべき先進的な外国語製品なのであった。あるいは、その製品規格に合致する言語作品が「文学」と呼ばれうるのである。

このエピソードはもう一つ、文学が近代国家を支える基礎的条件を形づくることをも示している。すなわち近代化は、大きな言語にもとづく文学に参与できるかどうかに係っているのである。あるいは、そのような「文学」をもつ「民族」たりうるか否かに係っているのである。こうして、それぞれの言語が「文学」を名のる言語作品のもとに、平準化され統合されていくとき、狭い地域に密着する小さな言語は苦境を強いられざるをえないだろう。ここでは、小さな言語が小さいままに生きつづけることは難しいのだ。

このような「文学イデオロギー」の運動のもとで、言葉における小さきもの、すなわち少数者言語が置かれる困難な条件は、次のように要約される。

「世界文学」イデオロギーは「国民文学」を介して世界を制覇したのである。言うまでもなく現代では、ある言語共同体の言語作品が世界文学に参与するために前提となる資格は、それが国民文学、あるいは国家文学として認知されることによって得られるからである。／「国民文学」を通じての「世界文学」の普及は、もはやそこに参与することが絶望的となった文学的落伍者を作り出した。その文学的落伍者とは、まず何よりも言語的少数者、あるいは少数者言語の話し手としてあらわれる。言語的少数者は、圧倒的な国家語からの絶え間のない圧力に抗しきれずに、かれらの伝統的文学活動の要具である母語を放棄するよう迫られているのである。

小さな言語による小さな文学の存続の「絶望的な困難」について、この言語学者の考察は、どこまでも冷徹である。たしかに流通力とその範囲を問題にするかぎり、小さな言語は敗けいくさを戦わざるをえないだろう。遺棄されていく小さなもの。この現代性の形姿をここにも確認するほかないのだろうか。しかし、小さな言語が放棄を迫られるままに消えていくのでないとすれば、それを肯んじないとすれば、そこに何が現われるだろうか。

困難ないくさを戦うものが小さな人間たちであるかぎり、何よりも話し手の姿とその話し方が現われるだろう。そして、かれらによって担われる、意味のレベルに還元できない「声」が現われるだろう。その姿も語り口も、話し手一人一人において異なっているだろう。小さな言語の小ささを担保するこの異質性は、国民文学的言語の平準性にどこまでも逆行する。統合の圧力によって追いつめられるとき、小さな言語が切れ切れに露わにするのは、このような存在の不均質さそのものだ。それは地域の生活を離れた統一にはなじまない抗体である。それは「一丸となる」国家語の形式をもちえない粒子である。

小さな言語による小さな文学が、老人と子供たちが織りなす語りの場と親和性をもつのはおそらく偶然ではないだろう。少なくとも近代以降の社会生活において、老人と子供の暮らしのリズムは少数派なのである。数の上でどれほど多かろうと、統一規格からはずれるかれらの生活感覚はマイノリティのものである。そうして、その少数者のあいだの語りの形式は、「声」によって生成する小さな言葉の領土を共有する。そこでは音声が大切にされ、擬態語や擬声語が意味本位の言葉と肩を並べ、ときに凌駕しているだろう。それは、感情の深さをこそ伝えるだろう。意味《センス》の包囲網をすりぬける子供のノンセンスの音声が、そして言語の流通速度を変形する老人のゆるやかな語り口が、小さな言語の潜在的な同盟相手であるのかもしれない。切れ切れの声を発しながら遍在する少数派、というイメージが私の内で像を結ぶ。

4

追いつめられた言葉がついに「声」にまで縮減されるという事態は、けっして少数者言語に限られるものではない。その恒常と遍在が、現代の危機の在り様を示している。この時代が生みだした記録の束は、そのことを否応なく指さすだろう。二十世紀という時代の「記録」は、その記録という行為そのものの危うさにおいて際立っている。それはしばしば、自明の意味を剝奪された事態と向かいあうための営みとなる。この危機的条件のもとでなお正気を保って物事と向かいあうことができたとき、その経過報告ないし生存証明が記録と呼ばれる。そうであるとすれば、それを可能にする備忘への意思と感覚とは、なにを拠りどころとしたのだろうか。記憶であり、声である。私たちに手渡された記録は、闇のなかにかき消された無数の「声」によって支えられているのである。

記録の基底には記憶がある。たとえば私たちが強制収容所の記録を読むとき、そこに見出すのは、いわば生きのびる力としての記憶の働きである。忘却に抗ってその経験を受容する、という力としてだけではない。より直截に、暗誦され復唱される詩歌が、そこで反芻される言葉が、いや持続する声そのものが、かれらを生きのびさせ、記録の場所を生きのびさせたのである。この世界が生みだした「現代性」の極限的な場所において、それに耐えて生きる拠りどころとなったのは、現代から取り残されたように思われてきた「記憶」の文化であった。「声」という原初的な条件であった。

しかし、記憶の共同性に連帯するのは容易ではない。収容所の独房に追いつめられた個人にとって、声にまで切り詰められた言葉との対面は、失語の危うい境界を辿りながらなされるのである。言葉はそこで、いわば最も小さなものとして現われてくるだろう。その苛酷な経験は、たとえば次のように記述されている。

人間に、自分ひとりの時間しかなくなるとき、掛値なしの孤独が彼に始まる。私はこのことを、カラガンダの独房で、いやというほど味わった。このような環境で人間が最初に救いを求めるのは、自分自身の言葉、というよりも自分自身の〈声〉である。事実私自身、独房のなかの孤独と不安に耐えきれなくなったとき、おのずと声に出してしゃべりはじめていた。しかし、どのような饒舌をもってしても、ついにこの孤独を掩いえないと気づくとき、まず言葉が声をうしなう。言葉は説得の衝動にもだえながら、むなしく内側へとりのこされる。このときから、言葉と時間のあてどもない追いかけあいがはじまる。そしてついに、言葉は時間に追いぬかれる。

（石原吉郎『望郷と海』）

極限的に小さなものと化した言葉、声を失い孤独の時間に追いぬかれた言葉が、その失語状態から生還したとき、強制収容所の「記録」が成立するだろう。そのようにして発せられた小さな声、小さな言葉に、この世界の重力の大きさを見なければならないのである。そうして、このカラガンダの独房という例外的な場所における稀有の経験が、もし私たちに痛切なものとして感じられるとすれば、それは私たち自身が何程か声を失い共同性を見失って、「内側へとりのこされる」という言葉の独房化のなかにあるからにほかなるまい。私たちが生きているのは、極限的なものが日常に隣りあう世界なのである。

小さな声あるいは沈黙の声を聴きとるということは、文字を蔑ろにしてよいということではない。小さな声とともに、小さな文字というものもまた存在するのだ。たとえば、他の一切の事情を記すことなく（記すことができずに）、わずかに名前や年齢が書きとどめられただけの文書がある。文字どおりの人別記録、いわば最も小さな記録のかたちだ。その小さな文字の集列に、どのようにあい対するか。それはおそらく、沈黙の声に耳を傾けることと相似形の行為である。

たとえば、十九世紀半ばに蝦夷地を旅してアイヌ民族の実態を誌した者の記録を、今日の問題として読みついでいこうとするとき、その文字たちにどのように向かいあえばよいだろうか。

『三航蝦夷日誌』『廻浦日記』『丁巳日誌』と読んできた私のノートは、『戊午日誌』へきて急にメモの量がふえている。それは、武四郎の霊にあやつられるように、コタンの人別を書き写し出したためである。／武四郎の記録は、各戸の戸主名から始まり、家族の名、年齢、続柄が列記される。ほとんど各戸毎に、誰々は「雇に下げられたり」とか「雇いに取られ」とか「浜へ下げられ」とある。そのくりかえしに目をさらすうちに、「雇いに取られ」る本人や家族の嘆きや苦しみがつたわってきて、いつしか人別を書き写すというしぐさで、鎮魂の思いをあらわしたくなったらしい。気がついてみて、昔から写経という行為が、供養の業としてあることを意味深いこととして想った。（花崎皋平『静かな大地』）

人別記録をつらぬく執拗な繰りかえしが、それに目を凝らす者に、繰りかえすという記録者の振るまいのただならぬ意思を感知させる。それは、書きのこされた文字のつらなりを丹念になぞることによって読みとられるのである。いみじくも写経という行為が想い起こされているように、写本や写経における「書き写すというしぐさ」は、記しとどめられた文字の背後にひそむ数知れぬ「嘆きや苦しみ」に、記しとどめた者とともに思いを馳せる行為であった。ここには私たちに大切な一つの「しぐさ」が示されている。このとき、その小さな文字のつらなりは、まさしく紙碑として立ち現われてくるだろう。「鎮魂」の思いの深さは文字をただの文字にとどめないのである。それは祈ることとして読むことと言えるだろう。

5

小さなものであることの自律性、さらに小さくありつづけることの意思と知恵として、「小国寡民」という考え方がある。かつて老子たちによって展開されたこの思想は、小さきものへ圧迫を加えつづける現在の世界において、どのような形をとりうるのだろうか。少なくとも二十世紀初頭には、「国の大なるはけっして誇るに足りません。……デンマークで足ります。然り、それよりも小なる国で足ります。外に拡がらんとするよりは内を開発すべきであります」(内村鑑三)と言えたこの国も、いまや生活大国などという意味不明の言葉が流通するほどに、骨の髄まで大国主義に浸っているように見える。小国寡民の知恵は、もはや棲息の余地がないのだろうか。

ここには、みずからの心覚えをこめて、その知恵の可能性を模索する二つの著述から書き抜いておきたい。

部落は、何かが大きくなることで人間を小さくしてしまうような、ものの運びの一切を確実に封じるのである。そのことによって、部落じたい、つまり自分自身についてさえ、大きくなろうとしないのである。

部落は、自分の占める地域を、これまでときめる。そして、私達はこのなかで生活をし、このなかで生産をします、と宣言をし、それを守る。だれによってでもなくみずからに加えた制約である。みずからきめた約束である。その約束のなかに人間が生きる。その人間がつまり小農である。そして、内側での約束も法則的であり、それに従い我慢もするし、約束は慣習化されている。そのことによって小農は守られる。（守田志郎『小さい部落』）

不平等を基礎づけ保障する法を斥けるために、国家の法に抗するためにこそ、未開の法が自らを提示するということは、どれほど力をこめて強調しても強調しすぎることはない。……全ての身体に等しく刻まれた刻印は、次のように表明する。すなわち、お前は権力の欲望を持たず、服従への欲望を持つことはない、と。
未開社会の性格とは、ある積極的なものとして、自然環境の制御、社会的投企の制御、自らの社会存在を変質させ腐敗させ解体しうるものを外へ露呈させないという自由な意志として、受けとられるべきである。

（ピエール・クラストル『国家に抗する社会』）

ここに並置した文章が教えるのは、小さなものであることは、大きくなることへの「制約」や拡がろうとする欲望の「制御」の不断の働きにもとづくということである。制約といい制御といい、それは私たちに負性の働きとして受けとられるだろう。内的規律にしたがう「我慢」や外的な「露呈」の禁止が、対立や葛藤を内に含むものであることは明らかだ。小さなものの救出とは、けっしてこのような対立や葛藤の諸面をなし崩したり帳消しにしてしまうことを意味するのではない。制約や制御において表われる他者性を、それはむしろ「積極的なもの」として受けとる。その葛藤にたいする対処力こそ、その小さな場を国家ならぬ「社会」として支える必要条件なのである。

文明化の過程は、小なるものを劣位におき負荷をおわせることによって進行する。小農の部落も未開社会も、一方的な敗けいくさを強いられざるをえない。それは避けがたい。しかし、敗北の場所はまた思考の場所でもあるのだ。獲得される敗北とは、このような場所を志向することだろう。大きくならない知恵を内包する部落の「小ささ」や、国家を生成しない社会の「未開性」は、そういう場所として私たちに大切な思想を手渡しつづける。私たちが小さなものに向かわねばならないとすれば、それは「小さいことは美しい」からではなく、このような危機的認識にもとづくのである。

6

かつて或る研究書の翻訳のなかで、ミクロロギーという言葉に「些末事研究」という訳語があてられているのを見て、なるほどと思ったことがある。すなわち「全体論的な主張にはそれがいかなるものであれ懐疑的であったクラカウアーやベンヤミンの強調した些末事研究《ミクロロギー》こそが、今や明らかにアドルノの心のなかで第一等の地位を占めるようになったのである」と。全体論的な主張に対立する方法の拠りどころを「些末事」と言うとき、その脱神秘的な効果は絶大である。「神は細部に宿れり」といった文言が帯びる神話的な響きは払拭されてしまう。それと同時に、それでは何故に些末事が大切なのか、という問いを喚起する異化もそこに効いている。つまり、ミクロなものへ向かう方法態度を、あらためて些末な物事から見つめなおすという作業へと、その訳語が誘なうのである。

「些末事」という語は私に幾人かの人物を想い出させる。かれらは些末事を研究したのではなく、それとともに生きた人たちだ。正面切って全体論的な主張に対抗したのではない。全体論的な動きに対する反撥はあったが、いずれにせよ大上段から何事かを主張することには、それぞれに或るためらいを抱えこんでいた。そのためらいが、それぞれの仕方で些末事にこだわらせたとも言える。私が想い起こすのはたとえば、ドイツの些末事研究者たちと同時代人であり、かれらに比べて申し分なくマイナーであった、尾形亀之助や山之口貘という詩人たちだ。この育ちも資質も作風も全く異なる詩人たちが、「些末事」への関わりという文脈でいずれも逸しがたく思える。かれらが生きた世界とは次のようなものだ。

土の上には床がある
床の上には畳がある
畳の上にあるのが座蒲団でその上にあるのが楽といふ
楽の上にはなんにもないのであらうか
どうぞおしきなさいとすゝめられて
楽に坐つたさびしさよ
土の世界をはるかにみおろしてゐるやうに

住み馴れぬ世界がさびしいよ

（山之口貘「座蒲団」昭和十年）

寝床は敷いたまゝ雨戸も一日中一枚しか開けずにゐるやうな日がまた何時からとなくつゞいて、紙屑やパンかけの散らばつた暗い部屋に、めつたなことに私は顔も洗ら《ママ》はずにゐるのだつた。／なんといふわけもなく痛くなつてくる頭や、鋏で髯を一本づゝつむことや、火鉢の中を二時間もかかつて一つ一つごみを拾ひ取つてゐるときのみじめな気持に、夏の終りを降りつづいた雨があがると庭も風もよそよそしい姿になつてゐた。

（尾形亀之助「秋冷」昭和五年）

「座蒲団」の詩人は些末なるものの上に存立する些末ならざる世界、すなわち「住み馴れぬ世界」を捉える。些末事を通して、その「世界」に対する違和感をしっかりと取り押さえる。日常生活を形づくる「些末事」に向けて、かれが言葉の贅肉をそぎおとしていくとき、その減量した言葉は、この社会の在り方をくっきりと示すのである。ここでは言葉そのものに社会縮減のメカニズムが作用している。「なんにもなかつた畳のうへに／いろんな物があらはれた」生成の現場が、紙の上の簡潔な言葉として刻みだされる。

この座蒲団に注がれる眼差しは、その上に展開する世界の移り行きに対する意思表示においても、それを正面切ってでなく、些末事において造形する。何もなかった畳の上に、「戦争」が現われたとき、この詩人はたとえば次のような詩を書くことになる。

いろんな
車輪が
すべって来ては
あいろんみたいにねずみをのした
ねずみはだんだんひらたくなった
ひらたくなるにしたがって
ねずみは
ねずみ一匹の
ねずみでもなければ一匹でもなくなって
その死の影すら消え果てた
ある日　往来に出て見ると
ひらたい物が一枚
陽にたたかれて反っていた

（「ねずみ」昭和十八年）

死の影さえとどめないねずみ。そのかすかな痕跡に向かう眼差しが、「ひらたい物」としての存在形態を捉えて離さないのである。それは「ねずみをのした」ものを反射しつづける。

これに対して、寝床と紙屑の詩人は、些末事とともに生きるだけでなく、それとともに消えていこうとする。この詩人について論者が口をそろえて言うように、そこには消滅への願望が露わに見えている。かれの三冊目の最後の詩集の自序は、「何らの自己の、地上の権利を持たぬ私は第一に全くの住所不定へ。それからその次へ。」と始められている。この無限縮小化は、市隠という系譜に置くには、些末事の前景化が示すその貧寒と無為との度が過ぎている。いわば過剰な無為は、些末な物との交渉を、そして些末事への自己消去を、たんに些末なものにとどめておかないのである。

それは雨戸一枚の外の「よそよそしい姿」を否応なくかれの眼に見せるだけではない。無為の内に反復される些末事への視線は、その小さく局限された物事の質的な変容を感知するのである。あたかも縮小化の過程で遭遇する出来事のようにである。この寝床と紙屑の詩人の絶筆とされる短文は、それを鮮やかに示している。

五月に入つて雨や風の寒むい日が続き、日曜日は一日寝床の中で過した。顔も洗らはず、古新聞を読みかへし昨日のお茶を土瓶の口から飲み、やがて日がかげつて電燈のつく頃となれば、襟も膝もうそ寒く何か影のうすいものを感じ、又小便をもよふすのであつたが、立ちあがることのものぐさか何時までも床の上に坐つてゐた。便所の蠅（大きな戦争がぼつ発してゐることは便所の蠅のやうなものでも知つてゐる）にとがめられるわけもないが、一日寝てゐたことの面はゆく、私は庭へ出て用を達した。　（「大キナ戦」昭和十七年）

寝床と古新聞。十数年のあいだ変わらぬようにみえる些末事のなかの「影のうすい」生は、ここで一匹の蠅へと集約する。この些末な存在において、些末事そのものを脅かす世界の気配が触知されるのである。「あの大戦争の勃発を、便所の蠅に気がねするくらいのところで受けとめた詩人は、あとにもさきにも尾形亀之助一人であったろう」（鮎川信夫）。それは、ミクロなるものへの自己遺棄の姿勢があぶりだした、この世界の「影」なのである。死の痕跡さえ消えてしまう物と自己とをつらぬく影のうすさを、どこまでも日常生活の具体において映しとる。それが全体社会に身を預けずに些末事を生きる者の態度であった。

7

微細なるものに目を向け、かすかな痕跡や細部に注意深くあることは、むろん現代が発明した方法ではない。それどころか、その方法はたとえば狩猟民にとって、死活にかかわる欠くべからざるものであったはずである。獣の消え去ろうとする足跡や微小なものの変化に対して、そこでは否応なく鋭敏でなければならなかっただろう。ミクロなものへの注意深さという「現代」が要請する認識の方法は、狩猟民的な生活の方法を今日の世界のなかに導入することでもあるのだ。そうしてこの時代が想起し召喚するのは、狩猟社会の知恵だけではない。

たとえば歴史家カルロ・ギンズブルグが「症候学」の系譜のもとに整理してみせたように、古代以来のいわば種々の形態のミクロロギーを、現代という時代は思い出す必要があるのだ。すなわち、「一方に足跡、天体、（野獣や人間の）排泄物、粘膜の炎症、角膜、脈搏、雪の野原、煙草の灰を分析する学問があり、もう一方には、筆跡や絵画や演説を分析する学問がある。」この歴史家に倣って言えば、狩人から精神分析医にいたるまで、不透明な現実を解読するための大切な手がかりは、いつでも「徴候や兆し」なのであった。そうして、たとえばアフォリズムという手法がヒポクラテスの症候学的処方に端を発するように、社会が病めるものであればあるほど、かすかな徴候への注視という方法態度を要請されるのである。

8

イシの足跡。この絶滅させられたカリフォルニア原住民の一部族の最後の生き残りは、自分の足跡を掃き消しながら歩かなければならなかった。まだ「未開人」の生存者がいることを「文明人」に感知されぬためにである。現代文明は少数者をその足跡にまで追いつめたのである。その足が「石器時代と慌しく工業化した二十世紀との間に横たわる巨大な溝をたった一歩で跨いでしまった」とき、イシの物語は生まれた。それは、高貴な野生人の物語として、また、かれを暖く迎えた少数の文明人たちとの友情の物語として読まれてきた。その読み方が間違っていると言うのではない。しかし、著者の娘でもあるアーシュラ・K・ル＝グウィンが新しく書いた序文は、『イシ』の質的に違った読み方を教える。

イシの足は「幅広で頑丈、足の指は真直ぐできれいで、縦および横のそり具合は完璧で」あった。注意深い歩き方は優美で、「一歩一歩は慎重に踏み出され……まるで地面の上をすべるように足が動く」のであった。この足取りは侵略者が長靴をはいた足で、どしんどしんと大またに歩くのとは違って、地球という共同体の一員として、他の人間や他の生物と心を通わせながら軽やかに進む歩き方だ。イシが今世紀の孤島の岸辺にたった一つ残した足跡は——もしそれに注目しようとしさえすれば——おごり高ぶって、勝手に作り出した孤独に悩む今日の人間に、自分はひとりぼっちではないのだと教えてくれることだろう。

ル＝グウィンが注目するのはイシの足跡だ。それは何を指し示しているのだろうか。絶滅させられた少数者の最後の痕跡だろうか。そうではない。傲慢と孤独に苛まれる「今日の人間」の同朋を、ル＝グウィンはその一つの足跡に読みとるのである。

ここには鮮やかな視座の転換がある。文明人の側から少数者を見るのではなく、また、その逆でもない。たんに少数者の側から文明を批判的に見るのでなく、少数者において、現代文明のもとに生きる人間の存在形態を見るのである。少数者の最後の生き残りのうちに人類を透し見るというこの視線は、少数派なるものの反転を生起する。消滅へ向かいつつある存在とは、「今日の人間」全体ではないか。人類とは潜在的少数派ではないのか。そうだとすれば、イシは消滅へ向かう人間の最後の姿を示しているのである。

最後の人間としてのイシの物語。それを読みとるとき、ル＝グウィンが注目を促しているように、地面の上をすべるように動くかれの足どり、他の生物と心を通わせながら進む歩き方は、私たちに切実に必要なものとして現われてくる。その小さな足跡は、人類全体の方向を指し示しつづけるのである。小さなものに真理が宿るとすれば、その現代的な宿り方はこのようなものだ。

貧民の都市

都市を生活の場とするとは、どのような生を生きることなのか。あるいは、どのような生存のかたちを刻印されることなのか。都市における私たちの生存のあり方を明らかにするためには、一旦その基礎に立ち戻って考えなおさなければならない。その構造的な還元の作業は、現代都市の「出自」の確認と結びついたものとならざるをえないだろう。なぜなら、或る歴史的な衝撃がもたらした質的な変容、それ以前の生活形態を切断したその構造的な変質のもとに、現在の私たちは生きつづけているからである。

都市という場にとって、この意味における決定的な一撃は、圧倒的な人口の流入であった。それは、たんに農村から都市への貧困の移動や、都市の規模拡大のみにとどまらない。量的変化はここで質的なものへと転じる。それは社会形態および生活様式の全体を貫く変質をもたらすことになった。人々を流民化する運動の、それは始まりでもあった。

たとえば十八世紀の江戸に、その運動は現われた。都市生活をめぐるその最初の一撃を深々と受けとめ、その衝撃に貫かれた社会諸現象を考察した点において、荻生徂徠の『政談』は、この国最初の画期的な都市論としての地位を占めつづけるだろう。そこには、各地から流入した民衆が、たとえば「棒手振り」や「屑拾い」として生活の底辺を拡大し、都市の周辺を拡張しつづける事態が、深い危機意識のもとに観察されている。それは、この江戸の政治社会学者に、一時的な滞在者が作りなす都市社会の構造とその生活形式について、根本的な認識を促すことになる。

十九世紀における都市の決定的な変貌は、その運動がもたらす病理学的な地形として立ち現われる。疫病たとえばコレラの頻発は、その相貌をくっきりと浮かび上がらせるだろう。場末町や新開町が、裏長屋や木賃宿が、路地や下水道が、そして貧民窟がその地形の結節点となる。流入民は、たんに厄介な「溢れ者」ではなく、その結節地点から崩壊の力を流出させる集合体としての貧民として、いわば「発明」されるのである。この危機のトポグラフィーのもとで、たとえば十九世紀パリのモンフォーコンや明治の東京の新網町が、悪臭と嫌悪と恐怖のなかで「病める都市」の象徴的な場所として語られていく。東京郊外の避病院はほとんど死体置場と同一視され、パリの下水道は病気と犯罪の伝達路とみなされていく。その語り方そのものの内に、都市という場の在り方がかたどられていくだろう。

都市はこの「社会的下降」の運動において、ほとんど「生物学的ドラマ」と呼んでいい生存の条件を露出する（ルイ・シュヴァリエ『労働階級と危険な階級』）。急激な「下降」すなわち没落は、社会的なドラマを生むのだ。没落のその過程において、それまで社会体系の種々様々の膜に覆われていた諸側面が浮上し、そこに「隠されていた物」を次々と表出しはじめる。たとえば大都市の住民と疫病との結びつきは、どのような社会劇を生みだすのか。それについて私たちは既に、デフォーの『疫病流行記』からカミュの『ペスト』にいたる記述を持っている。疫病は、階級や居住空間の違いによる「死の前の不平等」のような、社会的経験のトポロジカルな有り様を表面化し、何よりも都市における生存の様相そのものを露わにする。それはまさしく社会の基底に到達する没落の運動として現われるのである。この下降のベクトルを体現するもの、それが「貧民」にほかならない。

貧民は、都市という経験の中核的存在となる。それは、都市という生存の場の変質過程をその身に担う運動の概念であり、その生活形態の変貌を一身に圧縮される存在の概念となる。したがって私たちは、近代都市はどのような「病歴」のもとに自己を形成し、どのような母斑をとどめているのかを、貧民という鍵的存在とそのドラマの展開において見なければならないのである。都市論はこの意味で、そこに生きる人々の「生物学的基礎」にまで立ち戻り、その苦痛を含む情念《パトス》のあり方に着目する病理学《パトロギー》でなければならないだろう。

貧困に占拠され、犯罪に侵蝕され、疫病に汚染される都市。そのような条件のもとに自己を形成した十九世紀の都市は、種々の形態の視線を生みだすことになった。都市の生物学的な基礎を露呈する貧民窟や木賃宿の密集地は、都市文明に侵入しそれを脅かす、未開ないし野蛮の地域と見られていく。『パリの秘密』の著者やその同時代人たちは、貧民の生活様式を端的に「未開人」のそれと重ね合わせるだろう。『最暗黒の東京』の筆者は、「物貨山積したる大都会の中央に住みながらも、なお其の身は曠漠たる無人の原野にあるものの如し」と評するだろう。

都市は視線の政治学のもとに生長する。大都市の真只中の未開な社会は、そのリヴァイアサンに寄生する存在、あるいはその活動が生みだす排泄物と見なされただけではない。それは医学的および社会的な「病い」を蔓延させ悪化させる媒体として捉えられる。この視線は、木賃宿取締規則や市区改正論といった行政的眼差しとして具体化するだろう。それはさらに、貧困に対する排斥的な眼差しを日常化し、不潔なるものの除去を習慣化する「衛生学」イデオロギーと結びつく。この心性の形成作用は強力かつ絶大であって、私たちはいまなお、この政治学のもとに生きているのである。流民化を内在させる住民の上に注がれる視線の変動と交錯が、近代都市の形成過程そのものを照らしだす。近代都市はそこに自らの姿形を刻印する、といってもいい。

都市は身体を形づくる。そこに生きる者は、都市という生活環境によって強いられ変形された身体的特性のもとに生きるほかない。都市は新たな視線を形成するとともに、その基礎である身体の次元に働きかけずにおかないのである。貧民が野蛮人や浮浪民と見なされることは、たんに社会的な印づけではなく、身体的な特徴を刻印することでもあった。身体経験にもとづいて都市生活を切り分け、その社会的精神的な地形図を作成するという作業を、この事態は要請する。たとえば『人間喜劇』の著者が、いみじくも『社会生活の病理学』という名のもとに構想したのは、「身だしなみの全世界的原理」であり「歩きかたの理論」であった。この身体の表情にもとづく都市住民の観相学は、さらに端的に諷刺画家の的確なる誇張によって描き出されるだろう。

この観相術的な認識と衣裳哲学的な判断は、民衆自身によって共有されていく。それは、ほかでもない。大量の流入人口によって膨れあがった大都市は、何よりも見知らぬ人々と日常的に接触しなければならない、という未曾有の経験をもたらしたからである。そのとき人々が互いに当てにする解読格子は、相手の身体的特徴に対する判断であり、その身振りの社会学的な特性にもとづく印づけであり評価であった。身体と風俗の人相学が、社会認識と社会記述の方法となる。そういう世界が出現していた。

都市の生は、既存の価値体系という重力から解除された、移ろいゆく表層を生きるものとなる。そこでは、人々の生活が帯びる社会的衣裳の細部が、決定的な重要性をもつことになるだろう。その文化的表層は、もはや生産関係の函数としてそれを理解する仕方では捉えることができない。そして既に十九世紀に、錯覚や希望や幻想を含む表層が状況を形成し、その社会の様相を変えていく動態を、「由緒ある衣裳と借り物の台詞で世界史の新しい場面を演じる」人間たちにおいて見事に把握していたのは、ほかならぬ『ブリュメール十八日』の著者であった。風俗のなかにおかれた由緒ありげな衣裳と、種々様々に寄せ集められた借り物の言葉、そして演技者としての人間——この都市的な道具立てを構成する文化的表層は、社会変動の根本規定へと翻訳しうるのである。その社会的基礎への翻訳に留保を付けるとすれば、そこでの世界史的な演技の主要人物が、実はマルクスの視野の辺境におかれた東欧や南欧からの出稼ぎ労働者たちであったということだろう（良知力『向う岸からの世界史』）。つまり、改めて「貧民」の存在が問題となるのである。

社会生活において、互いの身体的な記号を読みとることが死活の問題となるというのは、たしかに文明化のなかの未開性の噴出であったともいえる。より正確には、文明ないし近代性と未開ないし原始性との同時析出であった。文明が進展すればするほど、同時にその埒外の世界を生成し堆積していくのである。近代都市はこの両義性のもとにあった。あるいは、両義性の社会的認識そのものをここから手に入れなければならない。裏文化や底辺社会や地下世界への認識は、したがって近代の都市構造の根幹にかかわるものとなる。

都市生活の変質を映しだすこの新たな認識のもとで、都市はさまざまな暗喩を生成する場として立ち現われてくる。たとえばパリに張りめぐらされた下水道を、『レ・ミゼラブル』の作者はたんに生活排水の運搬経路や疫病の感染回路としてでなく、大都市そのものの暗喩として描き出す。かれにとって、そのおぞましさは都市それ自体のものであった。パリを徘徊する屑屋のうちに、『悪の華』の詩人は都市生活を流通した事物の最終的な処理者ではなく、自己の姿そのものを透かし見るだろう。事物の末路はかれ自身の立脚地点であり、廃棄物に向かう屑屋の振るまいはかれの存在の形態そのものを示すものであった。そして両者において、都市は何よりも個人の痕跡を消す「群集」というヴェールを通して受けとられることになる。都市とは群集経験にほかならない、という鍵概念もまたそこに成立する。

このような都市の変貌は、「社会的下降」への急傾斜のもとで、都市文明＝地獄というアレゴリーを結晶させるだろう。観相家たちが都市の「地獄の顔付き」(バルザック)や「人間生活最後の墜落」(松原岩五郎)を語るとき、それは生活者の心性における「最暗黒」の表象に輪郭を与える。地獄とはいかなるものかを、都市に生きる者はその足元に引き寄せることになる。それは「大都市生活者の悲惨」を映しだす「寓意家《アレゴリカー》の視線、疎外された人間の視線」(ベンヤミン「パリ――十九世紀の首都」)のもとに、その姿形を現わすだろう。

二十世紀の「経験の貧困」をくぐりぬけたベンヤミンにとっては、都市的表層性はたんに社会変動の規定要因にとどまることはできない。社会的規定へ媒介されるときにも、物質的なものを貫いてゆく「繊細な精神的なもの」の運動がどこまでも追跡される。かれにとって、それは「近代」という時代そのものを透視することができる根本的な「経験」の場となった。それは一回的に現われる「歴史の真実」を、その出現の現場において瞬時に取り押さえることを意味していた。危機の瞬間が垣間見せる「過去の真のイメージ」、それが「十九世紀の首都」パリにベンヤミンが見出したものであった。

都市という経験について、その最深部にまで到達する認識活動を遂行したベンヤミンが、自らの亡命地である同時代のパリではなく、十九世紀のパリを思索の対象としつづけたことに、改めて思いを致さなければならない。近代都市の決定的な変貌が、社会的かつ認識論的な両義性とともにあるとすれば、その「十九世紀の太古史」において細部にわたる重層的な結晶体を捉えようとしたかれの方法は、まさに時代の核心を射抜いていたといえる。大都市生活者の「疎外された視線」のもとに、生き生きとした幻影の形成と商品性の破壊的侵蝕との交錯の過程を、いわば弁証法的画像として提示しようとする、その手法を支える感覚は、紛れもなく破壊的要素を深々と抱えこんだ二十世紀的精神によるものであった。このような精神にとって、「十九世紀の首都」は根本的な認識の場所なのである。

かつて或る批評家は、二十世紀の真に検討に値する思想はすべて、故郷喪失という主題をその出立点としている、と指摘したことがある。この時代において何事かを考えようとするとき、それが都市化され流民化された事態のなかに置かれていることを知らなければなるまい。つまり、都市を生きるとはどのような生のかたちを身に帯びることなのか、という問いが再び三たび立てられねばならないのだ。すなわち、文明＝地獄は過去の経験となり果てたのか。生物学的な基礎に立ち戻る社会認識は研究者にのみ意味のある作業にすぎないのか。都市文明がはらむ破壊性は局地的な現象として始末がついたのか。

社会生活から共同性の被膜を剝ぎとってゆく大都市の破壊力は、私たちの生存の形態をどのようなものとしているのか。或る作家は、貧民の都市経験それ自体の認識に立ち戻ることによって、この問いを立てなおした。すなわち、大都市の制御不能の成長がすべてを破壊していくとすれば、貧民の共同性を改めて問うことが不可避となるのではないか、と。

どうやって人々は、あんな狭い所でかつかつの生活をし、しかも常に仲良くしていられるのか？　小屋が小屋に壊れかけてへばりつき、大手を振っては通り抜けられないほど、ボロ小屋の列がびっしり続いているというのに、どうやって近所付き合いが広がるのか？　旧来の、つまり何世代にもわたって慣れ親しみ身に沁みこんだ貧しさが、絶えず惨めさに急変するかもしれないというのに、どうやって人々はいつも人間でありうるのか？

（ギュンター・グラス「例えばカルカッタ」）

この問いかけは、「安楽」の傾斜面において「人間でありうる」ことが危うい、現代の都市生活に対する反措定としてのみあるのではない。そこに「スラム主義」を見てはなるまい。たしかに私たちは、ビルがビルに壊れかけてへばりつく光景として大都市を見る眼差しをすでに持っている。基礎としてのバラックの視線を持っている。また都市生活の土台がどれほど脆く、しかも破壊的であるかをすでに知っている。その苦痛への感受力を不断に試されている。それに対して、しかし、反措定としての貧民街では不充分だろう。

ここでの貧民概念の賦活はもっと切迫したものだ。現在の私たちが生存のあり方について考えるとき出会う、いわば未来形の課題をそれは担っているのである。貧民の都市経験を想起しそれを理解することを緊要とするような事態に、私たちは立ち到っているのだと言ってもよい。貧民の生活を「学習する眼」（グラス）とは、生きのびるための意志と知恵の表明にほかなるまい。

それはおそらく、「生命《レーベン》とは学習《レルネン》である」という動物行動学的な基礎命題に文明史的に呼応するものだろう。それほどに、私たちの文明における生物学的基礎が問われているのである。この事態が要請する人類史的経験の在庫点検において、「貧困の文化」はその重要な一つとなるだろう。人口過密と都市文明とが私たちの生存条件でありつづけるかぎり、そしてその破壊的要素を制御しえないかぎり、貧民の都市経験は過去形に閉じることはできない。この生存空間そのものを問題化する現代的条件のもとで、「貧民の都市」は未完の場としてある。

夢の弁証法

どうして「夢」が問題となるのだろうか。久しぶりに読みなおして、初めて本書『古代人と夢』（西郷信綱）を手にしたときのこの素朴な思いが、それを読み了えたとき受けとった「面白さ」の感触とともに蘇えった。いまにして思えば、そこには、夢をめぐるふやけた観念やさかしらな理屈をうちくだいて、私たちの社会的想像力を奥深く触発する、そういう問いが仕こまれていたのだった。

夢を問題とすることによって、著者は、それを生きられる世界の基礎とする文化ないし精神の構造が、いかに現在の私たちと異なるものであるかを取りだしてみせる。その世界の成り立ちの違いが、「古代人」と私たちとを分かつものだ。こうして夢を「文化形式の下部構造」とする、異質な世界の質感が粒立つとき、そこに「精神史」が作動しはじめる。通時的にだらだらと叙述される観念史と、それは真っ向から対立するだろう。

ここで「古代人」とはあらかじめ存在する人々ではない。夢を信じていた人々という仮設のもとに、それが含みもつ「世界連関」の構造的かつ多面的な解析が、一つの現実としての古代人の世界を差しだすのである。その差しだしかたは、ほとんど批評的に救い出すといってもよいものだ。既存の制度的現実という壁に塗りこめられた物事の「意味」を救出するために、事柄の一側面ないし構造の一角、ときには語彙の一用例に対する分析が、その方法的な楔のように打ちこまれるのである。

こうして取りだされた古代人の文化形式において、「夢に見る」ということの、他の何ものかに還元できない独自性とその「確かな経験」としての衝撃力が、繰りかえし強調される。その強調は、「現実が夢を模倣し再生産することだって大いにありえたはずである」ような、そういう「現実」の在りかたに対する注目の集中を促すのである。

このような指摘は、いかにも唐突に思えるかもしれないが、私につぎのような文章を想い出させる。現代ロシアの幻想文学者であり卓抜な批評家でもある人物のものだ。

マルクス主義の用語を使えば、現実とは芸術の上部構造なのである。芸術の外で、芸術なしでは、現実それ自体には特に何の中身もなければ、何の価値もない。だからこそ芸術は定期的に、時には社会の法則や意志に反してまでも、繰り返し姿を現わし、自分の存在を思い出させるのだ。地中からめらめら燃え出る火焔のように。そして生命の根源として。

また、歴史とは本当は何か、自然とは何かを思い出させるために。

（アンドレイ・シニャフスキー）

体制の解体という危機的状況を眼前にした、一見奇矯に思えるこの文学者の言葉は、夢に見るという経験が開示する「世界連関」について西郷氏が傾けた知見と、符合するところがないだろうか。現実を再生産するその「下部構造」としての力は、生命の根源として「大地と夜」に属する夢、豊穣と再生をもたらすべく「地中から燃え出る」ような夢の働きを想わせる。「忌みこもり」をめぐる本書の著者の形態学的な探究は、そこに詰まっている「人類史的な経験」の中身や価値を思い出させる作業にほかならなかった。また法則や意志に反してその姿を現わすさまは、夢見が帯びる「他者性」を想わせるだろう。そうであればこそ、夢は神的啓示でもあれば他界との交通路でもありえたのだ。それよりも何よりも、再生を希求すべく人間の経験の根源におりたとうとする、その精神の眼差しの向けかたにおいて、それは共振するのではないか。

しかし符合ないし呼応はここまでである。夢の下部構造としての働きが、そこで生きられる世界が「本当はどういうものか」を思い出させるようなものとして、私たちにやって来ることは、もはやない。生命の根源として世界へと通じる夢の回路は、どこかで塞がれてしまったのである。それはどこか。精神史の出番であろう。私たちの「現実」が、夢が孕む世界連関を思い出させることがないとすれば、その方法は、著者がいうように「昔を想い出すことが忘れていた今を想い出すことであるような、そういう想い出しかた」、すなわち想起にもとづくだろう。

夢をめぐる精神史的な事件は平安朝において生じた、と著者は指摘する。このあたりの叙述は久しぶりに読みかえしても実に鮮やかであった。和泉式部のあまりにも有名な歌、「物思へば沢の蛍もわが身よりあくがれ出づる魂かとぞみる」が引かれる条りなど、論の運びをすでに知っていても、なお強い説得力をもって引きこまれる。平安時代の解体的な心象風景そのものを生きた和泉式部や、夢にもとづく判断停止を強いられ、その断念をつうじて混沌とした経験世界への眼を手にした『蜻蛉日記』の作者は、夢の精神史の危機的な切断に立ち会わされた者として、くっきりと蘇えってくるのである。

この指摘の鮮やかさと説得力の強さとは、古代都市における「共同体的紐帯の解体」を見据える西郷氏の眼差しの確かさによるだろう。和泉式部の歌に、物思いのうちに砕ける「魂の散乱状態」を読みとるとき、たしかに著者とともに「精神史として、これは決して小さな事件ではない」ことを、私たちは身にしみて思い知らねばならないはずである。すなわち、私たちが手放した世界とはどのようなものであり、それによって、忘れているどのような「今」を想起すべきなのだろうか。
それは、ほかならぬ「あくがれ出づる魂」をめぐる事態である。つまり魂の他者性ということだ。ここで私たちは、夢において像化される魂の弁証法的な運動というべきものに出会うことになる。著者によってそれを想い出させられる。

魂は自己のなかに棲む他者である。したがって危機に臨むとそれは我にもあらずあくがれ出でもするが、同時に聖所のねむりに訪れる夢において、それはしばしば自己が自己を超越するという奇跡をも実現する。回心とは考えること、思惟することによってではなく、このように（夢に）見ることによって信が炸裂するのをいうのではないか。

自己とは他者が生棲する場所なのだ。他者を抱えこみ、あるいは他者性に貫かれていればこそ、この自己は「内面性」という名のもとに閉塞してしまうことはない。自己とは他者の意識である、というだけでは充分ではない。それはたえず他者へとひらかれているだけでなく、時あればあくがれ出てしまう運動状態のもとにある。その魂は内面として所有しうるどころか、自己の統制を越えて「我にもあらず」動きだすのである。何ごとかの夢を「持つ」のではなく、「夢に見る」という古代人の決定的な経験が教えるのは、そこに生成するヴィジョンをつうじて、いわば他者性と相互性、さらには共同性への回路をもつ魂のこのような運動なのである。

　そうであればこそ、自己はまた奇跡を実現する場ともなる。魂の強い志向がもたらした夢との衝撃的な出会い、つまり他者との遭遇は、もう一つの現実の確実な現前を「見る」ことによって、自己超越を可能とするのである。それは思惟が処理しえない、根源的かつ全面的な経験となる。自己の魂の他者性が、その強烈なヴィジョンのもとに啓示として現われるのだ。このとき夢を見るとは、そこにまどろむこととは正反対のベクトルを帯びるだろう。夢はもともと「寐目《イメ》」すなわち睡眠中の眼ともいうべき独自な視覚にもとづくこと、したがって、それは直接的な確かさをもつ「うつつ」の経験であること、つまり夢はまさに夢として現実なのであって部分的な覚醒ではないこと。著者が「見る」ことにそくして回心を語りうるのは、このように独自に「現実」に到達しそれと交渉する夢の力学を捉えているからにほかなるまい。

　そう受けとるとき、魂とそれが希求する夢の現実をめぐる著者の考察は、さらに「現代的」な課題を想い出させる。「記憶と忘却がたんなる対立でないと同じく、覚醒と眠りも単純な対立ではなく、両者は互いに入りこんでいる」という著者の言葉は、夢が立ち会う現実は「部分的覚醒ではない」という指摘と合わせて、いわば覚醒の決定的な契機としての「夢」ということを考えさせるのだ。

　今日の私たちにとって、覚醒の仕方はどのようなものとしてありうるのだろうか。たとえば、私たちが思いを凝らさずにいられない、つぎのような言葉がある。

夢の諸要素を覚醒のために利用することは、弁証法的思考の定石である。ほかならぬそのゆえにこそ、弁証法的思考は、歴史的覚醒の器官となる。まことに、すべての時代は続くものを夢みるばかりではなく、夢みながら覚醒をめざして進むものでもあるのだから。

（ヴァルター・ベンヤミン）

『古代人と夢』の著者がいうとおり、覚醒は眠りの対立概念ではない。睡眠中の眼としての夢、すなわち他者へとひらかれた魂の眼としての夢がもつ「世界連関」が、広くかつ深いものであればあるほど、その諸要素は深々とした覚醒の契機となりうるのである。著者の分析が、古代人の夢の世界を静力学的に明らかにすることではなく、その文化形式がもちえた世界と精神の諸連関を忘却のなかから救い出すことに向けられていたとすれば、その批評行為は、ほとんどベンヤミンの「覚醒と想起の弁証法」を思わせるものだ。この古代研究の説得性と包みあう面白さは、おそらく、このようなアクチュアリティにもとづいている。

したがって、私のような素人の読者からすれば、著者が仮設しその中身を充実させていった「古代人」の文化と、その下部構造としての「夢」の諸要素は、私たちの「現在」のうちにそつくり投げこまれるべきものと思える。その異質さは異質なままに、つまり他者として抱えこまれるべきものと考える。それが私たちの思考を触発し動かすとすれば、そのとき、この時代にも「歴史的覚醒」という精神の運動が始動しうるだろう。本書が教えるように、「夢みられたもの」はかけがえのない「現実」なのである。より深い覚醒のための夢の在りかた、それをこそ私たちは想起すべきなのだ。

考える言葉

言葉をめぐる、ささやかな経験からはじめたい。

勤め先の教室でのこと。十人たらずの学生たちと坂口安吾の批評文を読もうとしていた。数篇のエッセイの読後感を報告することになっていた学生の、その感想を伝えようとする言葉の調子がおかしい。しどろもどろなのだ。ついにそれに耐えかねたように、かれの言葉が途切れて、言い繕うようにまた言葉を継いだ。いや、正当なる言い訳のような口調だった。安吾の言っていることが全くわかりません。安吾に比べたら、現代の哲学の言葉ははるかにわかります。隣の席の学生が小さくうなずいた。途方にくれて言葉が途切れるのは、今度は私のほうだ。どうしてここに現代の哲学がでてくるのか。平談俗語などと黒板に書いたことがうらめしくなる。

安吾の言葉が全くわからない。これはどういうことだろう。現代哲学の言葉はわかる。これはありふれた錯覚だろうか。錯覚だとして、それは安吾については生じないのか。錯覚は大切なものである。物事との機縁をひらくものとして、無視してはならないものだ。ある種の言葉がわかった気にもなれないということ、そして表面の難解さの点では逆さまの言葉にそれが生じるということ、これは言葉の受けとり方をめぐる無視しがたい徴ではないか。少なくともそれを、学生にありふれた背のびがもたらす転倒にすぎないとか、ひろく流布している解読格子なのだと、一件落着するわけにはいかない。どういう言葉の有り様を、この事態は示しているのだろうか。かれらにとって、たとえば安吾の言葉がわかりにくいものとしてあるということ、それは確からしいのである。そのことに私は考えこむ。

二つめの経験。たとえば喫茶店や食堂や大学の休憩室で、つまり様々の機会に、私は一人の在日朝鮮人の友人と話をする。年齢もそれほど離れていず、同じような本を読み、共通に関心をもつ話題にも事欠かないこの友人の言葉を、私はよく受けとめられない。かれもまた、こちらの言うことが腑におちないという。互いに友人と思えばこそ、ものわかりのよさを装う気にもなれず、訳知り顔で相槌をうつわけにもいかない。互いに言葉を尽くして、なんとか意思の疎通をはかろうとする。数時間話をしたあと、いつも言葉を使うことの難しさと厄介さの感触がのこる。そのもどかしい思いがあまって、ついに小さな場所をかりてその対話を公開することにした。二人のあいだにある言葉がはらむ問題、その意思伝達の難しさは、二人だけで処理できる事柄ではないという思いに動かされたからだ。その一回目の九十分間。話題はひたすら、かれの言葉でいえば「ディスコミュニケーションのコミュニケーション」に終始した。つまり、二人の話がどのように通じにくいかを話しあい、互いの言葉がいかに届きにくいかについて言葉を尽くすことになった。ちょっと珍しい公開対話ではあった。

関心事を分かちあうこと、共通の教養目録をもつこと、さらには共感を抱くことさえも、二人の人間のあいだの共通の基盤を担保しない。その基盤をたえず確かめようとして、結果的にその脆弱さを露わにし、共通性を引き裂いてしまうのは、二人が懸命に尽くす言葉そのものだ。期待される関係を担うはずの言葉が、双方の関心を遮断し共感を中断してしまう。互いの意思を運び、共感を載せることが難しいとすれば、それは言葉のどのような在り方によるのだろうか。ここでも、語り手が身を置く場所とその語り方によって言葉がおびる意味は異なる、という理屈ですませるわけにはいかない。友人としての関係がかかっているからである。二人のあいだに言葉をしっかりと置こうとすれば、それを願うならば、私たちの言葉がどういうものとしてあるかを考えなくてはならない。

学生たちと私とのあいだの言葉、友人と私とのあいだにある言葉は、それぞれが内包する困難をつうじて、私に考えることを促す。言葉はいわば非伝達的な伝達として、伝えようとすることだけでなく、伝わらないこととそれ自体において、確かに何事かを伝えるものでもある。二つの経験は、私にそのことを示唆する。そうして、考えるということにとって、明快な解説などよりも深い示唆のほうが重要なことはいうまでもない。様々な形と方向において示唆を受けとること、それが言葉に向かう大切な姿勢だろう。

「唯一の保証となるもの、それは統辞構造である」という意味のマラルメの定言がある。そう言えるとすれば、私たちのもとでその保証する力はどれほど堅牢であるのか。あるいは、その構造にどのような変質が生じているのか。このような統辞構造にかかわる経験の様相を、たとえば二人の詩人が書きとめている。

あるときかたわらの日本人が、思わず「あさましい」と口走るのを聞いたとき、あやうく私は、「あたりまえのことをいうな」とどなるところであった。あさましい状態を、「あさましい」という言葉がもはや追いきれなくなるとき、言葉は私たちを「見放す」のである。／このようにして、まず形容詞が私たちの言葉から脱落する。要するに「見たとおり」だからである。目はすでにそれを知っている。言葉がそれをいまさら追ってもむだである。

（石原吉郎「沈黙と失語」）

日々の景色を新しくつくりかえてきた新しい知らない言葉は、落ち着いてかんがえると、びっくりするほどじつは偏っているということに気づく。新しい知らない言葉というのは、そのほとんどが、ただ新しい名詞ばかりなのだ。／はじめに新しい名詞ありき、ということだ。世に新しいもの、新しい技術や新しい商品。新しい観念。新しい病気。新しい流行。それらによってふんだんにもたらされてきたおびただしい新しい言葉というのは、まずもっぱら新しい名詞なのだ。いいかえれば、わたしたちが手にもつ言葉のなかで、新しい知らない名詞だけがとんでもなくふえつづけているというのが、ほんとうだろう。

（長田弘「三つの動詞」）

二人の詩人が、形容詞と名詞というそれぞれの品詞において見ているのは、そして脱落と増殖というその反対方向の運動のうちに摑みとっているのは、私たちの統辞構造における変質である。言葉をめぐるかつてない経験としてそれが受けとめられている。

形容詞の動態。それは危機において統辞構造が真っ先に振るいおとす言葉、末端の言葉である。したがってまた、日常もっとも多用される現実への応接の言葉、先端の言葉でもある。「見たとおり」を追いかけるだけの言葉の無力さを、この品詞の動きは示してみせる。語りなおし記述しなおそうとする内側の動機に支えられないとき、そこに貼りつけられる形容詞は、現実を考えるための梃子にならない。それどころか反対に、そのような形容詞の濫発は、言葉が無力化している事態を隠蔽するはたらきをするだろう。言葉を使うことが、ここでは考えることを阻む力として作動する。

見たとおりの追認ではないところで、言葉は生きる。見ていて見えていないもの、埋もれているもの、隠されてあるもの、伝わりにくいもの。したがって、言葉のはたらきとして不全に見える場所によって言葉は支えられている。「深さ」ということが言葉について言われるとすれば、ここのところだろう。それはおそらく、言葉が言葉であることをやめる瀬戸際で引き返すという経験の堆積によるものである。様々な意味を担い、あるいは抽きだされるという言葉がおびる運動、厚みと奥行きと重層をもたらす運動は、いわば動態視力を要請する。考えるという機縁を手放さずにもちつづけようとすれば、私たちの言葉は動態感覚をともなう深度を保っていなければならない。

考える言葉の触手が向かうもの、それは言葉が含みもつ痕跡である。言葉はそれが語られた状況を色濃く刻印され、それが使われた条件を背負っている。あらゆる言葉はローカルな出自と他者をもつと言ってもよい。それに対する語り手の態度が、その言葉の内に刻まれている。言葉の形姿として、それが感じとられる。それは言葉に含まれる「考える」という成分の、手ざわりをもつ現われだろう。どういう問題にどのように対応したのか。語られた言葉は、それが語らなかったことも含めて、その痕跡以外には手がかりをのこさない。したがって痕跡のない言葉は顔のない言葉である。生きた形跡をもたない言葉だ。考えるという営みが棲みついていない言葉である。

手垢にまみれた言葉、言い古された言葉、という言い方がある。考えることを阻む言葉、その促しをもたらさない言葉ということだ。古びるということ、これは言葉にとって自然だが厄介なことである。そこから考えることを救い出そうとして、古びた言葉、古めかしく感じられる言葉を放棄し、鮮度のたかい言葉を選ぼうとする。新しい言葉が使われはじめる。これは自然な傾きである。しかし、新しい言葉と言葉の新しさとは違う。考えることを救うために「新しさ」が択ばれるとするならば、それは痕跡を消し去ることではないはずだ。

大切なのは、言葉が古びるということ、それと考えることとの関係に思いをめぐらすことだろう。たんに新しい言葉と古い言葉の対立が問題なのではない。新しい言葉の多くは早晩古くなる。しかし、いっこうに古びない「古い言葉」も身のまわりにたくさんある。「すべて価値あるものは手垢のついた名前で呼ばれやすい」（オーソン・ウェルズ）ということを思い出してもいい。私たちが目を向けるべきは、新しさと古さの境目だ。言葉が形成される場所である。古びるにまかせるか、それに新しさをもたらすかの分岐点。その境目にあって、形成力をもって分岐させてゆくのが「考える」ということである。

新しい言葉のほとんど独占的な担い手としての名詞。これは統辞構造を根底から揺るがし、私たちの言葉の経験を決定的に変質させる事態である。「新しい」という強力な形容詞をもつ物事に誘導されて、新しい名詞が増えつづけるとき、それは動詞の貧しさと見合っているだろう。動詞が蔑ろにされ駆逐されてゆくとは、どういう事態なのだろう。「三つの動詞」の詩人が示唆するように、あらかじめ意味を担保することができないのが動詞というものだ。（ちなみにこの三つの動詞とは、漱石が自戒とした「真面目に考へよ。誠実に語れ。摯実に行へ」という三つである。）動詞は生きられてはじめて意味を生みだし確保する。そういう言葉としての動詞が、私たちのまわりで急速に貧しくなっている。そこでは「真面目に考える」ことそのものが質的な損傷を被らざるをえない。

言葉がおびる運動の性質が大きく変わりつつあるのだ。手渡されてきた動詞を生きるという意味の基本的な運動に代わって、知らない名詞の形成と増殖と交替がその運動をかたちづくる。その動きを推進するのが新しさの強迫であることはわかっていても、増殖の大きさと交替の速やかさは、言葉の運動量と速度の大きさと錯覚される。しかし、それはどこまでも名詞に加えられた運動なのである。動詞のようにそれを生きることはできないし、それをつうじて息を吹きこむこともできない。体感温度をもたない言葉の運動だ。

種々様々の出来事や物事が、自らを刻むべく択びとる言葉。使いこなされることによって不断にその意味が踏みしめられる言葉。それによってたえず再生しうる言葉。そのように、物事と当事者とのあいだにあって、その関わりの有り様が書きこまれる言葉。それが経験の裏打ちをもつ言葉である。出来事や物事にしっかりと繋がっているだけに、それは恣意的な使用に対して抵抗する。配列に新味がなくなったから取りかえるというわけにはいかない。その物事に対する考え方の態度や信念や感情が、痕跡として生きているからである。そこに刻まれた経験が反芻され、意味が踏みしめられるほどに、その言葉は取りかえの困難な独自性、つまり他者性をおびるだろう。

新しい知らない名詞の増殖。それは言葉から、このような経験の裏打ちが剝がれてゆくということである。過剰な新しい名詞とつきあうには、それを収集し「覚える」ほかない。収集しやすく他者性は希釈されている。知らないところですでに書きこまれた意味を覚えるということが、私たちの「新しい経験」となりつつある。経験が剝がれる言葉という経験。新しいという証票がついたものが経験の言葉として登録されてゆく。その他の経験は、書きこまれるための言葉を見出せずに埋もれてゆくだろう。

手垢にまみれることが忌み嫌われる新しい言葉の帝国。そこでは、出来立ての名詞が歓迎され、洗いざらしの形容詞が愛用され、手垢のつきにくい抽象語や難解な言葉が重んじられるだろう。そのわかりにくい言葉たちは、いわばわかりやすい欲求に支えられている。

私たちの言葉は疲れている、と思う。過労死というような言葉に驚かないほど、私たち自身が疲れているのだから、むろん言葉が疲れないはずはない。問題は、その疲労の中身だ。それは言葉に意味がぎゅうぎゅう詰めこまれることによるのではない。そういう言葉の使われ方を見ることは本当に少なくなった。そうではなく、私たちのまわりの言葉は、物事に出会うまでの距離、そして意味に到達するまでの距離に耐えがたさを感じているのである。こらえ性がなくなったと言ってもいい、そういう言葉がおびる疲労なのである。

これは虚ろな疲れだ。この空疎さは何よりも、意味を手許へたぐりよせたいという欲求をもたらすだろう。その付きあいをやりすごしたいという近道衝動を刺戟するだろう。こうして迂回路を遠ざける早わかりと、意味の書きこみ済みの言葉の収集が、その疲労がもとめる処方となる。これは言葉を嚙む力を弱くする調剤である。

複雑さは複雑なままに。これが対抗処方だ。物事がいわば塊としてやって来るとき、それを腑分けすることが考えることなのではない。抱えこんだ経験の意味を咀嚼することと、頭のなかに整理整頓することとは違う。複雑さのために費やされる言葉のわかりにくさは、考えることを遮断してしまうことがないという意味で、けっして手に負えない難解さではない。反対に、近道言葉は、事態に向かいあうことを阻む力として作用するだろう。

言葉のうちに蔵いこまれている物事への触角。すなわち、埋もれているものの深さ、隠されてあるものの奥行き、沈黙するものの拡がり、見えないものの動き、忘れられているものの遠さ。そういう痕跡や気配へ向かう言葉のベクトルが考えるということだろう。それは、たとえば哲学的というような形容詞を誘発する名詞形の「思考」を手に入れることではなく、「考える」という動詞を生きることにほかならない。

あらためて、学生たちと在日朝鮮人の友人について考える。そして安吾のことを想い起こす。「燃焼しうるものは寧ろ方便的なものであって、真に言いたいところのものは不燃性の「あるもの」である」と安吾は言う。おそらく学生も友人もそれぞれの仕方で、このような不燃性の「あるもの」を模索しているのである。それが私に対する非伝達性として現われる。

意味に対する二つの態度、それを手にする二つの仕方がそこにある。そして私たちの言葉はその偏差のうちに生きている。たえず形容詞の威力を見せつけられ、応接を強迫する新しい名詞に包囲される言葉と、形容詞の共約性を不断に剝ぎとられ、繰りかえし動詞の生かし方に心を砕かざるをえない言葉。それは、たとえば「ハウジング」などという言葉と付きあう者と、「住む」という動詞の中身を確定できない者とのあいだの「ディスコミュニケーション」として現われるだろう。そのように、増えつづける名詞と引き裂かれる動詞。それぞれの言葉は統辞構造を担保とする困難な状況から発せられているのである。

経験の「古典」化のための覚え書

1

時代の形式としての悲劇。それが私たちの生きる条件であるとすれば、歴史のなかの人間の在り方が繰りかえし問われねばならないだろう。かつてハンナ・アーレントが指摘したように、たとえば小説ジャンルの隆盛とともにあるような十九世紀の「市民的な運命概念」は、偶然の下す判決から逃れて、それを理解したり苦悩したりする人間の能力に立ち戻ろうとする試みであった。そこには「人間はたとえそれ以上の何者でもありえないとしても、少なくとも運命を自覚した犠牲者にはなれるはずだ」という信念が息づいていた。しかし二十世紀の時代経験は、そのような人間の理解する力や苦悩する能力を押し潰し、その無力さを露わにするに充分な悲惨を見せつけた。ここでは、歴史はほとんど恣意的で抗いがたい災厄として立ち現われ、いわれなき不幸として現前しつづけた。それは歴史内存在としての人間の「自覚」や「能力」によって何とかなるものとは到底思われないような形式を身にまとっていた。すなわち悲劇の形式だ。

そのことは、しかし人間の偶然性と有限性を定義づけ意味あるものとしてきた「歴史」の終わりを意味するものではなかった。理解不能のほどの惨劇のなかで一旦「何者でもない」ことを思い知らされた人間たちは、そのことによって、いわば無防備なまま歴史の前に「犠牲者」として差し出される。新たな形態において歴史の狡智が作動しているのである。百年余り前のエルネスト・ルナンの周知の言葉が、死に絶える気配を見せるどころか、なお充分な射程距離と鮮度をもって生きつづけているのは、そのためだ。

「忘却、歴史的誤謬」のなかで生きること、「すべての個人が多くの事柄を共有し、また全員が多くのことを忘れていること」、それが歴史的な国民としてあることだとルナンは言った。忘却は、国民を形づくるポジティヴなものとして語られていた。私たちが生きているのは、あらかじめ「誤謬」を仕組まれた歴史、つまり「忘却」の共有を不可欠とする形式のもとなのだ。それだけではない。たんに操作的に記憶と忘却を仕込むだけではない。自分の帰属する世界に対して、人間は「耐えしのんだ苦痛に比例して愛する」のであり、「共通の苦悩は歓喜以上に人々を結びつける」。そして、その国民的結びつきは「個の放棄」による犠牲を促すのだ。ルナンはそうも言った。

この鋭く不吉な予言において、人は二重に「歴史」に囚われる。もちつづけるべき記憶を忘れ去ることにおいて、また苦痛や苦悩が生みだす新たな結びつきにおいて。すなわち批判的な歴史意識から遠ざけられ、そして逃れがたく歴史に組みこまれる。この忘却／苦悩の共同体においては、それを貫く記憶の喪失と変形とに対抗すべく、耐えがたい苦痛を含む経験が想起されるとき、その記憶は「耐えがたさ」の経験そのものとしてでなく、国民ないし民族という結びつきの強化剤へと変換されてしまうのである。そこにはもう一つの新たな「忘却」が生みだされているだろう。

実際この世紀は、極限的な苦痛を強いられた人たちが、自分たちを迫害し追放した政治的枠組そのものを、一層純化した形で創出することによって加害者へと逆転し、「犠牲者の犠牲者」という連鎖を生みだすことになった。悲劇は重ね書きされるのだ。そしてまた、これまでの歴史を「前史」として克服しようとした運動は、「歴史」に報復されるかのように、その誤謬に満ちた遺産を全面的に相続するような悲惨な結果を現実化して崩壊した。そこにも歴史過程をめぐる逆転が生じていた。私たちは、そのような負の逆説に覆われた世界のなかに置かれているのだ。

この「歴史的誤謬」への囚われに抗するには、どうすればよいだろうか。あるいは、どうあればよいのだろうか。

2

「戦後経験」という言葉を目にし耳にするたびに、私はある疎外感をおぼえる。簡単に言えば、その名で呼ばれる時代と場所において決定的な何事かが経験されたらしいこと、しかしそこに生きていたはずの私の内にはそれが刻まれた痕跡を見出せない、つまり確かな記憶として取りだすことができないということだ。むろん戦後経験なるものが、それ自体として根強く生きつづけるようなものではなく、それを生かす様々な努力とともに辛うじて息づくものであったこと、したがって私の内におけるその経験の死滅が、たんに忘却によるばかりではないことはわかっている。それにしても、たとえば次のような発言に出会うとき、自らの記憶の行方に思いをめぐらさざるをえないのだ。

ランスロット・ホグベンに『洞窟絵画から新聞漫画へ』という本がある。『人類コミュニケーション史』というんですが、戦争末期、つまり昭和二十年の八月から昭和三十五年までに日本人の通りぬけた十五年間というのは、人類コミュニケーション史全部を駆け足で通り過ぎたわけで、われわれはある意味では人類史を集約したものを経験したわけですね。

そのもとになるものが今でも手のひらに残っている感じがありますね。

（多田道太郎／鶴見俊輔『変貌する日本人』）

ここで言われている十五年間とは、敗戦の年に生まれた私がほとんど最初の政治的な記憶といっていい六〇年安保を中学生として受けとるまで、いわば物ごころがつく過程とぴったり重なっている。そのあいだに、日本社会は人類史を集約した経験を通り過ぎてきたのだ、と語られている。そうだとすれば、人類史的な反省を促す私たちの時代にきちんと対応するために、経験の養分を摂取すべく真っ先に向かうべき場は、遠くにあるのではなく私たちの足元にある。これは大切な指摘だ。それを手繰りよせたいと思う私の内には、しかし、手のひらに残る感触どころか、擦った跡すら見出すことができない。歴史という忘却の力学のなかで、充分に記憶にとどめられない経験、あるいは精神の地層の奥深くに埋没している記憶はどのようなものとしてあるのだろうか。

「忘却」は私たちの生きる歴史的社会に内在する形式としてある。しかし、それだけではない。国民の編制原理として回収され作動するだけではない。そこにもう一つの歴史の巧知がはたらくのだ。忘却は経験を物化する。それは生きた経験がもつなまなましさとともに、経験の当事者との緊密な繋がりを剝ぎとってしまう。すなわち当事者から経験それ自体が遊離して、いわば他人に利用可能な素材となる。そのとき物化された経験は、私有財産的な記憶としてでなく、開かれた形態を獲得する機会をもつことになるだろう。それが忘却の逆説的な効用だ。

かつて、この国の戦後のうちに「多義的関連に満ちた「経験」の時代」を読みとった藤田省三は、それが「疎外態」と成り果てた今日の精神状況のもとで、あらためて戦後経験において「「受難」(或は「受苦」)が両義性の動的結合の典型的形姿を創る生成核」であることを指摘したことがある。経験をばらばらの矛盾形の散在状態に放置せず、ダイナミックに結合する典型的形姿として生成させるためには、「苦痛の側面」をその極点に向けて「引き受ける」ことが核心をなす、と言うのである。恣意的な回路のうちに記憶と苦悩を収奪する体制に対して、このような経験の動的結合と極点への受苦とが対置されるのだ。「共通の苦痛」はそのとき、物化を経てあらためて、意味の分子に満ちた経験として蘇生するだろう。

このような再生へ向けての働きかけが、痛切な呼びかけとともに要請される。

戦後の経験よ「経験の古典」となって永遠に生きてあれ、かりに今は死滅しているとしても、ちょうど戦後の知的経験が人類史の古典を再生させたように、形を変え品を代えて再び又再びと蘇れ、その蘇生をもたらす様々な営みこそが人間史の未来のささやかな可能性を辛うじて保つことになるであろう、と予感しかつ願うのは私一人ではないであろう。

（『精神史的考察』）

このような呼びかけは、たとえば私のような経験の在庫僅少の者にはたえざる励ましとなる。埋もれてしまった経験、手のひらに残るような確かな感触をもたない経験に対して、それを「古典」として働きかける営みこそが大切なのだ。そのとき戦後経験なるものは、人類史的な意味において救出され、様々な形態の「戦前」に対抗しうるものとなるだろう。繰りかえし再生する力を帯びたものが古典であるとすれば、「再び又再びと蘇れ」という祈りに似た言葉は、私たちの時代の「経験」に対するいわば先導の言葉であり、そして最後の言葉でもあるだろう。

3

中野重治という存在が気にかかる。その何がどのように気にかかるのか。それを自分自身に明らかにしたいと思うのだが、それを説明することは難しい。その難しさは、たとえば中野自身が魯迅について感じとっているものを説明することの難しさと、相似形のものであるようにも思える。そうして、その難しさを伝えようとする中野重治の語り方そのものに、私はまた動かされるのであるから事態は少々厄介だ。というより、私の臆測によれば、中野重治という存在が放つある魅力的な陰影は、たえずそのような厄介さとともにあるのだと思える。魯迅について中野は書いている。

読んで何を感じるかといえば、自分もまたいい人間になろう、自分もまたまっすぐな人間になろう、どうしてもなろう、という、漱石を読んだ場合と同じものをむろん感じるが、もう少しちがったものをも同時に私は感じるように思う。それを説明することはむずかしい。説明すれば、かえって誤解されかねぬという懸念も生じてくる。　（「ある側面」）

そこで中野は、誤解を懸念しながらも、いわば深く息を吸いこんで一息にはきだすように、魯迅の作品に「ほとんど抒情詩の形での彼の政治的態度決定」を指摘し、「魯迅の文学が文学として私を捕えるのは、こういう形での政治的態度決定にある」と言い切る。中野が与えたこの「説明」は、魅力的であり説得力をもつ。そして、その評言はそのまま中野重治そのひとの「文学が文学として捕える」仕方を言い当てている、という思いを彼の読者は抱くだろう。しかし私は、魅力的かつ説得的な説明自体よりも、その難しさを言おうとする手前の考え方に惹かれる。すなわち「もう少しちがったものをも同時に私は感じるように思う」というところに現われる精神の動き方だ。

中野がそう言うとき、たとえば漱石において感じとったものと「同じもの」がけっして蔑ろにされることはない。難しい「説明」は、その「同じもの」を改めて確かめるように、ほとんど反復しながら進められるのである。「自分もまたいい人間になろう、自分もまた、どんなことがあってもまっすぐな人間になろう、という以上に出て……」というように。そうであることによって、中野が感じとった「少しちがったもの」の彼における大きさがむしろ際立つ。このように、普遍性をしっかりと取り押さえながら、しかも物事から少しちがうものを受けとるとき、それを中野は「一面」とか「側面」と名ざしするのだ。

このような中野重治の感受性は、たとえば折口信夫のうちに「話のすじをつけて、形を論理的に整えようと必ずしもしない。途中までのことは途中まで言う。」という性質を認めるものとなる。この「コミュニスト」は体系性を整えるための論理的な筋や形が含んでしまう虚偽に敏感なのであり、けっして「途中まで」を軽んじるようなことはなかった。こうして、中野が受けとる「少しちがうもの」や彼が書きとめる「側面」は、私たちの経験の拡がりがどれほどのものであるかを「途中」で示す補角的な性質をおびることになる。私が惹かれるのはおそらく、このような補角的存在としての中野重治における経験のふくらみをもつ在り方なのである。

秋田の水呑み百姓の子供で、北海道で育った生真面目、一本気な青年が、二十五、六歳から二十八、九歳までのあいだに、一方にマルクス・ボーイなどという言葉もあった一九三〇年代の東京のなかで、文学と革命との仕事に本当にしたがって、意気は天をつくばかり、しかし食事は愛人の残飯でという状態で――それが常にというのではむろんなかったが――無欠点、どこからも指一本さされぬようなものであったとしたら、彼は痴呆か極悪人かであっただろう。

（「ささやかな記憶」）

中野の補角的な視線は、たとえば小林多喜二についてのこの一節にもよく表われている。「文学と革命との仕事」について完全無欠の像を思い描くなら、それは「痴呆か極悪人」であるほかないものとして完結してしまうのだ。したがって中野の眼は、そのような欠けるところのない像によっては捉えられない場所、そこから物事の生きた拡がりを見わたすことができる場所――多喜二でいえば「人がつつき出すようなボロが彼にあったこと」――に据えられるのである。

そうして、私の見当違いでなければ、この世紀の終わり近くになって、いわばこの時代を折りまげて見せるような出来事が相次いだとき、あらためて中野重治という存在が想起されたように思われる。この社会の集団的な「転向」状況を振り返るなかで、また「共産主義」圏の解体のもとで、さらに世界構成をなし崩す「戦争」や「紛争」の出現において、それぞれの節目において、たとえば中野の転向経験が、そのマルクシズム受容とコミュニストとしての自己定義が、そして政治的態度決定とともにある文学活動そのものが、想い起こされたのではないか。単純化して言えば、そこに色褪せない存在として「中野重治的なもの」が立ち現われたのではないか。その「ささやかな記憶」にもとづく経験の結晶体は、既存の問題枠組が次々と失効するなかで、その状況そのものを照らしだす一つの光源となったように思われる。そうであるとすれば、それぞれの場面で思い出された中野重治という経験は、そのつど経験の「古典」として蘇生したと言えるだろう。

4

rememory という言葉があることを知った。黒人女性作家トニ・モリスンによる造語だ。二人のユダヤ系アメリカ人女性が、それぞれの現在位置を遡及的に探索し記述しなおす自分たちの作業を、その言葉によって名ざしている（R・ハバード／M・ランダル『赤のかたち』）。その作業は、私がたったいま付与したばかりの「黒人女性」とか「ユダヤ系女性」といった規定そのものを問題化するものだ。なぜなら、二人が解き明かそうと努めているのは、これまで様々な時に様々な場面で彼女たちの在り方を定義してきた諸規定、すなわち二人が「インサイダー／アウトサイダー経験」と呼ぶものを生みだしてきた諸関係の様態だからである。

それは、自己定義をもとめる人たちとの差異の感覚において自分を包む「保護色」に覚醒し、その人たちが「名ざしする」抑圧の存在をつうじて所与性から解放されることによって、新たな自己の確認をなしとげようとする「位置の政治学」（アドリエンヌ・リッチ）の一形態といってもいい。しかしこの二人、すなわちナチスによる併合前夜にオーストリアから移住し、アメリカ化を余儀なくされながら違和感をもちつづけてきた女性と、逆に北アメリカからキューバやニカラグアを主とする中南米へ移住して四半世紀を過ごし、異なる社会体制のあいだを生きてきた女性とにおける「位置」の確定は、現在地の再定義のみでは済まないのだ。そのために二人は、それぞれが生きてきた過去を一つ一つあらためて辿りなおし、記憶しなおすのである。すなわち rememory である。

したがって、著者たちがさしあたり確認しあった次のような考え方には、見かけの穏当さの裏側に、二人の「未完の探究」がはらむ切実さと苛烈さがあることを想わなければならない。

私たちはたいてい、同時に、同じ場で、インサイダーでもあれば、アウトサイダーでもある。一方であることが他方であることよりも、つねに望ましいとも言えない。内部にいると窮屈で、自分が衰弱し、だめになってしまいそうで、外部にいるほうがいいと思えるような時と場合がある。また、内部にいたいと切にのぞんでいて、外部にいるのは追放に等しいという場合もある。私たちは話しあうにつれて、要はその両者のあいだの緊張、その力学と弁証法なのだと気付きはじめた。それが肝心だというだけでなく、私たちにエネルギーを与えてもいるのだと。

インサイダー／アウトサイダーをめぐって「一方であることが他方であることよりも、つねに望ましいとも言えない」という慎ましい文言に、緊張をはらむ諸関係の束として現われる物事を、できるかぎり未完の多面体として受けとめてきた彼女たちの生き方が示唆されているだろう。

実は私はここでも中野重治のことを思いうかべているのである。生涯の様々な場面でインサイダーであることとアウトサイダーであることとが、せめぎ合いと引き裂きを伴って同時に現われるという緊張した関係は、中野における様々な経験の核心にあったのではないか。その内部にあることとの窮屈と外部への追放との「力学と弁証法」こそが彼の活動の根本にあり、そこから自分の思想の「かたち」を取りだしてきたのではないか。「赤の色ではなくて、赤のひびき、赤のかたち。」（ハバード／ランダル）

少なくとも、中野重治の捉えにくさの一半は、インサイドとアウトサイドが排除しあうものではなく、入り組んだ力学を形づくることへの強靭かつ繊細な認識と感受性にあるように思える。そうして、人生のそれぞれの時と場合における自らの行為と経験を粘りづよく抱えつづけ、その記憶を繰りかえし辿りなおすという作業は、中野の生き方の道筋を示すものではないか。その rememory は「再び又再びと蘇る」労苦にみちた営みにほかなるまい。

5

「ぼくは、人類全体が死に絶える日が来るかもしれないと言われつつ育った世代に属する。この時代が実に特異で、一見安定しているように見えてもそれ以前の時代とはまるで違う性格を持つものだというのは、つまりこのことである」と、私と同い年の池澤夏樹が書いている(『楽しい終末』)。確かにそうだ。そして、そのような終末論議に反撥しながら、自分なりに「終わり」について考える道筋をもたなければならない、という思いを抱いてきたのもほぼ同じだ。違うのは、彼が終末の問題を「核と暮らす日々」として、いわば大上段から捉えようとしていることだ。私にとって「終わり」の問題は、核戦争が喚起するような表象(あるいは表象の消滅)であるよりも、もっと身近な物事のその芯部を貫く断裂の集積としてある。

しかし池澤が、主題に対してむろん仮設的であるほかない態度を次のように書くとき、私はほとんど同意する。

終末が来るのを待つ間、何をしていてもいい。なんとかその到来を遅らせようと努力するのももちろんいいし、ホモ・サピエンスという種そのものが失敗作だったのだからと諦めておとなしく暮らすのもいい。騒ぎまわって享楽に身を任せるのだって、あるいは実に人間的でよいことかもしれない。終わってしまえばすべては等価である。自分たちの今までの営みについて、どこで失敗したのかについて、次に来る知性体のために記録を残すのもいいだろう。そして、川のほとりに立って、流れを妨げるものを片づけるのも、他の動物たちのために、川そのもののために水が流れやすくするのも、これも実にいい時間の使いかただ。どちらかというと、ぼくはそういうことをしていたいと思う。この本を書いている間しばしば、あのサハリンの老人の姿をぼくは見た。黒いパンと少しの肉と蕪と馬鈴薯を食べて、畑を耕して、残った時間を川辺で過ごす。それはそれでずいぶんいいことのように思われる。

静かな場所で地道に暮らしたいという、この呟くような言葉をしまいまで言い切ることは、しかし現実には容易ではない。それを遮る叫び声や引き裂くような言葉に、耳をふさぎつづけることはできないからだ。

たとえば、つい最近私の目に飛びこんできた一つの言葉(『世界』一九九三年九月号)。

私たちに残された唯一のもの、それは希望だけである。

これは旧ユーゴスラヴィアのサラエボの市長の言葉だ。「現代史上かつてない包囲」と彼が呼ぶ状態のなかから辛うじて外部へ届いた悲鳴に近い言葉だ。そのとき彼はスターリングラードの包囲を想い起こしているけれども、そこには、包囲している側のセルビア人たちがかつてナチスによって取り囲まれたという記憶や、ボスニアの地のイスラム教徒がキリスト教世界によって包囲されるという経験が、まさにインサイド/アウトサイドの歴史的な重層性をもって折り重なってもいるのだ。悲劇は幾重にも塗りこめられる。

そのような場所で、飢えと渇きと伝染病の蔓延のなかで、子供を含む死者の数が一桁台まで克明に告知され、しかも、「私たちの苦しみと、耐えねばならないあらゆる不自由を書きつらねたならば、そのリストに終りはないだろう」と彼は言う。そこでの最後の言葉として、さきの言葉が発せられている。希望を語る言葉は、終わりなき苦しみのリストの最後に来るのだ。

すなわち、耐えがたさの極点においてなお残されてあるもの、災厄をなめつくした果てに向かいあうもの、それが「希望」にほかならない。したがってまた、希望を語らずにいられないこと、それは「終わり」を語ることにほかならないのだ。希望とはそのように逆説的に出現する。

この残された唯一のものに辿りつくサラエボ市長の言葉は、一つの言葉の記憶を喚び起こさずにいない。時代経験を刻むその言葉は一九二〇年代半ばに書きとめられている。「ただ希望なき人々のためにのみ、希望は私たちに与えられている。」それはたんにベンヤミンという思索者の一命題としてあるのではなかった。この時代の悲惨は、このような希望がすでに語られてしまっており、しかもなお世界のいたるところで希望が語られつづけていることだ。いわば終わりへの永劫回帰という逆説。終わりの感覚そのものをなし崩す、この歴史の形式のもとに苦痛は堆積していく。

「最後のもの」への認識と、そこからの世界の再記述。そして再記憶による経験の銘記と蘇生。私たちを貫く時代形式に対峙する、この作業のための経験のリストは、すでに充分に与えられている——。

記憶の縁の文字

記憶と文字とは背反すると考えられてきた。文字を用いて書くことは、人びとをまったく異質な世界へ突入させる。口承的世界において、人びとが歌や語りに耳を傾けるとき、それは特定の型のもとに繰り返される主題や決まり文句や身ぶりの「記憶」とともに、時間の流れのなかで受けいれられる。文字の介入は、そのような習慣的な時間を停止させ、リズムを伴う身体的感覚を解体し、反復される記憶を破壊してしまう、と。

たしかに文字は、個別的な物事を集合的な記憶から離脱させ、出来事を口承的文脈から引き剝がし、反復ないし回帰する記憶を断ち切って、差異の感覚と内省の意識を生成するだろう。それは通り過ぎていく時間ではなく、静止した時間のなかに出来事を位置づけてしまう。文字文化におけるこの時間作用の変貌を、それを刻明に分析したウォルター・J・オングとともに「視覚空間への還元」と呼んでしまってよいのかもしれない。また、その内省と差異の意識が、仕分けされた検証可能な事項を形成し集積するという意味で、「項目化された領域」を形づくくることも認めていい。書くこととともに成立するのは、いわば視覚的な記憶の形態だからである。

この書きとめられた「時間」は、語られるたびに生き返る叙事詩的な時間と違って、取り戻すことが不可能な、テクスト化された過去である。その意味で書くことは「死」と繋がっている。とすれば、文字は死骸であろうか。たしかに口承文化のもつ声や歌や物語を、それを支えるリズムともども殺いでしまったと考えれば、また、そのようにして形成された「死んだテクスト」が、読み手たちの音声を通じて生きたコンテクストのなかに蘇えると考えるならば、そこに文字文化における死の契機を見ることは間違いではない。

オングの分析はなるほど周到であるけれど、書きとめられたテクストあるいは記録と口承性を支える記憶との関係は、もう少し入り組んでいるのではないか。私たちが記憶の継承に思いをめぐらし想起を意志するにもかかわらず、そのこと自体、記憶を取りもどす力の限界という文字的思考による認識に基礎づけられている。あるいは、文字による記録が声を排除しようとするにもかかわらず、文字が「痕跡」であるかぎり記憶が息づく身体性を残存させているのであり、そのことが記録という経験の物質化を通じて「記憶」への想像力を可能にする。しかも、その痕跡は印刷革命以降、筆跡という個別性を社会的に喪失しているにもかかわらず、まさにそれ故に新たに開かれた文脈のなかで共有可能性を獲得しうるのである。このような幾つもの

「にもかかわらず」のパラドクスを、文字による思考はあらかじめ含んでしまっている。

なによりも、出来事が口承伝統の記憶術的な場所を離れて視覚空間に還元されると言うとき、そこに聴覚的な働きの弱化と消失を読みとり、文字が破壊したという記憶の在り様に思いをめぐらし、取り戻し不能の時間を認知し、過去に対する差異と距離を認識するのは、私たちにおける書くという経験なのであり、その認識は文字的思考とともにやってくるのである。一言でいえば、自らを批判すべき契機を、文字は自己のうちから生成する。書くことと死／再生との繋がり、文字的記録と記憶との関係は、そのような逆説的認識において考えられねばならない。

このような認識のためにも、二十世紀的現代における「記録」のあり方について改めて一瞥しておく必要がある。その見やすい特性の一つは、記録という行為のための「場所」そのものが危ういことである。隠蔽や消去のみならず、全体化や絶滅や大量破壊といった言葉が付着するとき、そこでは記録の余地それ自体が危殆に瀕している。いいかえれば、出来事をめぐって記録が提出されたとき、そのための狭く小さな場所が見出され、その行為が辛うじて生きのびたことを告げ知らせる、そういう「記録」なのである。そこでは本来ありふれた「備忘」が生存に欠くことができないものとして要請されている。

もう一つの特性は、それが、あるがままの状態から意味を取り出すのでなく、自明の意味を剝奪された事態において「事実」と向かい合うための作業となっていることである。全面的な絶滅と破壊の危機にあって、なお「正気」を保ってその物事に向かい合ったとき、その経過報告が記録と呼ばれるのである。そして、そのような事態にあっても、非日常性の日常化という人間の心的習慣が作動するとすれば、そのおぞましい「自明性」からの救出作業として記録が要請されるだろう。

それと同時に、私たちは記録の「もと」としての記憶の存在に気づかずにいられない。備忘への意志と正気の感覚とは、直接に文字そのものによって支えられたのではなかった。それは闇の中にかき消された無数の「声」によってなのである。そのことを痛切に示すのは、夥しい強制収容所の記録である。それらを貫いているのは驚くべき「記憶」の働きであって、かれらを生きのびさせた原動力として働きつづけた。正確にいえば記憶の力が、かれらを生きのびさせるとともに、記録の場所を生きのびさせたのである。

たとえばソ連における収容所の記録を読むとき、私たちが圧倒されることの一つは、そこで暗誦されつづける詩歌の質と量であり、言葉を反芻するその持続力である。処刑された夫の遺言を記憶しつづけ後の世代に伝えたブハーリン夫人の事例は、その劇的な一形態なのであって、けっして例外ではない。おそらくそこに、口承文化にもとづく「記憶の国」を見ることは間違いではないだろう。現代世界が生みだした「現代性」の極限的な場所において、それに耐えて生きのびるための拠りどころとなったのが、現代から取り残されたものと思われてきた文化的伝統であったという逆説的事態は注目に値する。「記憶」の伝統にもとづく現代の苛烈な「記録」の存在が、その問題を指し示すのである。

記録をめぐるパラドクスに注意深くあるとき、私たちは改めて、たとえばベネディクト・アンダーソン(『想像の共同体』)が指摘している事態から、考えるための手がかりを得ることができるだろう。

ひとたび起こると、それは、出版物の堆積していく記憶に入っていく。それを行なった人びととその犠牲者となった人びとの経験した圧倒的でつかまえどころのない事件の連鎖は、ひとつの「こと」となり、フランス革命というそれ自体の名称を得た。……経験は数百万の印刷された言葉によって、印刷ページの上で一つの「概念」へと整形され、そしてやがて一つのモデルとなった。なぜ「それ」は起こったのか、「それ」はなにを目標としたのか、なぜ「それ」は成功したのか、失敗したのか、こうした問いは、敵味方を問わず限りない論争のテーマとなった。しかし、それがいわば「それであること」については、それ以降、誰も疑いはしなかった。

アンダーソンの議論は、「国民的出版語」が人びとに決定的な出来事についての概念をもたらし、モデルを与え、それが「ブループリント」にまで発展していく道筋を押さえるところにある。それはまた、文字のポリティクスをも明るみにだす。スクリプトなしに、大きな集合体に指令系統の緊密な網の目を張りめぐらすことは不可能だろう。文書に支えられない官僚制組織はありえない。近代国家が例外なく学校制度という文字教育の場を急造する理由もそこにある。しかし、アンダーソンの指摘の重要さは、このような文字の政治学の一般論ではなく、集団に想像的な統合をもたらす上で、印刷された文字と記憶の整形との構造的関連に注目していることである。

記憶がおびるポリティクスもまた重要なのである。そこでは出来事の一面を排除し隠蔽する記憶の作用が要請される。一言でいえば、記憶への操作的な働きかけと忘却の共有、それがネイションを形づくるとすれば、そこに「出版物の堆積していく記憶」という生成の場が用意されていなければならない。文字的思考にさらされ、その分節の格子をくぐり、事項化されるなかで、記憶はその形態と位置をもつとすれば、事件の経験が着地する場所は、「歴史」へ向かってせめぎあう多様な力の凝集点となるだろう。

ここには、出来事と記憶と文字、そして歴史的「事実」の形成をめぐる微妙な、たえず転倒をはらんだ関連が示唆されている。現実の出来事はいわば文字の集積において生起し、その堆積のなかで記憶されていくかぎり、「印刷ページの上で」まとまりを与えられ加工されざるをえない。このようにして成立した「事実」が厄介なのは、何よりもそれに対する問いかけを抹消してしまうことである。出来事としての記憶に向かおうとする心意を転倒と思わせてしまう、そういう深い転倒が成立することである。この事態を打破しようと、最近の歴史家たちが、たとえばフランス革命がつくりだしたのは、言説の革命であり記憶のされ方であったと主張しているのは、あまりに一面的であるけれど、私たちの歴史意識をめぐる転倒の深さを裏書きしているだろう。

しかし、この事態の責任を文字文化に押しつけるわけにはいかない。私たちは出来事を、どのようなものであれ「それであること」として受けとるほかない。アンダーソンの逆を行って「概念」砕きをしたところで、なまの出来事に出逢えるというわけにはいかない。そうだとすれば、いかに変形され加工されていようと、「記憶」を改めて大切な手がかりとしなければなるまい。

歴史的「事実」の包囲のなかで、記憶はどのような位置にあるのだろうか。たとえば現代の歴史家（P・H・ハットン）が次のように言うとき、その一見穏当で古風な物言いのうちに、むしろ事態の困難を読みとらないわけにいかない。

歴史の問題は、過去の再構築だけでなく、それとの出逢いに向けて自らを開いていくこととも関わる。過去が見知らぬものへと遠のいていくのは記憶の縁においてであり、歴史家はその見知らぬ性質に慣れなければならない。

記憶が終わるところに歴史が始まる、と歴史家が考えているのではない。かれは「記憶は交差路に似ている」と言うのであって、そこに歴史に向かうさまざまな力、想起や文字が含む想像力が交差し合流する場として記憶が考えられているのである。この「記憶の縁」に、文字はどのような形姿で立っているのだろうか。

その否定的な働きを挙げつらうのは容易だろう。文字が占有しようとするのは、この記憶の縁であり、それによって文字は自明性を僭称する。出来事の記憶の場所を文字が占拠するとき、その記録は一件書類となり、項目化された事件は「事実」へと固定する。すなわち「縁」が消去され、歴史という未知なるものへ向かう記憶の力が奪いとられるとき、問いを封じられた事実が所与として、文字に支えられて成立するのである。

しかし文字の働きは、単純ではない。それはたえず両義性をおびているのであって、文字のもとで自明性による忘却が結晶作用を起こすだけではない。それはまた、記憶から見知らぬ歴史へと通じる覚醒の通路ともなりうるのである。忘却の眠りが深ければ深いほど、その覚醒もまた鮮やかなのであって、記憶の縁に立つ文字はその両方にまたがっているはずなのである。記憶をめぐる両義的で入り組んだ関係の複雑さを、複雑さそれ自体として思考しうる力を文字は備給している。しかし、未知の世界へ自らを開いていく文字という通路は狭い。たえず逆説とともにある文字的思考は、私たちの記憶とその継承をめぐって、最後のパラドクスを経験するのだろうか。喩えば——。

文字が含む思考を最大限にはたらかせ、その果てに文字的思考を溶解して見知らぬ歴史と向かい合う場所に出ていく。あるいは、生きた記憶の貯水池に辿り着くために文字という通路を歩みつづけ、その溶液に文字的思考を浸すことによって、新たな自明ならざる世界に遭遇する。おそらくそこで、私たちの記憶と想像力と文字的思考が歴史意識と交差するだろう。歴史という見知らぬリアリティに出逢うために、私たちは幾つものパラドクスを含むその交差路を歩んでいくほかない。

反歴史——「思考しえぬものの思考」の試み

歴史を批判的に思考するとはどのようなことか。私たちを閉じこめる歴史の「忘却と過剰」という表裏一体の状況のなかで、歴史についての問いそのものを取り逃がし、歴史を考える別の道筋を捉え損なったまま、私たちは立ち竦んでいる。過剰と欠乏をめぐる喧噪の中では、それとは異質な「歴史を摑みなおす試み」という小さな声すらかき消されている。この現実を前に、宇野邦一『反歴史論』は新たな立脚地から、捉え損なった道筋を辿りなおそうとする。

私たちの意識と行動のほとんどの領域が歴史的条件によって規定され、それから逃れることはできず、その外に立つこともできないとすれば、歴史を批判することはどのような精神活動でありうるのか。そのような抵抗それ自体がすでに歴史を前提し、そこから遂行の可能性を得ているのではないか。このアポリアに充分に自覚的な著者は、粘りづよい思索をつうじて、問いを周到に限定し問題を焦点化する。私たちの思考と歴史の「間隙」に生起する事態に注意深くあること。そこに何が実現され何が隠蔽されるのかを考えること。

歴史は個人の知覚や意識や身体に深く浸透し、そこから出ようとすれば現実性を脱落させてしまう「躓きの石」であり、それを内部から批判し打破しようとすれば、そのような思考そのものの内側から「背理」が襲いかかる。すなわち、反歴史的な思想は「引き裂かれた意識」に直面し、その分裂に身をさらすことを引き受ける思想としてあるほかない。著者が指摘するように、そのような背理のもとに思考しつづけたレヴィ＝ストロースに見出されるのは、歴史との葛藤に引き裂かれ逆説を繰りだしながら、非歴史的なものを希求する異様な熱情にほかならない。

したがって、私たちを貫通する忘却と過剰の二重拘束のもとに、しかも加速する時間意識に駆り立てられて生きることを強いられる状況のなかで、歴史と断絶することに賭けようとすれば、そこでは「生も、思考も、言語も、この断絶の点で試され」ざるをえない。こうして、この哲学的エッセイは、その断絶面における「思考しえぬものの思考」のための文字どおりの試みとなる。「最後の信仰」であることをやめた歴史は、ここで思考の試金石となる。

そのような試みとして著者は映画的な知覚を、存在論的思考を、精神分析的な知を、改めて歴史に対して「試練にかける」ことになる。このニーチェ＝ハイデガーに繋がる思考の試みは随所で逆説（たとえばアルチュセール流の「意識の弁証法」の不可能の意識化）に直面し、両義性（たとえば身体性と記号の生成的次元にかかわるベンヤミン的「イメージ空間」の政治化）に出会うことになるだろう。歴史的なものの外に生気を見出すべく、ここで展開される著者の豊富な文献を駆使してなされる思索は、およそペダントリーとは正反対のものである。「対象化」について実に丹念に考えぬかれるところはその一例にすぎない。それが導く、若きマルクスの着想からハイデガーの技術（テクネー）をへてレヴィナスの地質学的時間に到る、歴史や社会よりはるかに大きい褶曲や断層や溶解の運動としての「自然」についての認識はとりわけ示唆的である。ここには「歴史」を問いなおし、別の道筋へひらくことは、既存のそれとは異質な自然哲学的思考を要請することが示唆されている。

本書を主導する動機は、歴史とのカタストロフィックな関係に論及する終章において明瞭であるように思える。ハイデガーの存在論が、存在そのものを明らかに指示するよりも、むしろ存在を対象化し隠蔽する思考に対する批判であったように、著者の歴史批判は歴史の内実自体よりも、それについて考えることを阻害し隠蔽する思考に向けられる。それが、歴史のカタストロフを注視させるのである。

破局的な状況のなかに出現する「危機の瞬間」は、たんに連続性としての歴史を見失わせるだけでなく、定義不可能な時間や異様な自己に直面させる。自己の「自同性」の構成（レヴィナス）や「時間の線によって深くひびわれた自我」（ドゥルーズ）についての新鮮な指摘が指し示すのは、さまざまな脅威や不安に包囲され、隷属的な思考に深く浸透されている状態から、新たな様態へと私たちの思考を連れだし、救い出そうとする試みにほかならない。反歴史的思考はそのための「構成」の過程であった。私自身は歴史の抹消化に認識関心が傾くけれども、この批評的な試みに共感する。

叙事詩的精神についての脚註

ここで試みるのは、批評について考えるための一つの脚註にすぎない。

シモーヌ・ヴェイユの『イリアス』あるいは力の詩篇」に私が思いを馳せるのは、私たちが見失ってしまった批評のあり方が、そこに呆然とするほど鮮やかに書きとめられているからである。この論考が表題どおり、力（暴力）についてすぐれた批判的解析をなしとげていることは、おそらくよく知られているだろう。皮肉なことに、この主題にもかかわらず、ヴェイユは自らの批評の強度や破壊性などにおよそ関心がないように思える。私たちの批評行為への関心が、いわばカント的「批判」以前の、批判それ自体がもつ力や強さに集中し、それが物事の対象化や単純化を無自覚に引き寄せてしまうとともに、直接性や一面性や硬直性に傾くとすれば、したがってこの無自覚と傾きにおいてすでに充分な批判たりえないとすれば、ヴェイユの批評は、そのことに自覚的な「繊細さ」として表われる稀有の強靭さに支えられている。

ここには、いわば拡がりと深さを兼ねそなえ、柔軟と鋭敏を併せもった批評がある。力の問題をたえず「全人類史の中枢」にみてとると同時に「人間の魂」を不断に修正するものと捉えること、この振幅を手放すことなく、人間を物にしてしまう権能として力を分析し尽くすこと、物化されてしまった人びとの、存在しないかのごとく扱われる悲惨をそれとして感じることもできない真の「悲惨」と、それをもたらす力そのものの例外なき働きに目を凝らすこと、すなわち「暴力はこれに触れる者を押し潰す。ついには、これを操る者にとってもこれを蒙る者にとっても外的なものとして立ち現われる」ことに力の本性を見出すこと。いずれも的確で鋭利な把握といわざるをえない。

この論考が読む者を動かすのは、しかし実は、この先ではないだろうか。ギリシアやアッティカの悲劇にヴェイユが惹かれるのは、すべての者を「敗者」として塗り潰す盲目の運命の力による悲惨の描出において、「不幸の正しい表現ほど稀有なものはない」という困難をそれが克服しているからである。不幸や苦難はしばしば、隠蔽や歪曲という虚偽や置換による特権化という自己欺瞞への誘惑を生みだす。これに対して悲劇的詩篇が描き出す、力の累積に拮抗しようとする魂の「燦めく瞬間」は、暴力の残虐さとその犠牲者に対して、詩情を含む一切の粉飾を退けるのである。

そこでは、正義の思念が介入することなしに悲劇を照射している。力はその冷酷で苛烈なかたちで現われ、……強制のもとにある魂の屈辱は粉飾されもせず、安易な憐憫に包まれもせず、軽蔑にさらされてもいない。

この一節を、私たちの「批評」行為の方位感覚にしたいという思いに駆られる。すなわち力の透徹した認識と、精神の屈辱をめぐる憐憫や粉飾の拒絶と、正義その他の思念によらない悲劇の直視。ヴェイユは、力への魂の従属という「唯一正当な苦渋」に向けられた、このような痛切な愛情を伴う稀有の公正さを、ヨーロッパがもつ「真の叙事詩の精神」と呼ぶのである。いうまでもなく、それは「叙事詩時代とは逆」の状況を眼前にした批評的な言明であった。

ヴェイユが自らの思考の光源とした叙事詩的精神は、彼女自身の二十世紀的現代そのものに見出すことはできないのだろうか。その痕跡を辿ろうとしても、「西洋文化はもはや叙事詩などではない」（ヴィトゲンシュタイン）と断言されてしまう深々とした切断のもとにあることは紛れもない。しかし、痕跡を見失うほどの根源的な切断であるとすれば、直接的な抒情など全く寄せつけないその断絶の深さが、そこに逆説的に新たな「精神」の可能性をひらくことはないのか。

その断絶面にも、現代における拡大版の不幸や苦渋があり、存在しないかのごとく扱われる人びとがあり、すべてを石化する「盲目的な力」の仮借ない作用があるだろう。しかし、これらの事態を私たち自身の思考経験とし、精神活動の糧とするには、極めつきの困難な条件を要請されるだろう。物事を経験の直接性すなわち一回的な体験としてはならないという「受容」態度と、盲目的な力を外的に立ち現われるままにせず内的に解剖し尽くす「批判」的態度である。これがいかに困難なものかは想像に余りある。

このような条件のもとで批評を試みようとするとき、私たちが心すべきは、「悲惨」の事実それ自体にのみ目を奪われてはならないことである。たとえば様々な形態の「存在しないかのごとく扱われる人びと」はもちろん不幸きわまりないが、それをどのように「批評」することができるだろうか。その苦渋を描き出し「理解」しようとすることでは充分ではないだろう。そのような作業のみによっては、事態を規定している否定的な「力」のもとにとどまり、その内的構造を分析することはできない。すなわち苦渋の核心に到達することができない。現代においても「不幸の正しい表現」は困難なのである。

ここに二十世紀に記された詩篇ならぬ哲学的「断章」がある。

災いそのものから逃れることは出来ないにしても、それにつきまとっている兇悪な暴力であるところの盲目性から、災いを引き剝がすべく、意識による試みを行なうこと以外に救いの道はないのである。

亡命中の「傷ついた生活」のなかで書きとめられたアドルノの断想であるが、「傷」そのものについての記述ではない。ここでなお模索されている「救い」は主情的ないし抒情的ではありえないだろう。個別性と一般性や限界と越境、そして「理解」と「批評」等々が幾重にもせめぎあう「力の場」の分析こそが、この哲学者の「批判」理論の核心にあったからである。先の一文を引きつつ、それを「批判的理性の叙事詩」と呼んだのは藤田省三であった。そう呼ぶことの当否は別として、肝腎なことは、いまや詩篇でなく批判的断片の集積のうちに叙事詩が見出されざるをえないことである。そのことが再考されなくてはなるまい。根本的な喪失の苦難を直接的無媒介的な経験としてでなく「疎外の極限的辺境」において受容し解剖したアドルノの「理性の戦いの記述だけが現代に在りうる唯一つの叙事詩」(『精神史的考察』)として確認されるのである。

現在の私たちはどうか。崩壊と喪失はアドルノたちよりさらに「辺境」化しうる深度に達している。この精神の状況に対して、「叙事詩的精神を禁じる秩序」(I・バーリン)のもとで、たえず「抒情の構造」を問いなおしながら、「正義の思念」その他を高い湿度で語ることなく、粉飾も自己憐憫も軽蔑もせずに向かい合うことができるだろうか。すなわち素寒貧を徹底することができるだろうか。若い論者たちは、たとえば「文化一般が、批評が不可能な身体的快楽の技芸へと還元されていっている」といい、「社会現象自体が解釈というものを受け付ける「厚み」を失いつつある」といって（東浩紀／大澤真幸『自由を考える』）、この事態に見切りをつけているようにみえる。なるほど素寒貧に「厚み」を見出すことは困難だろう。しかし、そこに徴候としての「燦めく瞬間」はありえないだろうか。

もう一度ヴェイユに思いをめぐらそう。魂の運動における重力と恩寵のあいだにあって、「ただ自分たちの限界と自分たちの悲惨とをじっくりと眺めること」を求めたヴェイユは、また恩寵のために「すべてをもぎ取られることが必要である」ことを確信していた。このような希求や確信にもとづく精神は、世界の組成をどのように「照射」するだろうか。

あとがき

本書は、一九八九年以降の五年間に書いた文章をまとめたものである。この五年間がいかに世界の景色を目まぐるしく変えたかは言うまでもない。それがどれほどの大きさのものなのか、私たちはいまも充分に摑むことができないでいる。それは、できるだけ小さなことに専念しようとしてきた私のような者の上にも、その影を色濃く落としているはずである。

しかし、そうであればこそ、私にとって「小さなもの」が大切なのであった。なぜそう考えるのか、本書から読みとっていただければ有難い。少なくとも、ここで択びとられている覚え書や脚註という形式はその姿勢の一端であり、出来不出来はともかく、それぞれの文章に「エッセイという思想」が示されているならば、それで充分なのである。私が本書で試みようとしたことは、ささやかな物事にそくして現実の破れ目を探りあてることであり、破片において考えることであったからである。

本書の骨格をなす文章は『省察』(西田書店)という小さな雑誌に書きついだものである。

発刊を言いだしておきながら、すぐに投げだそうとする私を説得して、ここまで書きつがせてくれた松山巖氏と日高徳迪氏の友情に感謝する。そのようなささやかな場所に掲載されたにもかかわらず、それに目をとめて読んでくれる人たちがいることに、驚きそして励まされた。そのことにも改めて感謝したい。

この本を作るにあたって、かねて心に刻まれていた鈴木正二氏の作品を表紙に使わせていただいた。私の無理な願いを聞きいれて下さった畏友鈴木了二氏の厚情にお礼を申しあげる。

末尾ながら、筑摩書房の熊沢敏之氏に感謝する。拙稿を実に丹念に読んで文章の配列にまで心を砕いて下さった。思えば氏とも十年を越える付きあいとなる。

こうして、いくつもの友情に支えられた本書が、時代に対する一つの姿勢を表現しえていることを願っている。

一九九四年一月

市村弘正

平凡社ライブラリー版　あとがき

本書は、一九九四年に筑摩書房から刊行した小著に、数篇の短文を増補したものである。改版を承諾して下さった筑摩書房に感謝したい。

十年ぶりに改めて送り出すにあたって、感慨を覚えざるをえない。

九四年の刊行の際に、八〇年代末以降の時代状況が「いかに世界の景色を目まぐるしく変えたか」と書いた。しかし刊行後のこの十年間、社会の変貌と精神の変質は私の予想をはるかに越えるものであった。旧版を支えていた友情論は「友敵」論的文脈へと反転し、文化の景色の「敵意にもとづく還元的な単純化」が横行して、散文的日常に耐えきれない脆弱性と背中合わせの硬直性とが露呈して、不安定かつ強迫的な言説状況が支配的となった。ここでは安易な断定や分類や秩序化に抗う、耐久力を試されているように思われる。思考はどのようなかたちで、どのように可能だろうか。

現在の日本の出版状況では、品切れや在庫僅少となった本が新たな読者と出会う機会は限りなく零に近い。著者にとって愛着のある本書を、救い出して下さった平凡社の直井祐二さんに心からお礼を申し上げる。文章の再配列も氏の「読み」に一任することにした。九〇年前後という現代史の曲がり角で書かれた本書を、後戻りできない地点にさしかかった二一世紀初頭に手に取ってくれる未知の読者に、小さな声で「連繋」の挨拶を送りたい。

（二〇〇四年一月）

初出一覧

「名づけ」の精神史

みすず書房、一九八七年四月

都市の周縁
『伝統と現代』一九七八年一一月号

断片の運動――一九二〇年代断章
『日本読書新聞』一九八一年五月一一日号

都市の崩壊――江戸における経験
『みすず』一九八二年九月号

そぎ落とす精神――ブレッソン『抵抗』をめぐって
『朝日ジャーナル』一九八三年三月二五日号

物への弔辞
『影通信』一九八四年三月一日号

「失敗」の意味――映画『水俣の甘夏』が指し示すもの
『世界』一九八四年五月号

「名づけ」の精神史
『みすず』一九八五年五月号

或る思想史家の死
『ちくま』一九八六年一月号

精神の現在形
『月刊百科』一九八六年一〇月号

「死の影」の行方
『マリ・クレール』一九九四年六月号

逆向きに読まれる時代
『ちくま』一九九五年六月号

※「「死の影」の行方」「逆向きに読まれる時代」は平凡社ライブラリー版で増補したもの。

標識としての記録

日本エディタースクール出版部、一九九二年四月

序　標識なき文化

社会的失明の時代

人間の場所
選択と選別の間
日常のなかの戦争
フィルムの上の社会
以上、書き下ろし

虚構の同時代史
『みすず』一九九一年五月号
※『標識としての記録』に再録された「失敗の意味——映画『水俣の甘夏』が指し示すもの」は、本集では『名づけ」の精神史』章に収録。

小さなものの諸形態　精神史覚え書
筑摩書房、一九九四年四月

文化崩壊の経験——晩年のバルトークについての脚註
『省察』一号、一九八九年三月

落下する世界
『みすず』一九八九年八月号

「残像」文化
『省察』二号、一九九〇年三月

友情の点呼に答える声
『朝日ジャーナル』一九九〇年六月二〇日臨時増刊

在日三世のカフカ
『省察』三号、一九九一年六月

家族という場所
『変貌する家族3　システムとしての家族』岩波書店、一九九一年一〇月

小さなものの諸形態——精神史の再測定のための覚え書
『省察』四号、一九九二年一〇月

貧民の都市
ルイ・シュヴァリエ『労働階級と危険な階級』付録、みすず書房、一九九三年一月

夢の弁証法
西郷信綱『古代人と夢』解説、平凡社ライブラリー、一九九三年六月

考える言葉
『思想の科学』一九九三年一一月
経験の「古典」化のための覚え書
『省察』五号、一九九三年一二月
記憶の縁の文字
『現代詩手帖』一九九五年九月
反歴史――「思考しえぬものの思考」の試み
『週刊読書人』二〇〇三年八月二二日
叙事詩的精神についての脚註
『ミニヨン　ビス』五号、二〇〇三年一〇月

※「記憶の縁の文字」「反歴史――「思考しえぬものの思考」の試み」「叙事詩的精神についての脚註」は平凡社ライブラリー版で増補したもの。また、本集では「友情の点呼に答える声」末尾を削除した。

人名索引

＊当該項目を論じているページもノンブル抽出の対象とした。それゆえ、当該項目が出て来ないページが含まれている場合がある。

［あ行］

［か行］

［さ行］

市《いち》村《むら》弘《ひろ》正《まさ》著《ちょ》作《さく》集《しゅう》 上《じょう》巻《かん》

二〇二五年三月三十一日 第一刷発行

著　者 市《いち》村《むら》弘《ひろ》正《まさ》

発行者 樋口尚也

発行所 株式会社 集英社
〒一〇一―八〇五〇
東京都千代田区一ツ橋二―五―一〇
電話 〇三―三二三〇―六三九一（編集部）
〇三―三二三〇―六〇八〇（読者係）
〇三―三二三〇―六三九三（販売部）書店専用

印刷所 大日本印刷株式会社

製本所 加藤製本株式会社

定価はカバーに表示してあります。

Printed in Japan　ISBN978-4-08-789019-8 C0010